Carsten Peter Thiede
Matthew d'Ancona

DER JESUS-PAPYRUS

Inhalt

Meinem dreijährigen Sohn Frederick gewidmet, der sagte, er wolle später auch einmal so viele Stapel Bücher und Papier auf seinem Schreibtisch haben wie sein Vater beim Schreiben dieses Buches.

Carsten Peter Thiede

Meiner lieben Frau Katherine gewidmet, die mir erklärte, weshalb der Papyrus so wichtig war. Wie an unserem Hochzeitstag »zählen wir die Wege«.

Matthew d'Ancona

Vorwort

Jeder Wissenschaftler oder Journalist, der sich auf das außergewöhnliche Gebiet dieses Buches wagt, ist auf Freunde angewiesen. Für uns beide war es eine Gemeinschaftsarbeit, die seit Ende 1994 aus einer Reihe von Interviews und Begegnungen in London, Paderborn und Oxford entstand. Unsere Arbeit wurde dabei durch die Hilfe anderer erleichtert und angeregt.

In New York war Mark Fretz vom Verlag Doubleday der geduldige und mitfühlende Begleiter eines Projekts, das oftmals logistische Schwierigkeiten bot. In London fanden wir die tatkräftige Hilfe unseres Agenten Giles Gordon.

Bei der *Times* gewährte uns der Herausgeber Peter Stothard großzügige Förderung. Martin Ivens, der Chefredakteur, war immer wieder mit seinem ermutigenden Rat zur Stelle. Therese Gordon-Duffy sah nie auf die Uhr, wenn wir ihre Hilfe benötigten.

Es wäre uns viel schwerer gefallen, die Spuren Charles Huleatts durch die viktorianischen Nebel hindurch zu verfolgen, hätten wir nicht die Führung seiner Nachkommen Captain Julian Williams, Thomas Huleatt-James und Vere Wilcher gehabt, sowie die Unterstützung des Historikers der Wycliffe Hall, Reverend J. S. Reynolds, und nicht zuletzt die von Jill Lomers am Thomas-Cook-Archiv. In Ägypten waren Dr. Mary Masood und Nael El-Farargy von Wena Hotels bei unserer Suche nach der Herkunft des Papyrus behilflich.

In Oxford opferte Anthony Smith, CBE, der Präsident des Magdalen College, bereitwillig seine Zeit und stand uns mit seiner unermüdlichen Energie zur Seite. Wir sind ihm sehr zu Dank verpflichtet. Dr. Christine Ferdinand, die Bibliothekarin des College, und Sally Speirs, die Assistenz-Bibliothekarin, stellten ihre Zeit und ihre Kenntnisse geduldig zur Verfügung.

Zu jenen, die uns unentbehrliche sachliche Kritik, Rat und Hilfe gewährten, gehören Joseph Zias, Kurator am John Rockefeller Museum in Jerusalem, Dr. Ulrich Victor vom Institut für

Urchristentum und Antike an der Berliner Humboldt-Universität, Professor José O'Callaghan vom Seminari di Papirologia in Sant Cugat del Vallès, Professor Dieter Hagedorn vom Institut für Papyrologie an der Universität Heidelberg und Professor Georg Masuch vom Deutschen Institut für Bildung und Wissen in Paderborn.

Wir beide hätten diese Aufgabe nicht ohne die Liebe und Unterstützung unserer Familien bewältigen können. Vor allem ihnen sei dieses Buch gewidmet.

Paderborn/London, am Matthäustag 1995

1

DER JESUS-PAPYRUS – EINE EINFÜHRUNG

Die Frage nach der apostolischen Herkunft der Evangelien ist komplex und brisant.
Hans-Joachim Schulz, Die apostolische Herkunft der Evangelien, 1993

Wann wurde das Neue Testament geschrieben? Dem Nichtfachmann muß nachgesehen werden, wenn er meint, die Experten müßten doch diese Frage eigentlich bis jetzt gelöst haben. Wie in der Archäologie können jedoch Datierungen, die in den Lehrbüchern als allgemein gesichert erscheinen, plötzlich weniger sicher sein, als der Konsens vermuten läßt.
John A. T. Robinson, Wann entstand das Neue Testament?, 1986

Am 24. Dezember 1994 berichtete die Londoner *Times* auf der Titelseite über eine erstaunliche Entdeckung des deutschen Papyrologen Carsten Peter Thiede: »Ein Papyrus, der wahrscheinlich das älteste erhaltene Fragment des Neuen Testaments ist, wurde in einer Oxforder Bibliothek gefunden«, schrieb die Zeitung. »Er liefert den ersten materiellen Beweis dafür, daß das Matthäus-Evangelium ein Augenzeugenbericht ist, der von Zeitgenossen Christi geschrieben wurde.« Der Bericht betraf drei winzige Papyrusstücke, die dem Magdalen College in Oxford gehören. Auf beiden Seiten der Fragmente stehen in griechischer Schrift Sätze aus dem 26. Kapitel des Matthäus-Evangeliums. Sie erwähnen unter anderem die Salbung Jesu im Hause Simons, den Verrat Jesu an die Hohenpriester durch Judas Iskariot und enthalten Teile von vier Jesus-Worten. Obwohl die Verse entscheidende Augenblicke im Leben Jesu beschreiben, erscheinen die Fragmente auf den ersten Blick nicht als besonders bemerkenswert. Doch Thiede, Leiter des Instituts für Wissenschaftstheoretische Grundlagenforschung in Paderborn, behauptete, daß sie äußerst früh entstanden waren und aus der Zeit um 70 n.Chr. stammten. Bald würde er seine Thesen in einem Fachorgan, der *Zeitschrift für Papyrologie und Epigraphik*, veröffentlichen.

Seine Beweisführung war vielschichtig. Sie beruhte nicht nur auf Analysen der griechischen Schrift, sondern auch auf umfangreichen Vergleichen mit den Handschriften anderer antiker Dokumente. Eine heftige wissenschaftliche Auseinandersetzung sollte folgen, denn Thiede stellte die traditionelle Ansicht in Frage, der zufolge das winzige Fragment des Johannes-Evangeliums aus dem 2. Jahrhundert, das der John-Rylands-Bibliothek in Manchester gehört, unser ältester Evangelientext sei. Ferner stellte er eine Behauptung auf, die weitreichende Folgen für unser Verständnis der Evangelien und ihrer Ursprünge haben könnte. Und – das sollte besonders wichtig werden – er tat dies aufgrund materieller Beweisstücke und nicht mit Hilfe literaturwissenschaftlicher Theorien oder historischer Mutmaßungen.

Thiedes Argumente verdienten zweifellos ein größeres Publikum als die kleine Zunft der Papyrologen, an die sein wissenschaftlicher Aufsatz ursprünglich gerichtet war. Denn hier, so wurde geltend gemacht, lag ein Fragment des 26. Kapitels des Matthäus-Evangeliums vor, das zu Lebzeiten des Apostels selbst geschrieben sein konnte. Wenn sich dies als richtig herausstellen sollte, dann hätte das immense Konsequenzen. Wie ein Senior Fellow des Magdalen College, Oxford sagte: »Es bedeutet, daß die Leute, die das historische Geschehen erlebt hatten, anwesend waren, als dies aufgeschrieben wurde.«

In ihrem Leitartikel bemerkte die *Times*, viele Historiker, Theologen und Sprachwissenschaftler hätten schon früher vermutet, daß das Neue Testament von Zeitgenossen Jesu oder wenigstens von deren Schülern geschrieben worden sei. »Was Thiede von seinen akademischen Vorgängern unterscheidet, ist die Tatsache, daß er Beweisstücke vorlegen kann – wenn auch drei winzige –, die seine Ansicht zu beweisen scheinen. ... Seine kühne These verschiebt die Debatte über das Alter des Neuen Testaments auf eine neue Ebene.«

Nichts von alledem wäre wohl ans Tageslicht gekommen, wenn Thiede, dessen Frau Engländerin ist, sich im Februar 1994 nicht zu einem Familienfest in der Nähe von Oxford aufgehalten hätte. Aus routinemäßiger wissenschaftlicher Neugierde bat er die Bibliothekarin des Magdalen College, ihm einen Blick auf den Matthäus-Papyrus zu gestatten, den er bisher nur aus der einzigen offiziellen Veröffentlichung gekannt hatte. Er war verblüfft von dem, was er zu sehen bekam, vor allem aber darüber, daß ein so faszinierendes Fragment so lange vernachlässigt wurde, nachdem es 1953 auf das 2. Jahrhundert datiert worden war. Weitere Besuche in Oxford folgten, in deren Verlauf Thiede den Papyrus detailliert studieren und seine These weiterentwickeln konnte.

Als Anthony Smith, der Präsident des Magdalen College, erfuhr, was Thiede nachweisen wollte, machte er es sich selbst zur Aufgabe, mehr über die Fragmente zu erfahren. Wie war dieser geheimnisvolle Papyrus Anfang des 20. Jahrhunderts ins Oxforder Magdalen College gelangt? Die Unterlagen des College verzeichneten, daß es sich um eine Schenkung des Reverend Charles Bousfield Huleatt handelte, einst Student des College, über den aber weiter so gut wie nichts bekannt war. Wer war er, und welche Rolle spielte er in der Geschichte des Papyrus?

Seit der Entdeckung der Schriftrollen vom Toten Meer im Jahre 1947, möglicherweise seit der Identifizierung eines Fragments des Markus-Evangeliums aus Qumran im Jahre 1972, hatte es keinen derart bedeutenden Durchbruch in der neutestamentlichen Forschung gegeben. Es schien, als hätte Thiede einen Hinweis darauf gefunden, daß das Matthäus-Evangelium nur eine Generation nach der Kreuzigung geschrieben worden war – oder gar früher. Es wäre durchaus vorstellbar, daß der Papyrus selbst, in Oberägypten entdeckt und im Jahre 1901 dem Magdalen College vermacht, von einem der »fünfhundert Brüder und Schwestern« (1. Korinther 16,5) gelesen und berührt worden war, von denen Paulus sagt, daß sie den wiedererstandenen Jesus mit eigenen Augen gesehen hatten. Niemanden, der sich aus religiösen oder wissenschaftlichen Gründen für das Christentum interessierte, konnte Thiedes These kaltlassen.

Da man sich der Bedeutung der Sache bewußt war, traf die *Times* für den Druck des Artikels zu Weihnachten 1994 verschiedene Sicherheitsmaßnahmen, um zu verhindern, daß die Nachricht über Nacht zu einem Konkurrenzblatt durchsickern könnte. Nur eine Handvoll Mitarbeiter des Redaktionsstabes kannte die Details dessen, was gedruckt werden sollte. Aber dezente Sondierungen in der Welt der Gelehrten hatten ihnen bereits zu verstehen gegeben, auf welch großes Interesse Thiedes Behauptung stoßen und wie heftig die wissenschaftliche Auseinandersetzung ausfallen würde.

Und so kam es auch. Kurz nachdem die *Times* die Geschichte gebracht hatte, wurde sie von Zeitungen in der ganzen Welt von Los Angeles bis Neu-Delhi übernommen. Am 23. Januar 1995 erläuterte der für Religion zuständige Redakteur des amerikanischen Nachrichtenmagazins *Time*, Richard Ostling, das neue Forschungsergebnis unter der Schlagzeile »Einen Schritt näher zu Jesus?«.

Wie erwartet, forderte Thiedes These starke Reaktionen heraus, nicht zuletzt eine lebhafte Auseinandersetzung in den Leserbriefspalten der *Times*. Einige Wissenschaftler nahmen eine ablehnende Haltung ein, indem sie erklärten, daß der Papyrus 1953 durchaus hinreichend auf das Ende des 2. Jahrhunderts n.Chr. datiert worden sei und daß Thiede nichts vorgebracht habe, was diese Ansicht ändern könne. Im *Sunday Telegraph* tat der angesehene Politiker und Gelehrte Enoch Powell Thiedes Ausführungen zu der Handschrift als unfundiert und »arrogant« ab. Andere lobten jedoch Thiedes Vorgehensweise und wollten mehr erfahren. »Das Problem besteht darin, daß dies das ganze theologische Lehrgebäude in Frage stellt«, erklärte Ulrich Victor, Altphilologe an der Berliner Humboldt-Universität, gegenüber der Zeitschrift *Time*, denn, so Victor weiter, liberale Theologen hätten schon seit langem »alles, was ihnen nicht gefällt« als Ergebnis einer späten, weit von Jesus entfernten Tradition abgelehnt. Hugh Montefiore, der sonst eher zurückhaltende Kolumnist der *Church Times*, bezeichnete die Geschichte fasziniert als eine »Bombe«.

Aber die neuen Forschungsergebnisse weckten nicht nur in wissenschaftlichen Kreisen leidenschaftliche Emotionen. Thiede und Matthew d'Ancona, der Autor des Weihnachts-Artikels in der *Times*, wurden überschwemmt mit Anrufen und Briefen, in denen sie um weitere Informationen über die Oxforder Fragmente gebeten wurden. Bei seinen Vortrags- und Forschungsreisen rund um die Welt stellte Thiede fest, daß seine Thesen auch Nichtwissenschaftler gefesselt hatten. Sie waren fasziniert von den Fragen, die sie ihnen zum Verhältnis von Geschichte und Glaube, Religion und Erfahrung aufwarfen. Und sie waren von der Vorstellung bezaubert, daß die Fragmente schon von Männern und Frauen gelesen worden sein könnten, die mit Jesus durch Galiläa gewandert waren. Aber sie waren auch an den Methoden interessiert, die man bei der Neudatierung angewandt hatte, und an den Folgerungen für unsere heutige Auffassung von Religion. Zuweilen schien es, als hätte jeder eine eigene Meinung über den Papyrus, vom fanatischen Fundamentalismus bis hin zu fast schon pathologischer Skepsis. Nie zuvor hatte ein Gelehrter einen forensischen Beweis dafür vorgelegt und zur Diskussion gestellt, daß eines der Evangelien nur kurze Zeit nach den Ereignissen, von denen es berichtet, geschrieben worden war. Zorn, religiöse Inbrunst, intellektuelle Leidenschaft – all das wurde durch die neue Entdeckung entfacht. Alles, so schien es, außer Gleichgültigkeit.

Eine ähnliche Erfahrung hatte das Magdalen College selbst machen müssen. Drei winzige Fetzen Papyrus, die fast ein Jahrhundert lang kaum Aufmerksamkeit erregt hatten, wurden plötzlich als ein einzigartiges religiöses Artefakt behandelt, das für Menschen in der ganzen Welt wichtig war, die noch nie von dem College gehört hatten. Der Papyrus hatte lange Zeit in der alten Bibliothek des Magdalen College in einer Vitrine gelegen, zusammen mit Andenken anderer ehemaliger Studenten. Auf einmal wurden eine ganz andere Sorgfalt und weit schärfere Sicherheitsmaßnahmen erforderlich. Über Nacht war eines von Hunderten wertvoller Manuskripte, die sich in der Obhut des Magdalen College befinden, offenbar zu einem Zeugnis von ehrfurchteinflößender Bedeutung geworden. Erstmals wurde das Kunstauktionshaus Sotheby's gebeten, den Wert der Fragmente zu taxieren. Für eine akademische Institution ist die Entdekkung, daß sie möglicherweise das älteste christliche Dokument, einen winzigen, aber entscheidenden Grundstein der literarischen Kultur des Westens besitzt, eine besonders folgenschwere Erfahrung.

Dieses Buch ist eine Reaktion auf die Flut des Interesses am Oxforder Papyrus, der sich als »Jesus-Papyrus« erwies. Es ist weder ein religiöser Traktat noch ein Versuch der Bekehrung zum Christentum. Vielmehr will es eine bedeutende papyrologische Entdeckung und deren Folgen für die Datierung des Neuen Testaments und unser Wissen über das frühe Christentum allgemein zugänglich machen. Es versucht die Lücke zwischen wissenschaftlicher Forschung und jenen Fragen zu überbrücken, die sich jeder denkende Mensch über die Evangelien und ihre Bedeutung stellt. Es will schlüssige Antworten vorlegen und zugleich zur Diskussion anregen.

Tatsächlich war solch ein Buch schon überfällig, lange bevor der Oxforder Papyrus 1994 neu datiert wurde. Seit der bedeutende Theologe und Arzt Albert Schweitzer im Jahre 1906 sein grundlegendes Werk *Geschichte der Leben-Jesu-Forschung* vorgelegt hatte, gab es unter modernen Wissenschaftlern das Bestreben, das zu überwinden, was Gotthold Ephraim Lessing als den häßlichen Graben zwischen Geschichte und Glaube bezeichnete. Im Mittelpunkt dieser Debatte stand das Neue Testament selbst und die Frage seiner Ursprünge. Wann wurden die Evangelien geschrieben und in welcher Reihenfolge? Was genau ist ein Evangelium? Welche Ziele verfolgte Jesus, und was hätte er vom frühen Christentum anerkannt und gebilligt? Von Schweitzer über Rudolf Bultmann – dem einflußreichsten Bibelkritiker des 20. Jahrhunderts – bis hin zu jüngeren Autoren wie E. P. Sanders, John Dominic Crossan, John Meier, Martin Hengel, Klaus Berger, Rainer Riesner, Hugo Staudinger und Hans-Joachim Schulz haben Wissenschaftler auf unendlich vielen Wegen versucht, das Verhältnis zwischen der Göttlichkeit und der Menschlichkeit Christi zu erklären und zwischen den Evangelien als Dokumenten des Glaubens und ihrer umstrittenen Rolle als historischen Quellen zu vermitteln.

Im Mittelpunkt unserer Darstellung steht nicht zuletzt die Auffassung, daß die Wissenschaft der Papyrologie bei der Beantwortung dieser Fragen bisher eine viel zu geringe Rolle gespielt hat. Um ihre Theorien über das Leben Jesu und die frühe Kirche zu beweisen, haben Theologen archäologische, numismatische, epigraphische und literaturwissenschaftliche Argumente angeführt. Mit großer Bereitwilligkeit haben sie die Interpretationsmethoden übernommen, die ihnen Literaturkritik, Soziologie und Anthropologie boten, um ihre eigenen Behauptungen über die Evangelien oder die Sozialstruktur der Frühkirche zu stützen. Eine Bibliographie aus dem Jahre 1988 über die Anwendung sozialwissenschaftlicher Ansätze in der neutestamentlichen Forschung führte beispielsweise mehr als 250 Titel an. Es wurde zur Mode, von einer »interdisziplinären Suche nach dem historischen Jesus« zu sprechen. Doch die Bibelwissenschaft hat es versäumt, den reichhaltigen Fundus der Papyrologie offen und vorurteilsfrei zu nutzen. Das bedeutete einen intellektuellen Verlust für alle, die an der Entstehung des Neuen Testaments interessiert sind.

In den nachfolgenden Kapiteln zeigen wir die Folgen auf, welche die Papyrologie für unser Verständnis der Ursprünge des Christentums haben kann. Der »Jesus-Papyrus« ist ein Schlüsseldokument in der langen Geschichte der Datierung des Neuen Testaments – einer wissenschaftlichen Debatte, die seit der Zeit des Papias andauert, der um 110 n. Chr. Bischof von Hierapolis war. Aber er hat uns ebensoviel über die ersten Jahrzehnte christlichen Lebens zu erzählen, über die kulturell vielfältige, griechischsprachige Gesellschaft, an die der Papyrus sich wandte, und die frühe und intensive Entwicklung der Kirche vor dem Jahre 70, jenem entscheidenden Jahr, in dem das römische Heer den jüdischen Aufstand niederschlug und Jerusalem zerstörte. Was können wir über die frühen Christen erfahren, von denen es in der Apostelgeschichte 2, 46 heißt, sie »verharrten einmütig im Tempel, brachen in ihren Häusern das Brot und hielten miteinander Mahl in Freude und Einfalt des Herzens«? Oder von den Jüngern des »Chrestus« in Rom, die der römische Historiker Sueton erwähnt (*Leben des Claudius* 25, 4)? Die Fragmente enthalten wichtige Hinweise auf die Institutionalisierung und den Ehrgeiz der Kirche schon *vor* der Zerstörung des Tempels. Sie lassen sogar vermuten, daß es bereits um die Mitte des 1. Jahrhunderts eine wohldurchdachte kirchliche Strategie gab.

Vor allem ist dieses Buch eine kontinuierliche Folge miteinander verflochtener Geschichten über den Papyrus und die Menschen, deren Leben er beeinflußt hat. Es fragt, ob Matthäus tatsächlich das Evangelium geschrieben hat, von dem der Papyrus ein frühes Exemplar ist und das seinen Namen trägt. Es betrachtet die Männer und Frauen, die unter den ersten Lesern dieser alten Handschrift gewesen sein dürften, und wie sie diese verwendet haben könnten.

Ferner folgt es der Spur des Reverend Charles Bousfield Huleatt, des Oxford-Absolventen, Amateurwissenschaftlers und gläubigen Auslandspfarrers, der den Papyrus in Ägypten erwarb, aber 1908 bei einem Erdbeben auf tragische Weise ums Leben kam, so daß fast keine Zeugnisse seines Lebens und Wirkens erhalten sind. Ebenso wie die Geschichte der Fragmente, die er entdeckte und seinem geliebten College vermachte, blieb auch die von Huleatts Leben, seiner Forschung und seinem Wunsch, das Wort Gottes zu verbreiten, fast ein Jahrhundert lang im dunkeln.

Vor allem untersucht unser Buch die Behandlung des Papyrus im 20. Jahrhundert, die erste Ausgabe des Jahres 1953 und die erneute Edition und Datierung vier Jahrzehnte später. Vieles wurde seit dem Originalbericht in der *Times* über Carsten Peter Thiede gesagt und geschrieben. Kapitel 5 geht auf die geäußerten Kritiken ein und erklärt ausführlicher als je zuvor die wissenschaftliche Auseinandersetzung um die neue Datierung. Wir schließen, indem wir den Ort des »Jesus-Papyrus« in unserer Zeit und seine Bedeutung sowohl für gläubige als auch nichtgläubige Leser zu bestimmen suchen.

Auf den ersten Blick ist dieser Papyrus alles andere als beeindruckend. Es handelt sich lediglich um drei winzige Fragmente, die zwischen zwei Glasscheiben gepreßt sind. Auf Anhieb ist wahrlich nicht zu erkennen, daß an ihnen Geschichte und religiöse Bedeutung haften. Dennoch ist dieser antike Papyrus eines der bedeutendsten Dokumente, die wir besitzen.

2

DER STREIT UM DATEN: MATTHÄUS UND DIE URSPRÜNGE DES NEUEN TESTAMENTS

»Übrigens, Sherlock«, sagte er, »ich habe da etwas ganz nach deinem Herzen – ein höchst eigentümliches Problem, das mir zur Beurteilung vorgelegt wurde. Ich hatte wirklich nicht die Kraft, der Sache nachzugehen, außer in sehr unvollkommener Weise, aber immerhin gab es mir Anlaß zu einigen sehr angenehmen Spekulationen. Wenn du interessiert bist, die Fakten zu hören ...« – »Mein lieber Mycroft, ich wäre entzückt!«
Sir Arthur Conan Doyle, Der griechische Dolmetscher, 1894

Es gibt eine Welt – ich sage nicht, eine Welt, in der alle Gelehrten leben, aber auf jeden Fall eine, in die alle sich ab und zu verirren und die einige von ihnen auf Dauer bewohnen –, die nicht die Welt ist, in der ich lebe ... Wenn ich in meiner Welt lese, daß Churchill im Jahre 1935 sagte, Europa bewege sich auf einen katastrophalen Krieg zu, dann applaudiere ich seiner Voraussicht. In jener Welt ist jede Prophezeiung, wie vage auch immer sie formuliert sein mag, nicht vor, sondern nach dem Ereignis ausgesprochen worden.
A. H. N. Green-Armytage, John Who Saw, 1952

An Alarmsignalen fehlte es nie. So schrieb schon im Jahr 1646 Thomas Hobbes, der große politische Philosoph des 17. Jahrhunderts, angesichts der Eifersüchteleien und Gebietsansprüche von Akademikern in Amt und Würden an seinen französischen Kollegen Samuel Sorbière: »Ihr öffentliches Ansehen verlangt, daß auf dem Gebiet ihrer Lehre niemand etwas entdeckt, was sie nicht bereits selbst entdeckt haben.« Mit wenigen Ausnahmen gilt diese recht melancholische Aussage auch heute noch. Denn erst in den letzten Jahren zeigten sich Tendenzen zu einer aufgeschlossenen, interdisziplinären Forschung und Diskussion über das Thema, mit dem dieses Buch sich befaßt. Martin Hengel, international renommierter Theologe an der Universität Tübingen und früherer Präsident der weltweiten Neutestamentler-Vereinigung »Studiorum Novi Testamenti Societas«, war einer der ersten, die diesen Weg gingen. Am Ende seiner in England erschienenen Aufsatzsammlung »Studies in the Gospel of Mark«[1] druckt er einen Aufsatz von Wolfgang Schadewaldt (1900–1974) ab, einem der führenden Klassischen Philologen und Homer-Experten unserer Zeit. In »Die Zuverlässigkeit der synoptischen Tradition« zeigte Schadewaldt nämlich im Sinne Hengels, wie glaubwürdig die drei eng verwandten Evangelien von Markus, Matthäus und Lukas in ihrem historischen Kern tatsächlich sind. Schadewaldt behauptete nie, Theologe zu sein, geschweige denn ein Neutestamentler. Er schrieb als Philologe, als einer derjenigen, die es gewohnt sind, tagein, tagaus klassische Texte zu studieren und zu analysieren. Man braucht nicht eigens zu erwähnen, daß das Neue Testament, sofern wir es als literarisches Zeugnis betrachten, nicht weniger als außerbiblische Schriften durchaus Bestandteil der klassischen Antike ist, mit anderen Worten, zum natürlichen Arbeitsgebiet der Klassischen Philologie gehört.

Nach einer detaillierten vergleichenden Untersuchung stellt Schadewaldt resümierend fest: »Was die Substanz der Erzählungen und Worte angeht, würde ich sagen, wenn man – wie öfter in der Philologie – vergleicht: gute Überlieferung, schlechte Überlieferung, sehr gute Überlieferung, – daß wir nach dieser Wertskala für die synoptischen Evangelien sagen würden: sehr gute Überlieferung.«[2]

Das bedeutet nicht, daß jedes einzelne Wort der Evangelien für bare Münze genommen werden müßte. Sie sind, und das sagen sie auch selbst, Verkündigungen der Frohen Botschaft Jesu Christi (griechisch *euangélion*, »gute Kunde«). Die historischen Fakten werden mit einer bewußten Absicht berichtet, gestaltet und geordnet, so daß beispielsweise manche Reden in den verschiedenen Evangelien übergangen oder an anderer Stelle eingefügt sind. Dasselbe gilt für Johannes, der statt der großen, öffentlichen Aussprachen Jesu von gänzlich anderen Reden berichtet – den vertraulichen, sehr persönlichen. Die ersten Sammler der kanonischen vier Evangelien und jene, die beschlossen, lieber vier Evangelien zu bewahren statt eines einzigen – so etwa die bereinigte Fassung von Lukas, wie der Häretiker Markion es im 2. Jahrhundert vorschlug –, wußten sehr genau, daß vier teilweise oder ganz voneinander unabhängige Zeugnisse die künftige historische Erinnerung nicht erschweren, sondern ihr im Gegenteil eher dienlich sein würden.[3]

Was sagen die Texte?

Derlei nüchterne Einsichten wurden weitgehend nicht zur Kenntnis genommen, und Martin Hengel erntete wenig Dank von seinen Kollegen für seine Versuche, sie zu den Wurzeln zurückzuführen. Braucht es wirklich die forensische Erfahrung eines Rechtsgelehrten wie des Experten für Orientalisches Recht, Sir John Anderson, mit seinen zahlreichen Veröffentlichungen über die Zuverlässigkeit der Evangelien oder eines Klassischen Philologen wie Wolfgang Schadewaldt, um die Dinge in die richtige Perspektive zu rücken?

Das folgende ist nur ein Beispiel für Schadewaldts angewandte Methode. Zu den beharrlichsten Mythen über den Ursprung und die Überlieferung der Evangelien gehört die Frage, wie lange es tatsächlich dauerte, bis sie aufgezeichnet, bedacht und schließlich weiterverbreitet wurden. Seit langem herrscht die Auffassung, daß zwischen dem ersten und dem zweiten Evangelium mindestens zehn Jahre lagen: so lange soll die Rezeption gedauert haben. Daher nahm man selbstverständlich an, daß Matthäus sein Evangelium in den achtziger Jahren des 1. Jahrhunderts schrieb, nachdem man das Markus-Evangelium ungefähr auf das Jahr 70 datiert hatte. Schadewaldt weist darauf hin, daß dieser »Irrtum in der Traditionsgeschichte«, wie er sagt, auch in der Klassischen Philologie durchaus verbreitet war, bis ihre Vertreter, anders als die meisten Neutestamentler, ihre Methoden berichtigten.

Ein ähnlicher Fehler sei früher auch in der Homer-Forschung unterlaufen, schreibt Schadewaldt. »Man hat immer getan, als ob es Jahre brauchte, ehe das ionische Epos nach dem Mutterland herüberkam. Bei Homer selbst sagt Achilleus: ›Übermorgen will ich zu Hause in Phthia sein, am dritten Tag!‹ Ich habe es nach alten Schiffsbüchern nachkontrolliert, und es stimmt, die Schiffe fuhren so schnell. Aber das Epos mußte nach der früheren Homer-Kritik Jahrhunderte brauchen, ehe es allmählich herüberdrang. Es ist eben immer gut, wenn Gelehrte – ganz allgemein gesagt – neben ihrer Methode auch etwas Verstand anwenden.«[4]

Ein weiterer beliebter Mythos der neutestamentlichen Kritik, der als Argument für die Spätdatierung der Evangelien benutzt wird und die Problemlage gut verdeutlicht, ist die angebliche Erwartung einer schnellen »Wiederkunft Christi«. Wie es heißt, rechneten die Urchristen damit, daß der auferstandene und zum Himmel aufgefahrene Jesus eher früher als später, nämlich noch zu ihren Lebzeiten, wiederkehren werde, um »das Ende der Zeit« zu verkünden. Wären sie auf ein nahes Ende gefaßt gewesen, hätten sie folglich keinen Grund gehabt, die Erzählungen über sein Leben und sein Wirken zu bewahren, zu sammeln und zu veröffentlichen. Erst später, nachdem die erste Generation von Augenzeugen gestorben war und Verlegenheit und Enttäuschung zu einer anderen theologischen Bewertung der Lage geführt hätten, sei eine ausführliche Dokumentation nötig geworden. Das mag zwar ein subtiler Weg sein, um zu späteren

Datierungen zu gelangen, doch es findet sich nirgends ein konkreter Hinweis auf solche Erwartungen. Bisweilen wird Jesus sogar selbst zur Verteidigung dieser Theorie zitiert. In Markus 9,1 heißt es: »Wahrlich, ich sage euch: Von denen, die hier stehen, werden einige den Tod nicht erleiden, bis sie gesehen haben, daß das Reich Gottes in seiner Macht gekommen ist.«[5] Aber wenn wir der Argumentationslinie derer folgen, die eine spätere Datierung der Evangelien vorziehen, zwingt die reine Logik zu dem Eingeständnis, daß genau diese Art von Aussagen, falls sie sich tatsächlich auf eine frühe Wiederkunft bezogen hätte, später schon aus den Erstfassungen der Evangelien gestrichen worden wäre, denn diese unerfüllten Voraussagen hätten bedeutet, daß Jesus sich irrte. Allerdings beziehen sie sich eben nicht auf seine eigene Wiederkunft. Sie sind vielmehr, wie aus dem Aufbau des Evangeliums klar hervorgeht, ein Hinweis auf Jesu Verklärung, die in den folgenden Versen berichtet wird, »sechs Tage danach«. Hier offenbart Gott Jesus als seinen geliebten Sohn in der Herrlichkeit der göttlichen Macht, die ihn erfüllt. Mit der Autorität des Petrus wird das Ereignis an anderer Stelle unmißverständlich berichtet: »Denn wir sind nicht irgendwelchen klug ausgedachten Geschichten gefolgt, als wir euch die machtvolle Ankunft Jesu Christi, unseres Herrn, verkündeten, sondern wir waren Augenzeugen seiner Macht und Größe. Er hat von Gott, dem Vater, Ehre und Herrlichkeit empfangen; denn er hörte die Stimme der erhabenen Herrlichkeit, die zu ihm sprach: Das ist mein geliebter Sohn, an dem ich Gefallen gefunden habe. Diese Stimme, die vom Himmel kam, haben wir gehört, als wir mit ihm auf dem heiligen Berg waren.« (2. Petrus 1,16–18)

Andere Skeptiker berufen sich statt dessen auf Matthäus 10,23: »Wahrlich, ich sage euch: Ihr werdet nicht die Städte Israels vollenden, bis der Menschensohn kommt.«[6] Wahr oder falsch, unerfüllte Verheißung oder Mißdeutung? Auch in diesem Fall hätte der Evangelist den Ausspruch unerwähnt gelassen, wäre das Evangelium tatsächlich zu einer Zeit entstanden, in der er wie eine offensichtlich falsche Prophezeiung ausgesehen hätte. Und auch hier wird uns klar, daß sein Sinn weniger eindeutig ist, als man vermutet hat. Denn nehmen wir den griechischen Text wörtlich, dann geht es hier nicht darum, »mit den Städten Israels zu Ende zu kommen«, wie es in der Einheitsübersetzung der Heiligen Schrift heißt, oder »die Städte Israels auszurichten«, wie Martin Luther übersetzte. Die Aussage ist mehrdeutig und darf deshalb auf keinen Fall als klarer Hinweis auf die frühe Wiederkunft verstanden werden; sehr viel wahrscheinlicher ist es hingegen, daß sie sich auf ein Ereignis bezieht, das auch Paulus herbeisehnte, ohne jedoch mit dessen bevorstehendem oder selbst fernerem Eintreffen fest zu rechnen: die Bekehrung ganz Israels.[7] Die Urchristen wurden verbannt und verfolgt, und Jesus erwartete von ihnen, daß sie auf ihrer Flucht von einer Stadt zur anderen – wie bitter realistisch sich diese Prophezeiung erfüllen sollte! – die Gelegenheit nutzten, um zu predigen und die Frohe Botschaft zu verkünden. Dies geschah und wurde gewissenhaft berichtet in der Apostelgeschichte, die voll von Beispielen für die Wirksamkeit dieses Prinzips ist.[8]

In Wirklichkeit ist dieselbe Textstelle, Matthäus 10,23, ein doch wohl zwingender Beweis für eine sehr frühe Datierung dieses Evangeliums. Die Bezeichnung der Städte Israels als Fluchtweg würde die nichtjüdische Stadt Pella in Transjordanien ausschließen, wohin die Christen Jerusalems im Jahr 66 jedoch flohen. Das kann nur eines bedeuten. Wie Theodor von Zahn, ein ausgebildeter Philologe und Professor für Neues Testament an den Universitäten Göttingen, Kiel, Erlangen und Leipzig, in seinem 1903 verfaßten und seither oft nachgedruckten Kommentar zum Matthäus-Evangelium feststellt: »Matthäus würde Vers 23 schwerlich geschrieben haben, wenn die Flucht der Christen dorthin [nach Pella] bereits stattgefunden hätte, als er schrieb. Unser Evangelium ist vor 66 geschrieben.«[9]

Zwar rechneten die frühen Christen sicherlich ebenso mit der Wiederkunft wie ihre heutigen Nachfolger, doch betrachtete niemand, der in der Urkirche Autorität besaß, das Ereignis als unmittelbar bevorstehend. Auch hätte ein solches Erwartungsgefühl nicht als Grund gegolten, Jesu Aussprüche nicht aufzuzeichnen und in Evangelien einzufügen. Paulus selbst, dessen erste Briefe nach Ansicht der meisten Forscher zeitlich allen vier Evangelien vorausgehen, stellt dies ganz klar. Erstens, indem er diese frühen Briefe überhaupt verfaßte, und zweitens in seinem allerersten Brief, an die Thessalonicher gerichtet, in dem eine unmißverständliche Äußerung nach wie vor als Warnung vor Spekulationen verstanden werden sollte: »Über Zeit und Stunde, Brüder, brauche ich euch nicht zu schreiben. Ihr selbst wißt genau, daß der Tag des Herrn kommt wie ein Dieb in der Nacht. ... Denn Gott hat uns nicht für das Gericht seines Zorns bestimmt, sondern dafür, daß wir durch Jesus Christus, unseren Herrn, das Heil erlangen. Er ist für uns gestorben, damit wir vereint mit ihm leben, ob wir nun wachen oder schlafen.« (1 Thessalonicher 5,1–2 und 9–10)[10]

Ein dritter populärer Mythos über den Ursprung der Evangelien betrifft die Göttlichkeit Jesu. »Ich und der Vater sind eins« (Johannes 10,30) ist seine prägnanteste Äußerung; manche seiner Zuhörer, Juden wie er, verstanden dies als einen Anspruch auf Göttlichkeit und wollten ihn steinigen. Sie erklären: »Wir steinigen dich nicht wegen eines guten Werkes, sondern wegen Gotteslästerung; denn du bist nur ein Mensch und machst dich selbst zu Gott.« (Johannes 10,33) Der gesamte Prolog zum Johannes-Evangelium hebt diesen Göttlichkeitsanspruch hervor, allerdings in kunstvollerer Form. Im wesentlichen heißt es dort, daß Jesus vor der Erschaffung der Welt bereits existierte, daß er an der Schöpfung teilnahm, daß er und der Vater eins im Tun waren und sind. Der Göttlichkeitsanspruch wird auch in den anderen Evangelien deutlich: Matthäus 16,19–20, die Überreichung der Schlüssel des Himmelreichs an Petrus, ist nur ein Beispiel dafür; es gibt weitere. Aber sind sie späte Hinzufügungen, erfolgt lange nach der Zerstörung Jerusalems im Jahr 70 und der Neuordnung des christlichen Lebens und Auftrags? Weit davon entfernt. Nichts beweist, daß Jesu »Vergöttlichung« eine spätere Entwicklung war. Der Glaube an seine Göttlichkeit bestand von Anfang an – unmißverständlich. In einem Brief, der bereits im Jahr 55 geschrieben wurde, dem ersten Brief an die Korinther, sagt Paulus im wesentlichen dasselbe, gestützt auf eine viel ältere Lehre, die er selbst erhalten und für wahr befunden hatte: »So haben wir doch nur einen Gott, den Vater. Von ihm stammt alles, und wir leben auf ihn hin. Und einer ist der Herr: Jesus Christus. Durch ihn ist alles, und wir sind durch ihn.« (1. Korinther 8,6) Tatsächlich sind die Herausgeber der Standardausgabe des griechischen Neuen Testaments derart fest überzeugt von dem frühen, ja vorpaulinischen Entstehungsdatum dieses Ausspruchs, daß sie ihn als Zitat drucken.[11]

Noch viele weitere solcher Mythen beeinträchtigen nach wie vor die neutestamentliche Forschung. Manche von ihnen werden im folgenden noch zur Sprache kommen, wie etwa das Argument, Jesus könne keine zutreffenden Prophezeiungen gemacht haben, und die Evangelien, die seine Voraussage der Zerstörung Jerusalems und des Tempels im Jahr 70 zitieren, könnten daher nur nach diesem Zeitpunkt geschrieben worden sein. Spätere Verfasser, so die skeptische Annahme, hätten ihm die Worte in den Mund gelegt, um ihn als Prophet erscheinen zu lassen.[12] Eine weitere irrige Annahme betrifft die Organisation der christlichen Urgemeinden, ihre Verwaltungsstruktur und natürlich das Vorhandensein einer »Kirche«. Konnte Jesus eine derartige Institution voraussehen, mehr noch: konnte er sie unterstützen? Matthäus berichtet es so: »Ich aber sage dir: Du bist Petrus, und auf diesen Felsen werde ich meine *ecclesia* bauen.« (Matthäus 16, 18) *Ecclesia* – da haben wir das Wort. Manche Übersetzungen, die traditionellen auf jeden Fall, geben das Wort als »Kirche« wieder; andere, liberalere ziehen »Gemeinschaft« vor. Kann der historische Jesus im Jahr 28 oder 29 wirklich etwas Derartiges gesagt haben, so daß es noch zu Lebzeiten der Augenzeugen aufgeschrieben wurde? Die Antwort lautet natürlich ja. Das griechische Wort *ecclesia* kommt in der griechischen Übersetzung des Alten Testaments, der aus dem 3. Jahrhundert v. Chr. stammenden Septuaginta, häufig vor, ohne besondere Aufmerksamkeit zu erregen. Dort bezeichnet es die Gemeinschaft der Juden, Gottes Volk – eine Übersetzung des hebräischen Wortes *qahal.* Für Jesus wäre die Verwendung dieses Wortes (ob auf hebräisch, aramäisch oder griechisch) nicht nur natürlich gewesen, sondern auch die selbstverständliche Erweiterung seiner Rolle als Messias.[13] Etwas ganz anderes ist hingegen die Frage, ob Jesus die Entstehung einer Institution in seinem Namen erhoffte, wie sie sich in späteren Jahrhunderten in Form der Kirche – oder vielmehr der Kirchen – entwickelte. Aber eine Mißbilligung der Kirche(n) in ihrer heutigen Erscheinungsform ist etwas ganz anderes als die Rückprojektion einer neuzeitlichen Abneigung gegenüber den gegenwärtigen Strukturen auf die berichteten Äußerungen des historischen Jesus über die *ecclesia*. So verständlich eine solche Projektion sein mag – wissenschaftliche Redlichkeit verrät sie nicht.

Wir könnten damit fortfahren. Nahezu unzählig sind die Versuche, die unternommen wurden, um frühe Entstehungsdaten der Evangelien auszuschließen. Doch Historiker und Klassische Philologen und eine wachsende Zahl von Neutestamentlern haben wieder und wieder gezeigt, daß keines dieser Argumente stichhaltig ist. In Kapitel 7 werden wir den kulturellen und philosophischen Kontext erörtern, in dem manche dieser Versuche zur Erhaltung des Mythos vom späteren Ursprung der Evangelien unternommen wurden, und uns mit der Frage befassen, warum er an Universitäten, in Lehrbüchern und Einführungen ins Neue Testament immer noch derart beliebt ist.

Greifbare Informationen

Vor diesem Hintergrund legen wir nun die Grundlage für die eher technischen Aspekte der Papyrologie und der Herkunft der Evangelien, mit denen wir uns später befassen werden. Was können wir wissen, wenn wir die Quellen ernst nehmen? Was können wir über Matthäus und sein Evangelium wissen, wenn wir das vorhandene Material neutral untersuchen? Ein Beispiel aus der Papyrologie dient zur Veranschaulichung dessen, was sich erreichen läßt. Und obwohl es aus diesem im Grunde für ihn fachfremden Gebiet stammt, war es wiederum Martin Hengel, der es sich als erster zunutze machte.

Wie Hengel erkannte, gewährleistete eine gut dokumentierte Technik, die bei der Herstellung von Schriftrollen üblich war, bereits sehr früh, daß der Name des jeweiligen Verfassers genannt und erhalten wurde.[14] Schriftrollen mit literarischen Texten trugen Etiketten: Streifen aus Pergament, Papyrus oder Leder, die am Griff oder auf der Rückseite der Rolle derart befestigt waren, daß sie dem Rollenhändler oder dem Leser sofort auffielen.[15] Sie erfüllten denselben Zweck wie heute der Buchrücken: Man muß ein Buch nicht aufschlagen, um den Autor und den Titel festzustellen. Genauso brauchten die Leser von Schriftrollen lediglich einen Blick auf das Etikett zu werfen, griechisch *sillybos* oder *sittybos* genannt, und mußten nicht den Anfang der Rolle entfalten, um zu erfahren, worum es darin ging. Hengel weist darauf hin, daß demgemäß auch an einer Evangelienrolle ein solches Etikett befestigt war. Theoretisch hätte auf dem *sittybos* des allerersten Evangeliums schlicht »Gute Kunde« oder, griechisch, *euangélion* stehen können. Solange es kein zweites Evangelium gab, hätte dies genügt, um die Schriftrolle zu finden und zu identifizieren. Aber, wie Hengel bemerkt, »spätestens nachdem in den Gemeinden *zwei verschiedene Evangelienschriften* vorlagen, mußte im Titel unterschieden werden, damit es nicht zu Verwechslungen kam. War der Verfasser der Gemeinde am Ort wohlbekannt, genügte ein mündlicher Hinweis, sobald jedoch ein Werk vervielfältigt, an andere Gemeinden versandt und dort im Archiv deponiert wurde, war ein Titel unbedingt zur Unterscheidung von anderen Schriften notwendig. Mindestens bei den größeren Gemeinden darf man aufgrund des lebhaften Austausches zwischen den Gemeinden annehmen, daß diese sich relativ rasch die neu entstandenen ›Evangelien‹ beschafften. ... Bei der heute zumeist vertretenen Anonymität bzw. Titellosigkeit der ältesten Evangelien hätte es in den Gemeinden wegen des Zwanges zur Unterscheidung in den Gemeindebibliotheken rasch zu einer zufälligen Titelvariation kommen müssen, von der bei den kanonischen Evangelien im Unterschied zu zahlreichen Apokryphen gar nichts zu spüren ist.«[16]

Wenn wir nun um des Arguments willen die orthodoxe Datierung der Evangelien als plausibel annehmen, müßten wir das Markus-Evangelium auf das Jahr 70 datieren, Matthäus und Lukas in die achtziger Jahre verlegen und das Johannes-Evangelium etwa ins Jahr 100. Selbst in den achtziger Jahren kann niemand ohne weiteres Verfassernamen erfunden haben, die mit den tatsächlichen Erinnerungen an die Apostel und andere Christen der ersten Generation unvereinbar waren. Als für das zweite Evangelium ein *sittybos* zu schreiben war, mußte auch das Etikett des ersten erweitert werden; spätestens in diesem Stadium mußten beide die Namen der Autoren angeben, um eine Verwechslung zu vermeiden. Es ist undenkbar, daß irgend jemand gewagt haben könnte, weithin unbekannte Männer wie den Petrusschüler Markus, den Paulus-Begleiter Lukas oder den gänzlich unauffälligen Jünger Matthäus zu erfinden, wenn dies nicht die Namen der wirklichen Autoren gewesen wären – oder nicht in irgendeiner Weise mit den Texten unmittelbar in Verbindung gestanden hätten. Und was für die Datierung auf die achtziger Jahre gilt, trifft für die sechziger Jahre selbstverständlich noch mehr zu. Wie wir gesehen haben und im folgenden noch sehen werden, existierten in diesem Jahrzehnt die ersten beiden Evangelien, Markus und Matthäus, nicht nur als Schriftrollen, sondern sie waren bereits in Kodizes abgeschrieben worden.

Wir haben nun an einigen Beispielen demonstriert, daß die Argumente für eine frühere Datierung des Matthäus-Evangeliums zwingender sind, als die Orthodoxie behauptet. Aber wer war Matthäus? Die älteste vorhandene Tradition identifiziert ihn als Levi-Matthäus, der, als er bei Kafarnaum am Zoll auf seinem Posten saß, von Jesus berufen wurde (Matthäus 9,9; Markus 2, 14; Lukas 5,27–28). Er war allerdings viel mehr als ein bloßer »Steuereintreiber«. Er war ein *telones* – eine Bezeichnung, die im Griechischen für einen Beamten benutzt wurde, der eine Zollstation unter sich hatte – in Levis Fall einen größeren Grenzposten. In Kafarnaum wurden zwei Arten von Abgaben erhoben: die Seesteuer, die in römischer Zeit die Fischer bezahlen mußten[17], und die Landesgrenzensteuer, zahlbar für

Waren, die über die Via Maris befördert wurden, die wichtige Handelsstraße von Damaskus zum Mittelmeer, die quer durch das Gebiet des Vierfürsten Philippus verlief und die Grenze zu Galiläa, dem Territorium von Herodes Antipas, genau bei Kafarnaum berührte, von wo eine Abzweigung nach Tyrus und Chorazin führte. So ist es nicht überraschend, daß eine Forschungsarbeit aus neuerer Zeit Levi-Matthäus als hochrangigen und einflußreichen Zollbeamten identifizieren konnte, der entsprechend den damaligen Vorschriften vielleicht sogar der Pächter oder Besitzer der Zollstation war.[18]

Lukas, weniger zurückhaltend in der Beschreibung des Mannes, als Matthäus selbst es sein konnte, hebt in seiner Beschreibung der Ereignisse nach der Berufung von Levi-Matthäus dessen Status und Reichtum hervor: »Und er gab für Jesus in seinem Haus ein großes Festmahl« (Lukas 5,29), wie es in der Einheitsübersetzung heißt, oder, in der Sprache Martin Luthers: »Und der Levi richtete ihm ein groß Mahl zu in seinem Hause.« Ein solcher Mann mußte sowohl über berufliche Qualifikationen wie auch finanzielle Mittel verfügen. Selbstverständlich beherrschte er daher fließend Aramäisch und Griechisch, und wie manche Forscher vermuten, gehörte auch Kurzschrift zu seinen Fähigkeiten. In Kapitel 6 werden wir darauf näher eingehen. Im Augenblick mag es genügen, einen jener britischen Neutestamentler zu zitieren, deren Forschung stets modischen Trends widerstand, C.F.D. Moule von der Universität Cambridge. Der Jünger Matthäus kann, so Moule, mit der Wiedergabe eines besonderen Ausspruchs von Jesus in Kapitel 13,52 seines Evangeliums durchaus eine Art Selbstporträt gezeichnet haben: »Jeder Schriftgelehrte also, der ein Jünger des Himmelreichs geworden ist, gleicht einem Hausherrn, der aus seinem reichen Vorrat Neues und Altes hervorholt.« Moule weist darauf hin, daß dieser »Schriftgelehrte« nicht mit einem »Rechtslehrer« gleichzusetzen sei, wie es in vielen Übersetzungen der Fall ist, also mit einem rabbinischen Schriftgelehrten. Vielmehr deutet das griechische Wort *grammateús* hier auf einen gewandten Schreiber hin. Denn, wie Moule bemerkt, »der Schreiber des Evangeliums war selbst ein durch und durch gebildeter Schreiber in diesem Sinne. Aber ein solcher muß auch der Steuereintreiber gewesen sein, der von Jesus zum Jünger berufen wurde. Es ist denkbar, daß der Herr wirklich zu jenem Zöllner Matthäus sagte: Du warst ein ›Schreiber‹ (wie man es bei der Marine ausdrücken würde); du hattest ständig mit der gewerblichen Seite derselben Gebiete zu tun, von denen in den Gleichnissen die Rede ist – landwirtschaftliche Erzeugnisse, Äcker, Schatzfunde, Fischereieinkommen; nachdem du jetzt ein Jünger geworden bist, kannst du das alles wieder verwenden – freilich mit einem Unterschied.«[19]

Aufgrund seiner Position war er wie seine Kollegen, die anderen *telonai*, innerhalb der orthodoxen jüdischen Gesellschaft verachtet und abgelehnt. Jesus selbst wurde angegriffen, weil er sich mit solchen Gestalten einließ: »Als die Pharisäer das sahen, sagten sie zu seinen Jüngern: Wie kann euer Meister zusammen mit Zöllnern und Sündern essen?« (Matthäus 9,11) Doch Levi-Matthäus war seiner Geburt nach selbst Jude. Anders als beispielsweise bei den Jüngern Andreas (dem Bruder des Petrus) und Philippus, die Juden mit griechischen Namen waren, weisen die beiden Namen dieses Jüngers auf eine sehr alte und hochgeehrte jüdische Herkunft hin. Als Levi war er ein Angehöriger des Stamms der Leviten, die für die Durchführung des Tempelkults in Jerusalem zuständig waren. Obwohl er den übel beleumundeten, aber einträglichen Beruf des Zöllners, Zollpächters oder »Steuereintreibers« gewählt hatte, bewahrte er sich dennoch so viel Stolz auf seine Herkunft, daß er zum Zeitpunkt seiner Berufung seinen ursprünglichen Namen beibehielt. Später wird er, im Evangelium des Matthäus wie in den anderen, mit seinem zweiten Namen Matthäus genannt, der freilich auch nicht gerade demütig klingt: »Gottesgeschenk« ist die Bedeutung des hebräischen Wortes *mattya*.

Was wissen wir sonst noch über den Mann, der in so enger Verbindung mit dem Jesus-Papyrus steht? Wir kennen den Namen seines Vaters, Alphäus (Markus 2, 14); manche Forscher versuchten zu argumentieren, dieser Alphäus sei derselbe gewesen, der als Vater von »Jakobus, dem Sohn des Alphäus« (Markus 3, 18) in Erscheinung tritt. Matthäus gehörte offensichtlich nicht zum »inneren Kreis« der Jünger, den die beiden Brüderpaare Petrus und Andreas, Johannes und Jakobus bildeten, und nach der Auferstehung läßt das Neue Testament nichts über seine weitere Laufbahn verlauten. Zum letztenmal fällt sein Name in der Apostelgeschichte 1, 13, wo berichtet wird, daß der harte Kern der Apostel, nun verkleinert durch Judas' Selbstmord, sich in einem Obergemach in Jerusalem versammelt. Etwa vierzig Jahre nach dem Abschluß der Apostelgeschichte ist der Theologe und Geschichtsschreiber Papias der erste, der Matthäus von neuem erwähnt; und hier hören wir zum erstenmal, daß dieser Mann als Verfasser des Evangeliums gilt[20], was in der Urkirche im übrigen nie bezweifelt wurde. Aber selbst als Verfasser eines Evangeliums wäre Matthäus ein Helfer geblieben, ein »Diener des Wortes«, wie Lukas es so treffend formuliert, als er im Vorwort zu seinem eigenen Evangelium, ohne Namen zu nennen, von seinen Vorgängern spricht. Ein Diener, nicht ein Großmeister, und deshalb gab es keine »Heldenverehrung«, keine öffentliche Huldigung, als das fertiggestellte Evangelium in den Christengemeinden überall im Römischen Reich verbreitet wurde und der Erfolg dieses neuen Evangeliums das frühere Werk des Markus fast gänzlich in den Schatten stellte. Niemand schrieb seine Biographie, und so wissen wir einfach nicht, was später, nach einem langen Aufenthalt in Antiochien, aus ihm wurde. Heraklion, ein Geschichtsschreiber aus dem 2. Jahrhundert, behauptete, der Apostel sei nicht als Märtyrer umgekommen, sondern eines natürlichen Todes gestorben.[21] Und das ist so gut wie alles, was bekannt ist.

Gewiß ist es nicht viel, aber es ist immerhin mehr, als wir über viele antike Autoren wissen. Es ist historisches Informationsmaterial, kombiniert aus archäologischen Funden und literarischen Indizien – die Standardkost des klassischen Forschers, von dem erwartet wird, daß er aus spärlichen Überresten ein meist unvollständiges Mosaik zusammensetzt. Auf jeden Fall passen diese winzigen Mosaiksteinchen über Matthäus zu den Informationen, die wir bisher über das Evangelium und seinen Kontext zusammengetragen haben. Das vorliegende Buch befaßt sich jedoch nicht mit Matthäus und dem Matthäus-Evangelium[22], sondern mit der Untersuchung eines bestimmten Papyrus, seiner Herkunft und seinen Konsequenzen. Alles, was wir über das Evangelium gesagt haben und noch sagen werden, ist in diesem Zusammenhang zu sehen. Mit Zuversicht können wir jedenfalls festhalten, daß keine triftigen philologischen, archäologischen oder historischen Fakten gegen die Annahme sprechen, daß die Fragmente aus der Zeit vor dem Jahr 70 stammen. Wir brauchen keine Regeln umzuschreiben, um die Neudatierung des Papyrus in die Entstehungsgeschichte des Neuen Testaments einzugliedern – im Gegenteil.

Glücklicherweise hat die Debatte der Gelehrten auf diesem Gebiet neuerdings zwei Seiten. Auf der einen steht der althergebrachte Konsens, der späte Datierungen passend und bequem findet. Diese Schule stellt nach wie vor die Authentizität der Evangelien in Frage, und in ein oder zwei Fällen behauptet sie sogar, die gnostischen Schriften des 2., 3. und 4. Jahrhunderts seien verläßlicher als die kanonischen Evangelien (Crossan, Lüdemann). Aber dank angewandter Vernunft und dank rigoroser Forschung gab es auch Fortschritte. Manche werden sich erinnern, welches Aufsehen John A.T. Robinsons 1976 erschienenes Buch *Redating the New Testament* erregte: es schlug ein wie ein Blitz aus heiterem Himmel. Denn wer hätte von dem erzliberalen Autor von *Honest to God* erwartet, daß er sämtliche Schriften des Neuen Testaments vor das Jahr 70 datiert? Im angelsächsischen Sprachraum war das Buch eine Anregung für zahlreiche Forscher, aber den Gang der Dinge änderte es nicht; die deutschen Neutestamentler ignorierten es sogar fast völlig. Erst 1986, zehn Jahre später, erschien Robinsons Werk unter dem Titel *Wann entstand das Neue Testament?* auch auf deutsch, als ein katholischer und ein evangelischer Verlag sich zusammentaten, das Buch gemeinsam übersetzen ließen und herausbrachten.[23] Doch der Gelehrtengemeinde war die Provenienz der beiden Verlage Anlaß, auf ihrer bewußten und scheinbar unanfechtbaren Verweigerung zu beharren und das Buch nicht zur Kenntnis zu nehmen. Die Fortsetzung dieses Werkes, das posthum veröffentlichte Buch *The Priority of John* (1985), das auf der Grundlage von Robinsons Bampton-Vorlesungen an der Universität Oxford entstand, hat immer noch keinen deutschen Verleger gefunden. Und auch anderswo übte es kaum einen nennenswerten Einfluß aus. Warum? Aufgrund von Inkompetenz seitens des Autors? Angesichts der Solidität seiner Argumentation wohl kaum. Es ist wahrscheinlich zu unbequem für eine akademische Disziplin, die Probleme damit hat, ihre alten Geleise zu verlassen. Unübertroffen ist allein schon die Brillanz von Robinsons einführenden Kapiteln über angewandte Methodik; und meisterhaft ist seine Scharfsicht auch dann, wenn man nicht mit jeder einzelnen Schlußfolgerung einverstanden ist.[24]

Besteht die Gefahr, daß die theologische Forschung über das Neue Testament sich isoliert von den anderen Disziplinen, die mit alten Texten befaßt sind – der Klassischen Philologie, der Geschichtswissenschaft oder der Papyrologie? Kann sie es sich leisten, aus der Homer-Forschung und ihren Konsequenzen, die Wolfgang Schadewaldt so prägnant beschreibt, nichts zu lernen? Niemand, der an der Zukunft der neutestamentlichen Forschung und ihrem Beitrag zu einem besseren Verständnis der Heiligen Schrift interessiert ist, kann sich über eine derartige selbstauferlegte Isolierung eines gesamten Fachgebiets freuen. Aber sowohl junge als auch alteingesessene Forscher bemühen sich heute, solide interdisziplinäre Forschung mit unorthodoxer Analyse zu verbinden, und das gibt Anlaß zu Optimismus. Richard Bauckham in St. Andrews, Rainer Riesner in Tübingen und Craig L. Blomberg in Denver sind drei Protagonisten der jüngeren Generation; Martin Hengel in Tübingen, I. Howard Marshall in Aberdeen, E. Earle Ellis in Dallas, Harald Riesenfeld in Uppsala, Klaus Haacker in Wuppertal und Klaus Berger in Heidelberg sind sechs Wissenschaftler, die schon länger in diese Richtung gehen. Bergers jüngster, bedeutender Beitrag zur Diskussion erweist sich heute, knapp zwei Jahre nach seiner Veröffentlichung, für viele seiner Kollegen noch immer als schwerverdaulicher Brocken: In einer Bestätigung und Erweiterung von Robinsons These argumentiert er für die Datierung des Johannes-Evangeliums auf das Jahr 66 und der Offenbarung auf 68/69, und dies nicht in einem Kommentar oder einer Einführung, sondern in einer detaillierten und stringent aufgebauten Monographie, die sich mit der Theologiegeschichte des Urchristentums sowie den Methoden befaßt, die für eine angemessene Analyse erforderlich sind.[25]

Ein literarischer Impuls

Um dieses Einführungskapitel in einem leichteren – aber nicht minder zutreffenden – Ton abzuschließen, wollen wir einen Blick auf eine andere akademische Disziplin werfen, die Literaturwissenschaft. Eine der berühmtesten Autorinnen von Detektivromanen ist Dorothy L. Sayers (1893–1957). Ihre Geschichten über Lord Peter Wimsey sind Klassiker geworden, und ihre Hörspielreihe über Jesus, *The Man Born to be King* (1943; dt.: »Zum König geboren«), wurde immer wieder neu inszeniert und fast dreißigmal nachgedruckt. Aber sie war auch eine ausgebildete Literaturhistorikerin, eine der ersten Frauen, die in Oxford einen akademischen Grad erwarben. Als Literaturhistorikerin schrieb sie mehrere Aufsätze über Aristoteles, den Gebrauch von Sprache und die Bibelforschung. Ihre Einführung zu *The Man Born to be King* ist ebenso lesenswert wie ihr »Vote of Thanks to Cyrus« aus der Reihe *Unpopular Opinions* (1946). Über den »notorischen Streit« um das Johannes-Evangelium schreibt sie:

»Auf die Details dieses Streits will ich nicht eingehen. Ich möchte nur darauf hinweisen, daß die vorgebrachten Argumente von der Art sind, wie sie ein moderner Kritiker nicht einmal im Traum anwenden würde, wenn er sich mit der Biographie befaßt, die eine reale Person über eine andere geschrieben hat. Die Mängel, die Johannes dem Evangelisten vorgeworfen werden, wären bei Mr. Jones Tugenden, und mit denselben Argumenten, die dazu dienen, die Echtheit von Johannes anzuzweifeln, würden der Wert und die Authentizität von Mr. Jones' Beitrag zur Literatur gewürdigt.

Nehmen wir zum Beispiel an, George Bernard Shaw veröffentlichte heute einen Band mit Erinnerungen an William Archer: Würde irgend jemand behaupten, der Bericht sei mit Argwohn aufzunehmen, weil die meisten von Archers sonstigen Zeitgenossen tot sind oder weil der Stil von GBS sich von einer Todesanzeige in der *Times* durchaus unterscheidet oder weil das Buch eine große Anzahl persönlicher Gespräche enthält, die in früheren Biographien fehlen, und eine Reihe von Fakten übergeht, die sich durch einen Griff zum *Dictionary of National Biography* leicht nachprüfen ließen? Oder wenn Mr. Shaw (wäre er ein weniger rüstiger Achtzigjähriger, als er es glücklicherweise ist) seinen Text zum Teil einem angesehenen Geistlichen diktiert hätte, der in einer von ihm selbst hinzugefügten Nebenbemerkung bestätigt, daß Shaw der eigentliche Verfasser sei und daß die Leser sich auf die Exaktheit der Erinnerungen von Archer verlassen könnten, denn schließlich sei Shaw ein enger Freund von Archer gewesen und müßte es wissen – sollten wir dann meinen, daß diese beiden achtbaren Männer sich dadurch als erklärte Lügner entlarvt hätten, und ihre gemeinsame Arbeit als wertloses Machwerk abtun? Wahrscheinlich nicht; aber Mr. Shaw ist ja eine wirkliche Person und lebt – nicht in der Bibel, sondern in Westminster. Die Zeit, ihn in Frage zu stellen, ist noch nicht gekommen. Er ist zwar schon eine Legende, aber noch kein Mythos; doch in zweitausend Jahren vielleicht ...«[26]

Dorothy L. Sayers kannte bereits Rudolf Bultmann und seine Schule, die sich bemühte, das Neue Testament zu entmythologisieren. Ihr Aufsatz war eine frühe Reaktion auf diesen Trend, der nach dem Zweiten Weltkrieg in Großbritannien allmählich populär wurde. In ihrer humorvollen Kritik sollten und werden sich viele Gelehrte wiedererkennen. Aber die Irrtümer, über die sie sich lustig machte, sind nicht in Stein gemeißelt. Wie wir gesehen haben, verfügen wir über das nötige akademische Werkzeug, die Forschungen und die technischen Fähigkeiten, um auf diesem Gebiet wirkliche Fortschritte zu erzielen, in einem Konzert aller beteiligten Wissenschaften. Ein Wort von Paulus im ersten Brief an die Thessalonicher kann als Motto für unser Vorgehen in den folgenden Kapiteln dienen: »Prüft alles, und behaltet das Gute« (1. Thessalonicher 5,21). Mit einem solchen Anspruch soll auch die nun folgende Beschreibung von Papyrus-Handschriften gewagt werden.

3

VON QUMRAN BIS OXFORD – DIE UNTERSUCHUNG DES JESUS-PAPYRUS

Auch Schreiben mit Frischmilch ist sicher
und täuscht gut die Augen.
Willst du's dann lesen, so streue
zerpulverte Kohle darauf.
Täuschen auch läßt sich mit dem Stengel
des Leins, wenn er feucht ist.
Leer scheint das Blatt – doch trägt es
verborgene Schrift.
Ovid, Ars amatoria, 3, 627–630

Daß die beständig benutzte Papyrusrolle nur eine begrenzte Dauer besaß, könnten wir aus der Beschaffenheit des Stoffs allein schon entnehmen. ... In Aktenstücken wird mehr als einmal über beschädigte Rollen und die geringe Haltbarkeit des Papyrus geklagt.
Wilhelm Schubart, Das Buch bei den Griechen und Römern, 1921

Papyrusforschung ist nicht gerade jedermanns Lieblingsbeschäftigung. Doch sogar schon bevor der Jesus-Papyrus Schlagzeilen machte, war die Geschichte dieser akademischen Disziplin mit seltsamen und bisweilen aufregenden Abenteuern gewürzt. Was immer man über Papyri weiß oder wissen möchte – fest steht auf jeden Fall: Es riecht gut, wenn man sie verbrennt. Jedenfalls berichtete dies ein Antiquitätenhändler, der 1778 von einem ägyptischen Bauern eine Papyrusrolle aus den Jahren 191–192 n. Chr. kaufte und dann hilflos zusehen mußte, wie die Ägypter Feuer an fünfzig andere Rollen legten und sichtbar den Duft des Rauches genossen.[1] Zwar gibt es keine vergleichbaren Anekdoten über die Nebenwirkungen von Pergament oder Kalbsleder, doch Konstantin von Tischendorf, derselbe, der 1844 im Katharinenkloster auf dem Sinai einen der beiden wertvollsten Kodizes der gesamten griechischen Bibel, den Codex Sinaiticus[2], entdeckte, fand die ersten Pergamentblätter dieser Handschrift in einem Raum voller Abfall, der zum Verbrennen bestimmt war.

Noch im 20. Jahrhundert lassen die Methoden, antike Handschriften aufzubewahren, viel zu wünschen übrig. Kando beispielsweise, der berüchtigte Schuhhändler in Bethlehem, versteckte einige der berühmten Schriftrollen vom Toten Meer unter den Fußbodenbrettern seines Ladens, bis er sie verkaufte – und in einigen Fällen bis 1967, als die Israelis sie nach der Eroberung des zuvor von den Jordaniern besetzten Landes beschlagnahmten. Und bisweilen ereignen sich auch unglückliche Zwischenfälle just in den entscheidenden Augenblicken nach der Entdeckung, bevor ein Dokument endgültig gesichert ist. Diese unangenehme Erfahrung machte ein Qumran-Forscher, der ein Papyrusstück fand, es gegen das Sonnenlicht betrachtete (»Es könnte ein Fragment aus Genesis sein«) und dann zusehen mußte, wie es zu Staub zerfiel.

Was ist eigentlich Papyrologie? Eine kleine Einführung

Aufgaben des Papyrologen sind – neben der Entdeckung – die Erhaltung, Identifikation und Veröffentlichung antiker Handschriften. Bisweilen sind Kollegen aus anderen Wissenschaften qualifiziert, ihm zu helfen – Archäologen etwa, die das Material entdecken, mit dem er es zu tun hat, oder Klassische Philologen, die über Erfahrungen als Herausgeber antiker Texte verfügen. Andererseits können Fachfremde auch Schwierigkeiten verursachen, wenn beispielsweise ein Neutestamentler erklärt, er verstünde mehr von neutestamentlichen Papyri als der Papyrusforscher selbst. Die Debatte über den Jesus-Papyrus hat so manches Beispiel dieser Art akademischer Überheblichkeit ans Licht gebracht. Man sollte all dies ebenso bedenken wie die zwar geringe, aber immerhin vorhandene Schwierigkeit, die sich aus der mißverständlichen Bezeichnung »Papyrologie« ergibt.

Der normale Leser verbindet mit Papyruskunde, wenn dieses Wort bei ihm überhaupt etwas auslöst, oft eine Art »Papierkunde«. Doch mit »Papier« – das im 2. Jahrhundert in China erfunden wurde – hat die Papyrologie überhaupt nichts zu tun. Andererseits aber beschränkt sie sich keineswegs auf den Umgang mit antiken Papyri, einem Beschreibmaterial aus dem Mark der Stengel des Zyperngrases, das hauptsächlich in Oberägypten angebaut wurde.[3] Vielmehr umfaßt der Begriff aus traditionellen Gründen das Studium aller antiken Texte auf den verschiedensten Materialien wie Papyrus, Pergament, Kalbsleder, Leder, Leinen, Holztafeln, Wachstäfelchen, Gefäßscherben (den sogenannten Ostraka) und dergleichen mehr. Nur Inschriften auf Marmor und anderem Gestein fallen in den Zuständigkeitsbereich einer anderen Disziplin: der Epigraphik (Inschriftenkunde). Zufällig sind die ältesten Handschriften des Neuen Testaments mit einer Ausnahme, der Pergamenthandschrift 0189 in Berlin, in der Tat Papyri, so daß wir auf diesen Seiten guten Gewissens den Begriff »Papyrologie« verwenden können.

Wenn wir versuchen, dem Ursprung dieses Begriffs im Altertum nachzugehen, so stellen wir fest: »Papyrus« kommt schon in der Bibel vor. Die griechische Übersetzung des Alten Testaments, die sogenannte Septuaginta aus dem 3. Jahrhundert v. Chr., erwähnt die Papyruspflanze dreimal: Hiob 8,11 und 40,16 sowie Jesaja (Isaias) 19,16. »Kann Papyrus anderswo wachsen als im Sumpf?« – diese rhetorische Frage findet sich bei Hiob 8,11. Sie unterstreicht, welche Voraussetzungen für den Anbau dieser Pflanze gegeben sein müssen. Jahrhunderte später beschrieb der römische Gelehrte Plinius der Ältere (23–79 n. Chr.) die Herstellung von Papyri als Schriftträger und begann diese Schilderung geradezu mit einem Loblied: »Überall verbreitete sich der Gebrauch des Materials, auf dem die Unsterblichkeit des Menschen beruht.«[4] Kein Zweifel, Papyrusschriftrollen waren von allergrößter Bedeutung für die Vermittlung und Bewahrung menschlichen Wissens. Von der ältesten bekannten ägyptischen Papyrushandschrift an (P. Berlin 11301, um 2700 v. Chr.) bis zum ältesten erhaltenen hebräischen Papyrus aus einer Höhle am Rande des Wadi Murabba'at am Toten Meer (P. Murabba'at 17, um 750 v. Chr.) bis zur Zeit des Neuen Testaments (jener Periode, in der auch Plinius der Ältere seine *Naturgeschichte* verfaßte) und noch darüber hinaus lieferte diese zarte Riedgrasstaude das Material für Dokumente jeglicher Art. Die Herstellung von Papyruseinzelblättern war das Vorrecht ägyptischer Werkstätten. Die meisten von ihnen lagen in den Sumpfgebieten des Nildeltas. Von hier aus exportierte man das fertige Endprodukt in alle Bereiche des Mittelmeerbeckens, aber auch noch darüber hinaus nach Norden, Süden und Osten. Wegen dieses regionalen Monopols und weil die größte Menge alter Papyri an ägyptischen Fundstätten wie Oxyrhynchus zum Vorschein kam, begegnet man gelegentlich falschen Vorstellungen über den Forschungsbereich der Papyruskunde. Sogar eine neue Einführung in dieses Gebiet schränkt Papyrologie auf Texte aus Ägypten ein, und an einigen Universitäten hat man die Papyruskundler den Ägyptologen zugeschlagen. Doch wir werden in Kapitel 5 noch sehen, daß sogar in der Römerzeit Papyri überallhin ausgeführt wurden. Daher können alle diese Belege mit literarischen Texten – Gedichten, Epen, Theaterstücken, Evangelien, Briefen – praktisch von überall her im damaligen Römerreich stammen. Daß man einen solchen Text irgendwo in Ägypten fand, bedeutet keineswegs, daß er dort auch geschrieben sein mußte oder daß man nicht auch anderswo im Reichsgebiet eine Kopie des betreffenden Schriftstücks hätte finden können. Außerdem fehlt es nicht an anderen, außerhalb Ägyptens gelegenen Fundstätten, an denen hebräische, griechische oder lateinische Texte auf Papyrus, Leder, Holz und anderem Material entdeckt wurden. Die Spannweite dieser Fundorte reicht von Stätten am Toten Meer (Wadi Murabba'at, Nahal Hever, Masada und Qumran) über Petra in Jordanien, Dura Europos am Euphrat in Syrien, den Avroman Dag in Kurdistan, Pompeji und Herculaneum in Italien bis zur Nordgrenze des Römerreiches in Vindolanda (einer römischen Garnison am Hadrianswall zwischen England und Schottland). Papyrologie sollte nur dann der Ägyptologie zugeordnet werden, wenn sie sich ausschließlich mit Texten befaßt, die in einer der im alten Ägypten üblichen Sprachen oder Dialekte niedergeschrieben wurden.

Was den allgemeinen Wirkungs- und Zuständigkeitsbereich dieser Wissenschaft angeht, so ist sie schlicht die Erforschung aller antiken Texte ohne Rücksicht auf deren Ursprung. Ein Dokument wie der hier zur Erörterung stehende Jesus-Papyrus aus dem Oxforder Magdalen College bietet ein ideales Beispiel für die Vielfalt der Techniken, die erforderlich sind, um eine derartige Handschrift zu untersuchen. Es ist dieser Gesichtspunkt, unter dem wir sie betrachten wollen, und wir wollen dabei die geschichtlichen Zusammenhänge nicht vergessen. Wie der englische Geistliche Charles Huleatt die Fragmente des Manuskriptes in Luxor fand und unter welch bemerkenswerten Umständen sie nach Oxford gelangten, werden wir im Kapitel 4 schildern. Hier dagegen begeben wir uns auf die Spur der Analytiker, die bisher versucht haben, diese Schrift zu deuten und in anderen Papyrussammlungen weitere Handschriften zu finden, die vielleicht zu den drei Fragmenten »unseres« Papyrus im Magdalen

College passen könnten. Vorangestellt ist dieser Untersuchung ein kurzer Blick auf die Hilfsmittel und Methoden der Papyrologen.

Nicht einmal die ersten Schritte sind so einfach, wie es Fach- und Sachbücher zu diesem Thema im allgemeinen vermuten lassen. So schien es auf den ersten Blick klar, daß die drei Bruchstücke des Jesus-Papyrus nicht von einer Schriftrolle stammen. Zweifellos sind sie auf beiden Seiten beschriftet, und dies gilt als charakteristisch für einen Kodex, den Vorläufer unserer modernen Buchform. Doch selbst durch solch ein Indiz darf man sich nicht vorschnell zu Folgerungen verleiten lassen, denn wie jeder aufmerksame Bibelleser weiß, gab es Ausnahmen von dieser Regel. Beispielsweise erwähnt das Buch des Propheten Hesekiel/ Ezechiel 2, 9–10 eine auf beiden Seiten beschriftete Rolle: »Und als ich hinblickte, siehe, da war eine Hand nach mir ausgestreckt, die eine Buchrolle hielt. Und er rollte sie vor mir ab, und sie war auf der Vorder- und Rückseite beschrieben. Und geschrieben waren auf ihr Lieder der Totenklage sowie Jammer und Wehklagen.«

Etwas weniger eindeutig ist die einzige Stelle im Neuen Testament, die möglicherweise in die gleiche Richtung weist (Offenbarung 5,1): »Und ich sah in der rechten Hand dessen, der auf dem Throne saß, ein[e] Buch[rolle, *biblion*], das [die] hinten und vorn beschriftet und mit sieben Siegeln versiegelt war.« Unklar ist diese Stelle deshalb, weil man damals, als vermutlich die Johannes-Apokalypse geschrieben wurde, bereits zur neuen Buchform des Kodex mit beidseitig beschrifteten Seiten übergegangen war. Deutet das griechische Wort *biblion*, das sich in der soeben zitierten Passage befindet, hier bereits auf einen Bruch in der langen Tradition der Schriftrolle hin, und ist es als ein erster Hinweis auf eine ganz neue Buchform, den Kodex, zu bewerten? Was ein solcher Bruch rein technisch bedeutet, kann sich jeder vergegenwärtigen, der heute ein Buch mit dem vergleicht, was ein Faxgerät von sich gibt. Tatsächlich sieht eine Faxrolle einer antiken Schriftrolle sehr ähnlich – im Gegensatz zu antiken Schriftrollen jedoch mit dem Text nicht auf der Innen-, sondern auf der Außenseite. Der Kodex dagegen wurde nach dem gleichen Produktionsprinzip hergestellt wie seit der Erfindung Gutenbergs im späten 15. Jahrhundert das gedruckte Buch.

Die Frage des Übergangs von der Schriftrolle zum Kodex ist viel weniger theoretisch, als man glauben möchte. Wie wir in Kapitel 5 sehen werden, ist diese »Wasserscheide« von großer Bedeutung für die Datierung christlicher Handschriften im allgemeinen, aber auch für unseren Jesus-Papyrus des Matthäus-Evangeliums. Außerdem ist sie von großer Bedeutung für die Entwicklung des Kanons, d. h. der später verbindlichen, bis heute gültigen Sammlung der Schriften des Neuen Testaments. Wenn christliche Gemeinden beschlossen, von Schriftrollen zu Kodizes überzugehen, stand ihnen bei dieser Gelegenheit auch die Wahl offen, welche Schriften sie in das neue Format übernehmen wollten. Eine vergleichbare Situation wäre es, wenn heutige Verleger sich weltweit entschlössen, keine *Hardcover*-Ausgaben, sondern nur noch *Paperbacks* auf den Markt zu bringen. Würde dann wohl jedes existierende *Hardcover*-Buch im neuen Format wiederveröffentlicht? Natürlich nicht. Man würde die neue Situation auf dem Buchmarkt benutzen, um Bücher auszuwählen bzw. auszusortieren. Selbst heute findet nicht jedes gebundene Buch, und mag es noch so lesenswert sein, seinen Weg auf den Taschenbuchmarkt. Und für die Zeiten des Übergangs von Schriftrollen zu Kodizes galt: Blieb eine bestimmte Schriftrolle unkopiert, verschwand sie spätestens in dem Augenblick, in dem sie zerfallen war. Was nun die Entstehungszeit der Schriften des Neuen Testaments angeht, kann diese Reihenfolge – zunächst Schriftrollen, dann Kodizes – unsere Ansichten über den Ursprung der Texte beeinflussen. Noch immer gibt es ein paar sehr einflußreiche Gelehrte, die uns glauben machen möchten, daß Christen keine Schriftrollen benutzten, sondern daß sie von Anfang an nur Kodizes verwandten. Doch ob sie anfänglich auf Schriftrollen schrieben oder nicht – wenn die Papyrologen recht haben, daß die neue, für die Christen typische Buchform des Kodex von ihnen bereits vor dem Jahre 70 n. Chr. eingeführt wurde[5], dann könnte sich in der Tat auch die oben erwähnte Passage aus der Johannes-Apokalypse (Offenbarung 5,1) bereits auf einen Kodex beziehen. Deutet nun aber diese Passage auf die erste oder die zweite Stufe der Übermittlung christlicher Dokumente hin?

Auf jeden Fall wurde die Johannes-Offenbarung verfaßt, als die traditionelle Schriftrolle noch immer zum festen Bestand des Alltags gehörte oder zumindest unter den Mitteln, die man brauchte, um die Erinnerung wachzuhalten, von großer Bedeutung war. Ein besonders prägnantes Beispiel dafür ist die Bildersprache einer anderen Stelle der Offenbarung (6,14): »Der Himmel verschwand wie eine Buchrolle, die man zusammenrollt, und alle Berge und Inseln wurden von ihren Plätzen gerückt.« Diese Verse wären vollständig sinnlos und unverständlich, wenn die Gemeinden, die die Adressaten dieses Textes waren, nicht selbst derartige Rollen gesehen und benutzt hätten. Und tatsächlich waren Schriftrollen für die frühe Christenheit von größter Bedeutung. Jesus selbst las in der Synagoge von Nazareth aus einer Schriftrolle des Propheten Jesaja (Lukas 4,17), und sogar noch viel später, im ausgehenden 2., bzw. beginnenden 3. Jahrhundert, dokumentiert ein Fresko in der Domitillakatakombe in Rom, wie wichtig Schriftrollen noch immer waren. Es zeigt Paulus mit zwei *capsae* – Schriftrollenbehältern –, die jeweils fünf Rollen enthielten. Diese *capsae* versinnbildlichen möglicherweise die Gleichwertigkeit der fünf Rollen der Thora – der ersten fünf Bücher des Alten Testaments – mit den fünf historischen Büchern des Christentums: der vier Evangelien sowie der Apostelgeschichte.[6] In derselben Katakombe stoßen wir auch auf eine Darstellung der Märtyrerin Petronilla. Zu ihren Füßen erblicken wir einen Schriftrollenbehälter, neben ihrer linken Schulter dagegen ein aufgeschlagenes Buch – einen Kodex. Beide Fresken sind aussagekräftiger, als man zunächst meint.

Lange nach dem Übergang von der Schriftrolle zum Kodex wußten die Künstler – und vor allem ihre Auftraggeber – sehr wohl zwischen den beiden Stufen der schriftlichen Weitergabe christlicher Überlieferungen zu unterscheiden. Paulus beispielsweise, der 64 n. Chr. (oder, nach einer anderen Deutung der Quellen, 67 n. Chr.) das Martyrium erlitt, wird ausschließlich mit Schriftrollen dargestellt. Die Märtyrerin Petronilla dagegen, die – der Tradition zufolge – erst 98 n. Chr. umgebracht wurde, ist bereits mit beiden Formen von Büchern versehen: mit Buchrollen und einem Kodex. Es ist die perfekte Illustration einer Zeit, in der man schon zu der neuen Buchform übergegangen war, während die althergebrachte Buchrolle noch immer bekannt war und hier und da wohl auch noch immer benutzt wurde.

Tatsächlich zeichnet sich diese Wende bereits im Neuen Testament ab, selbst wenn man die umstrittene Stelle Offenbarung 5,1 beiseite läßt. So heißt es in einem der sogenannten Pastoralbriefe des Paulus (2. Timotheus 4,13): »Wenn du kommst, bring den Mantel mit, den ich bei Karpos in der Troas zurückgelassen habe, desgleichen die Schriftrollen *[ta biblia]*, vor allem aber die Notizbücher aus Pergament *[tas membranas]*.« Die meisten modernen Bibelübersetzungen drücken sich hier um das Problem der terminologisch genauen Übersetzung, doch der ursprüngliche griechische Text läßt keinerlei Zweifel zu. Die beiden Wörter, auf die es an der fraglichen Stelle ankommt, sind *biblia* und *membranas*. Zwar bedeutet *biblia* (Einzahl *biblion*) lediglich »Bücher« bzw. »Schriftstücke«, doch wird es hier wohl auf *»Schriftrollen«* bezogen; jedenfalls ist dies der allgemeine Gebrauch des Wortes, bevor ganz allgemein Kodizes die Schriftrolle verdrängt hatten.[7] Allerdings wissen wir nicht, ob es sich bei den Schriftrollen, die Timotheus Paulus mitbringen soll, um alttestamentliche Texte (womöglich in griechischer Übersetzung) handelt oder bereits um Schriften christlichen Inhalts, die vor der Abfassung des Timotheus-Briefes entstanden waren. Aufschlußreicher ist demgegenüber das zweite der beiden Schlüsselworte: *membranas*. Es steht zwar im griechischen Text, ist aber ein mit griechischen Buchstaben umschriebenes Fremdwort *lateinischen* Ursprungs. Die Forscher sind sich einig, daß der Verfasser des zweiten Timotheus-Briefes hier von Notizbüchern aus Pergament spricht und die Stelle somit gewissermaßen eine »literarische Ersterwähnung« darstellt. Mit Bezug auf diese Passage bemerkte der britische Papyrologe C.H. Roberts, Paulus sei tatsächlich »der einzige griechische Autor des 1. Jahrhunderts n. Chr., der Pergament-Notizbücher erwähnt«[8]. Und vom Notizbuch zum Buch, von »Membranen« zum »Kodex«, war es nur ein kleiner Schritt. Doch theologisch und soziologisch war er äußerst folgenreich.

Christen benutzten Schriftrollen nicht nur, weil jedermann es tat. Die Wandmalerei in der Domitillakatakombe mit der Paulus-Darstellung zeigt: Es war mehr als das, es war eine Bekundung der Identität. Schließlich waren die ersten Christen noch Juden oder jüdischer Herkunft. Unter den vier Evangelisten bildete vielleicht Lukas die einzige Ausnahme, doch auch dies ist alles andere als sicher. Bis die »Heidenmission« – die Verbreitung der christlichen Glaubensbotschaft unter Nichtjuden – begann, war die Weitergabe der »Guten Nachricht« eine innerjüdische Angelegenheit. Immerhin enthält der Kanon des Neuen Testaments einige Schriften, so beispielsweise den Hebräer-Brief, den Jakobus-Brief und sogar das Matthäus-Evangelium, die so tief im jüdischen Denken und in der jüdischen Tradition wurzeln, daß es nichtjüdischen Lesern schwerfallen mußte, sie ohne Erklärung zu verstehen. In diesem Zusammenhang waren die Schriftrollen, wie sie auch andere Juden benutzten, ein selbstverständliches Kommunikationsmedium. Jedes andere, »neue« Buchformat hätte einen kontraproduktiven Bruch mit der allgemeinen Situation signalisiert. Sogar der Babylonische Talmud, so polemisch und aggressiv er sich auch immer äußert, wenn er auf das Christentum zu sprechen kommt, trägt dieser Tatsache Rechnung. So spricht er beispielsweise von christlichen Schriftrollen in jüdischem Besitz, und wir lesen, daß diese im Falle eines Brandes nicht gerettet werden sollten, selbst wenn sie den Namen Gottes enthielten.[9] Dieser Babylonische Talmud, eine Sammlung von Texten aus der Zeit nach dem Neuen Testament, ist eine Quelle, die man aus zwei Gründen hier nicht ignorieren darf: Er ist vergleichsweise jungen Datums und durchweg stark gegen die Christen eingenommen. Wenn er also von frühchristlichen Schriftrollen spricht, so kann dies keine spätere Erfindung sein. Vielmehr muß es sich um eine historisch verläßliche und über lange Zeit hinweg bewahrte Information handeln.

Schriftrollen und Kodizes: Qumran-Höhle 7 und die Texte vom Toten Meer

Wir können schon jetzt sehen, warum der Jesus-Papyrus des Matthäus-Evangeliums, allem Anschein nach das Fragment eines Kodex, vielleicht sehr frühen Datums ist, älter als alle anderen Kodex-Handschriften des Neuen Testaments, die wir besitzen. Er kann aber nicht die Originalhandschrift oder z.B. deren erste Abschrift sein, denn Matthäus' ursprüngliches Manuskript war ohne Zweifel eine Schriftrolle. Dies wirft zwei außerordentlich spannende Fragen auf: Was geschah mit all den christlichen Schriftrollen – gibt es keinerlei Spuren mehr von ihnen? Und: Was veranlaßte christliche Schreiber, zu Kodizes überzugehen, für die der Jesus-Papyrus eben sehr wahrscheinlich das älteste bekannte Beispiel darstellt?

Die Antwort auf die erste dieser beiden Fragen ist ziemlich einfach. Denn wie wir bereits sahen, blieben frühchristliche Schriftrollen nicht erhalten, weil ihre Texte in das neue Format, den Kodex, übertragen wurden. Wann immer eine Schriftrolle abgegriffen oder sonstwie unlesbar geworden war, wurde sie nunmehr in Form des Kodex und nicht mehr als Schriftrolle abgeschrieben. Auch die letzte christliche Schriftrolle – sagen wir: das Matthäus-Evangelium – wurde eines Tages unbrauchbar und verschwand spurlos, weil man den Text auf einen Kodex übertrug. Allerdings trifft dies natürlich nur überall dort zu – und von hier an hat die Forschung wieder etwas von einer Detektivgeschichte –, wo es keinen Platz gab, an dem man christliche Texte auf Dauer lagerte und aufbewahrte, noch ehe der Kodex eingeführt wurde.

Überraschenderweise existiert ein solcher Ort. Es ist eine Höhle in Qumran am Toten Meer, und ihr Inhalt ist von einzigartiger Bedeutung für unsere Suche nach dem historischen Hintergrund des Jesus-Papyrus.

Die außergewöhnliche Höhle 7 in Qumran hat immer wieder die Aufmerksamkeit der Gelehrten auf sich gezogen und Diskussionen heraufbeschworen, seit der spanische Papyrologe und Herausgeber der Palau-Ribès-Sammlung, José O' Callaghan, die Frage aufwarf, ob es sich bei einigen Papyrusfragmenten aus dieser Höhle um Texte aus dem Neuen Testament handle.[10] In der Tat nimmt die Höhle 7 unter den Höhlen von Qumran eine besondere Stellung ein. Bei allen Qumran-Funden handelt es sich um Teile von Schriftrollen. Gefunden wurden in ihr achtzehn Fragmente, zu denen ein neunzehntes Fragment in Spiegelschrift hinzukommt – der Abdruck der Schrift eines verlorenen Papyrus auf verhärteter Erde. Das Besondere an der Höhle 7 ist, daß sie ausschließlich griechische Texte enthält, die sich alle auf Papyri befinden. In den anderen Qumran-Höhlen gibt es nur noch sechs weitere griechische Texte – alle in der Höhle 4, unter Hunderten hebräischer und aramäischer Schriftrollen, und nur zwei von den griechischen Fragmenten der Höhle 4 sind Papyri (bei den anderen handelt es sich um Lederfragmente). Die Bedeutung der Höhle 7 und aller anderen Qumran-Höhlen wird dadurch noch erhöht, daß es ein präzises archäologisches Datum gibt, nachdem dort keine Schriftrollen mehr niedergelegt werden konnten: das Jahr 68 n. Chr. Dies nämlich war das Jahr, in dem die Siedlung, die nachmalige *Khirbet* (»Ruine«) von Qumran und die angrenzenden Höhlen von der 10. Römischen Legion »Fretensis« überrannt wurden.[11] Sollte es sich herausstellen, daß mindestens eines der Fragmente aus der Höhle 7 tatsächlich christlichen Ursprungs ist, dann hätten wir einen handfesten Beweis dafür, daß es vor der Einführung der Kodizes christliche Schriftrollen gab.

Allerdings erweist es sich als notwendig, dieses spätestmögliche archäologische Datum im Lichte zweier sich ausschließender Theorien zu überprüfen. Einerseits: Bewohner Qumrans oder, wenn die Höhle 7 tatsächlich ein christliches Depot war, diejenigen, die an christlichen Papyri der ersten Generation interessiert waren, könnten auch später als 68 n. Chr. wiedergekommen sein. Andererseits könnten sie sechzig Jahre später auch erstmals dorthin gelangt sein und die fraglichen Dokumente während des Bar-Kochba-Aufstands (132–135 n. Chr.) deponiert haben. So schlug der österreichische Gelehrte Kurt Schubert, nach dessen Überzeugung es sich bei dem Papyrus 7Q5 aus dieser Höhle tatsächlich um ein Fragment des Markus-Evangeliums handelt, die Annahme einer solchen »zweiten Stufe« der Manuskripthinterlegung vor.[12] Doch sämtliche Resultate aller ernsthaften archäologischen Untersuchungen lassen es ausgeschlossen erscheinen, daß es in Qumran nach dem Jahre 68 n. Chr. eine zweite Besiedlungsphase gab oder daß die dortigen Höhlen nach 68 n. Chr. noch einmal als Versteck benutzt wurden (dies unterscheidet Qumran von anderen Höhlenverstecken in Wadis am Toten Meer, wie z. B. Wadi Murraba'at und Nahal Hever[13]). Doch wichtiger noch: Die bloße Tatsache, daß diese christlichen Schriften *Schriftrollen* waren (eine Feststellung, von der auch Kurt Schubert ausgeht), schließt aus, daß man sie erst nach 68 n. Chr. oder gar noch später (132–135 n. Chr.) versteckte. Denn in den dreißiger Jahren des 2. Jahrhunderts n. Chr. hätte man in der Qumran-Höhle 7 allenfalls christliche *Kodizes* versteckt, aber keine Schriftrollen mehr. Und – ganz abgesehen vom archäologischen Befund – aus ganz ähnlichen Gründen kommt auch eine Wiederöffnung und Neubenutzung der Höhle 7 nicht in Frage: Schließlich hätte man die Schriftrollen sonst wieder verwendet, und dann hätte man sie irgendwann einmal, wenn sie genügend verschlissen worden wären, durch Kopien in Form von Kodizes ersetzt. Doch bei den Fragmenten in Höhle 7 handelt es sich um Bruchstücke von *Schriftrollen*. Sie können nicht nach 68 n. Chr. dort deponiert worden sein. Zusätzlich zu all diesen Indizien spricht auch die paläographische Datierung der Handschriften gegen eine späte Wiederöffnung und Niederlegung dieser Schriftstücke in der Höhle. Schon lange bevor O' Callaghan das Fragment 7Q5 als Markus 6, 52–53 identifiziert hatte, war es von Colin H. Roberts im Auftrag des Herausgeberteams dem sogenannten »Zierstil« zugeschrieben worden, der um die Jahrhundertwende den Gipfel seiner Beliebtheit erreicht hatte. Betrachtet man es als ein spätes Beispiel dieses Stils, käme man mit Roberts zu dem Schluß, es könnte nicht später als 50 n. Chr. entstanden sein. Da ja die Möglichkeit besteht, daß dieser Stil langsamer als vermutet außer Gebrauch kam, möchte man sogar bereitwillig noch ein paar Jahre hinzugeben. Wie wir noch in dem Kapitel über die Neudatierung des Jesus-Papyrus sehen werden, ist es immer sehr kompliziert, eine undatierte Handschrift zeitlich zuzuordnen. Dennoch grenzt das archäologische Datum von 68 n. Chr. immerhin den Zeitrahmen ein, der akzeptiert werden kann.

Wie man einen Papyrus identifiziert

So weit, so gut, die Schlußfolgerung erscheint überzeugend. Doch haben Kurt Schubert, José O' Callaghan und viele andere auch mit ihrer anderen Behauptung recht, daß sich unter den Schriftrollen aus der Qumran-Höhle 7 tatsächlich auch solche christlichen Ursprungs befanden? Der Streit zieht sich nun schon seit 1972 hin, und eine Zeitlang herrschte eine weitgehende Übereinstimmung, daß die dortigen Schriftrollen nicht von Christen stammten. Doch 1984 eröffnete Carsten Peter Thiede mit einem Aufsatz in der Fachzeitschrift *Biblica* die Auseinandersetzung aufs neue.[14] Publikation um Publikation wurde nun in die Arena geworfen, veröffentlicht auf deutsch, englisch, französisch, holländisch, italienisch und spanisch. Verfasser all dieser Schriften waren sowohl Gegner als auch Anhänger der »Christen-These«.[15] Manche Neutestamentler, nach deren Überzeugung das Markus-Evangelium auf gar keinen Fall schon so früh zu den Essenern nach Qumran gelangt sein konnte, sahen sich anderen, nicht weniger gelehrten Neutestamentlern gegenüber, nach deren Ansicht genau dies nicht nur möglich, sondern sogar sehr plausibel war. Führende Papyruskundler sprachen sich dafür aus, daß 7Q5 ein Teil des Markus-Evangeliums ist. Ja – sogar eines der jüdischen Mitglieder des Herausgeberteams der Qumran-Schriftrollen, Shemaryahu Talmon (Jerusalem), hat sich öffentlich dazu bekannt, die These von Qumran-Höhle 7 als Aufbewahrungsort christlicher Schriften ernst zu nehmen.[16] Und 1994 scheint das letzte Wort in dieser Identifikationsfrage gesprochen worden zu sein. Eine der bedeutendsten Papyrologinnen unserer Zeit, Orsolina Montevecchi, Ehrenpräsidentin des Internationalen Papyrologenverbandes, faßte die Ergebnisse ihrer Analyse in einem einzigen, unzweideutigen Satz zusammen: »Ich glaube nicht, daß noch Zweifel an der Identifikation von 7Q5 bestehen können.«[17] Noch immer aber gibt es einige Wissenschaftler, die sich anzuerkennen weigern, daß es sich beim fraglichen Fragment um ein Bruchstück aus dem Markus-Evangelium handelt. Meist sind es aber Neutestamentler, keine Papyrologen, die sich an der Auffassung festklammern, 7Q5 sei auf keinen Fall das einzige erhaltene Papyrusrollenfragment des Markus-Evangeliums, das einige Zeit vor 68 n. Chr. geschrieben wurde. Graham Stanton vom King's College der Londoner Universität und künftiger Präsident einer internationalen Neutestamentler-Vereinigung widmet ein ganzes Kapitel seines jüngsten Buches dem Papyrus 7Q5 – und ein weiteres dem Oxforder Jesus-Papyrus – in einem solchen Versuch, papyrologische Befunde von der Erforschung der Evangelien fernzuhalten.[18]

Hier betreten wir nun einen Bereich der papyrologischen Arbeit, in dem es sowohl um den Jesus-Papyrus als auch um das Schriftrollenfragment aus Qumran geht. Es geht um nichts Geringeres als darum, einen ordentlichen Textzusammenhang herzustellen, ein winziges Materialschnipsel so zu rekonstruieren, daß seine wenigen Zeilen oder Zeilenbruchstücke einen Sinn ergeben und das gesamte Fragment sich nach Möglichkeit zufriedenstellend in einen größeren Zusammenhang einordnen läßt. José O' Callaghan war durch einen glücklichen Zufall darauf gekommen, daß das winzige Fragment 7Q5 mit seinen zwanzig Buchstaben (von denen zehn noch dazu fragmentarisch sind) eine Passage des Markus-Evangeliums (Markus 6,52–53) enthält. An einer kommentierten Ausgabe der griechischen

Handschriften des Alten Testaments arbeitend, stieß er auf den Band III der offiziellen Ausgabenreihe der Schriftrollen vom Toten Meer[19], der auch die Funde in der Höhle 7 enthielt. Den Herausgebern war es gelungen, zwei der Fragmente zu identifizieren: 7Q1 = Exodus (2. Mose) 28, 4–6 und 7Q2 = Baruch (Jeremias-Brief) 6, 43–44. Verständlich, daß diese Höhle O'Callaghans ganz besonderes Interesse weckte. Keines der anderen sechzehn Fragmente, auch nicht der spiegelverkehrte Textabdruck auf der Erde, war von den Herausgebern entschlüsselt worden. Eines davon aber, das Fragment 7Q5, enthält in Zeile 4 eine seltene Buchstabenkombination (*Ny/ Ny/ Eta/ Sigma*), die O'Callaghans Neugier weckte. Die ersten Herausgeber hatten im Zusammenhang damit an das griechische Wort *egennesen* (»zeugte«) und damit an einen genealogischen Text (eine Art Stammtafel) gedacht. Das Problem war jedoch, daß es einen solchen Text, zu dem dann auch die anderen Worte des Fragments hätten passen müssen, in der gesamten biblischen oder außerbiblischen griechischen Literatur nicht gab. Dies aber war geradezu eine Herausforderung für O'Callaghan. Er bedachte und prüfte, welche anderen griechischen Wörter die Buchstabenfolge *Ny/ Ny/ Eta/ Sigma* enthalten könnten, und nachdem er Wörter ausgesondert hatte, die nicht in den inhaltlichen Zusammenhang paßten, kam er auf die überraschend naheliegende Idee, es mit dem griechischen Namen des »Galiläischen Meeres« zu versuchen – des Sees *Gennesaret.* Es war ein klassisches Beispiel für die Methode des Sherlock Holmes: Sondert das Unwahrscheinliche aus, damit sich das Wahrscheinliche zeigen kann. Vielleicht hätte Holmes ja wie seinem Assistenten Dr. Watson auch José O'Callaghan den Rat gegeben: Erklären Sie niemandem Ihr Vorgehen, denn man wird nur enttäuscht sein, wenn man sieht (oder zu sehen glaubt), wie einfach das scheinbar alles ist.

Für O'Callaghan aber begannen nun erst die Probleme. Denn erstaunlicherweise gibt es in der gesamten griechischen Fassung des Alten Testaments (der Septuaginta) nur eine einzige Stelle, an der der Name des fraglichen Sees in einer Form erscheint, in der die Buchstabenfolge »*Ny/ Ny/ Eta/ Sigma*« vorkommt. Dies ist das deuterokanonische (nach evangelischer Auffassung: apokryphe) Erste Buch der Makkabäer 11, 67, wo sich die Namensform »Gennesar« findet. An anderen Stellen dagegen heißt der See »Chenereth« oder »Chenara«. Doch keiner der übrigen lesbaren Buchstaben des Fragments 7Q5 paßte zu 1. Makkabäer 11, 67. Was war zu tun? Sollte man die Suche aufgeben? Zum Glück war und ist O'Callaghan Papyrologe, kein Neutestamentler. Für ihn galt die vorgefaßte Meinung nicht, daß man Entdeckungen abzulehnen habe, weil man von vornherein zu »wissen« glaubt, daß sie unmöglich sind. Ein Papyrologe läßt sich nicht von einer Hypothese wie der beirren, ein neutestamentlicher Text könne gar nicht so früh geschrieben worden sein, daß er schon vor 68 n. Chr. in Qumran versteckt worden sein könnte, und auf gar keinen Fall hätte man ihn zu den Essenern gebracht. Im Gegenteil: Da auch das Neue Testament durchweg zum Bestand der in griechischer Sprache abgefaßten antiken Literatur gehört, erschien es O'Callaghan als ein selbstverständlicher Schritt, auch neutestamentliche Texte in seine Forschungen einzubeziehen. Und tatsächlich: O'Callaghan fand eine Passage, in der nicht nur die Bezeichnung »Gennesaret« vorkam, sondern bei der auch alles andere offenbar paßte – Markus 6, 52 – 53: »Sie waren äußerst erstaunt, denn sie hatten die Bedeutung des Wunders der Brote nicht erfaßt, sondern ihre Herzen waren zu Stein geworden. Und als sie an Land hinüberfuhren, kamen sie nach Gennesaret und gingen nahe dabei vor Anker.« Herbert Hunger, der bekannte österreichische Papyrologe, spielte augenzwinkernd auf die Ironie an, die darin besteht, daß diese Verse vor rund 2000 Jahren die Reaktion vieler Neutestamentler auf O'Callaghans Entdeckung vorwegnahmen: »Denn ihre Herzen waren zu Stein geworden.«[20]

Die Herausgeber moderner Bibelausgaben erkannten, daß mit Markus 6, 52 ein Sinnabschnitt endet und dann mit Vers 53 ein weiterer beginnt. Deshalb ließen sie zwischen beiden Versen eine Zeile frei und fügten bisweilen (wie in der Jerusalemer Bibel) sogar einen Zwischentitel – wie »Heilungen am See Gennesaret« – ein. Antiken Autoren standen derartige Kunstgriffe nicht zur Verfügung. Statt dessen rückten sie – wie im Jesus-Papyrus – einen Buchstaben am linken Zeilenrand aus, oder zwei, wie im Pariser Papyrus »P4«, oder sie ließen eine Lücke zwischen den beiden Abschnitten, auf die es ankam, ein sogenanntes *spatium*. In solchen Fällen arbeitete man auch mit einer horizontalen Linie unter dem Zeilenanfang, einer sogenannten *paragraphus*. Man braucht kaum zu erwähnen, daß man diese Linie nur entdecken kann, sofern der Anfang der betreffenden Zeile intakt erhalten ist. Bei dem Fragment 7Q5 ist dies nicht der Fall. Doch ob mit *paragraphus* oder ohne – das *spatium* deutet auf den Beginn einer neuen Sequenz hin, eben auf einen neuen »Paragraphen«. Mit anderen Worten: Die Lücke in der Zeile 5 erfüllt den gleichen Zweck wie die Leerzeile und die Zwischenüberschrift in der modernen Jerusalemer Bibel. Somit paßt dieses *spatium* vollkommen zu der Buchstabenfolge des Wortes *Gennesaret* in Markus 6, 52 – 53. Doch mehr noch: Das erste, was man nach der Lücke liest, ist das klar erkennbare griechische Wort *kai* (»und«) – und genau damit beginnt der Vers Markus 6, 53. Eine weitere Beobachtung, daß Sätze, die mit »und« (d.h. mit einem sogenannten *parataktischen* – »beiordnenden« – *kai*) beginnen, eine für Markus typische Konstruktion sind, unterstützt die Identifizierung. Schließlich bleibt da noch der eine, gerade noch lesbare Buchstabe vor der Lücke zu klären. Es ist – obwohl durch einen Riß im Papyrus halb zerstört – ein *Eta* (eine Tatsache, die auch keiner der Kritiker in Abrede stellte, die O'Callaghans Deutung anzweifelten). Und tatsächlich endet Markus 6, 52 mit einem *Eta* – es ist im griechischen Text der letzte Buchstabe des Partizips Perfekt Passiv *»pepôrômenê«* (»zu Stein geworden«, »verhärtet«, von *pôróô* – »versteinern«).

Ein Papyrus und sein Umfeld

Kann es damit sein Bewenden haben? Nicht ganz. Schließlich gilt es, dem gesamten Fragment gerecht zu werden. Wie äußerte sich einst Sir Arthur Conan Doyle in seinem Sherlock-Holmes-

Roman *Im Zeichen der Vier?* »Dies, bis hierher, ist Beobachtung. Der Rest ist Deduktion.« Noch bleiben drei bedeutende Probleme. Das erste hat mit der Rekonstruktion des Textes zu tun. Und zwar bedarf es zur Rekonstruktion ganzer Textzeilen der *Stichometrie,* d.h. der Berechnung des durchschnittlichen Zeilenmaßes (von *stichos,* Zeile, Linie, Vers). Jeder Schreiber und – dementsprechend – jede Handschrift ist durch ein bestimmtes »Maß« charakterisiert, und innerhalb einer bestimmten Größenordnung ist lediglich eine bestimmte Anzahl von Buchstaben pro Zeile zulässig. Beispielsweise hat der Jesus-Papyrus im Magdalen College Oxford mit seinen drei Fragmenten und seiner beidseitigen Beschriftung insgesamt 24 Zeilen. Sie bieten eine wunderschön regelmäßige Buchstabenzahl pro Zeile:

Fragment 1	*Verso* (Rückseite)	16/ 16/ 16/ 15
Fragment 2	*Verso* (Rückseite)	16/ 16/ 15
Fragment 3	*Verso* (Rückseite)	16/ 17/ 17/ 18/ 17
Fragment 3	*Recto* (Vorderseite)	15/ 15/ 17/ 15/ 16
Fragment 1	*Recto* (Vorderseite)	15/ 17/ 15/ 17
Fragment 2	*Recto* (Vorderseite)	16/ 16/ 15

Damit ergeben sich durchschnittlich genau 16 Buchstaben pro Zeile mit einem Maximum von 18 Zeichen (Fragment 3 *Verso*) und ein Minimum von 15 (insgesamt achtmal). Auf der Grundlage dieses Durchschnittsmaßes sind wir in der Lage, die erste Ausgabe des Jesus-Papyrus zu korrigieren, indem wir erkennen, daß das grammatikalisch überflüssige Wort *hymeis* (»ihr«), das in allen anderen griechischen Handschriften von Matthäus 26, 31 vorkommt, in diesem Papyrus fehlt. Mit ihm hätte die Zeile 1 des Fragments 1, *Recto,* 20 Buchstaben; ohne dieses Wort hat sie 15.

Die Stichometrie ist also ein ganz wesentliches Hilfsmittel der Textrekonstruktion. Nur wenn das Ende einer fragmentarischen Zeile und der Anfang der nächsten zueinander passen und auch mit dem sichtbaren Text »dazwischen« übereinstimmen, läßt sich ein annehmbares Ergebnis erzielen. Der Vergleichsmaßstab für Texte aus dem Neuen Testament ist dabei eine der Standardausgaben des griechischen Textes mit ihrem »textkritischen Apparat«, d.h. mit den zahlreichen unterschiedlichen Lesarten am Fuß jeder Seite, die Laien gewöhnlich für merkwürdige »Anmerkungen« halten. Was geschieht, wenn der rekonstruierte oder allem Anschein nach rekonstruierbare Text einer bestimmten Zeile weder mit der ermittelten Stichometrie noch mit der einer der anderen Handschriften des Neuen Testaments übereinstimmt? Im Fall des Jesus-Papyrus läßt sich ein überflüssiges *hymeis* (»ihr«) leicht verkraften. Schließlich ist ohnehin unbestritten, daß es sich bei diesen drei Papyrusfragmenten um Abschnitte aus Kapitel 26 des Matthäus-Evangeliums handelt. Doch im Falle des kleinen, einzelnen Fragments 7Q5 steht gleich die ganze Interpretation auf dem Spiel, so daß jede Abweichung vom »Standardtext« genauestens untersucht werden muß. Nun ist aber die *Stichometrie* von 7Q5 so regelmäßig wie die des Jesus-Papyrus: 20/23/22 (einschließlich des *spatiums,* das die Länge von zwei Buchstaben hat) 21/21. Der Durchschnitt liegt hier bei wenig über 21, mit 20 und 23 als »Extremwerten«. Da dies aber so ist, ergibt ein Vergleich mit heutigen Ausgaben des griechischen Textes: Das Fragment hat keinen Platz für die drei griechischen Wörter *epì tên gên* (»an das Land«). Sie müßten sich entweder auf der Zeile 3 oder der Zeile 4 befunden haben (oder auf beide verteilt), aber mit ihnen hätte Zeile 3 maximal einunddreißig Buchstaben gehabt bzw. Zeile 4 dreißig. Oder könnte es eine Fassung der Stelle Markus, 6, 53 gegeben haben, die diese drei Wörter nicht enthielt?

Wenn wir uns an unseren Ausgangspunkt erinnern, daß die Schriftrollenfragmente aus der Qumran-Höhle 7 spätestens 68 n. Chr. dort deponiert und dementsprechend früher geschrieben worden sein müssen, dann ist die Antwort so einfach wie historisch begründet. Sie lautet schlicht und ergreifend: Ja. Der einzige Grund dafür, daß *epì tên gên* in die Ausgaben des Standardtextes Eingang fand – eines Standardtextes, der auf Handschriften des 2., 3. und 4. Jahrhunderts beruht –, waren die verheerenden Ereignisse des Aufstands der Juden gegen Rom, die mit der Zerstörung von Qumran (68 n. Chr.), der Belagerung und der Zerstörung des Tempels (im Jahre 70 n. Chr.) sowie dem Massenselbstmord der Verteidiger von Masada (73/74 n. Chr.) endete, aber auch in anderen Teilen des Heiligen Landes zu wahren Blutbädern und Zerstörungsorgien führte. Eine dieser Stätten, die damals von den Römern zerstört wurden, war die Stadt Gennesaret oder Kinneret, die erst in jüngster Zeit genau in der Gegend, von der Markus spricht, von Archäologen wiederentdeckt und ausgegraben worden ist. Die drei so unschuldig aussehenden Wörtchen *»epì tên gên... eis Gennesaret«* (»an das Land... Gennesaret«) wurden erst nach der Verwüstung des bewohnten Landes nötig, das den gleichen Namen trug wie der See, um eine Verwechslung zu vermeiden. Vor 70 n. Chr. dagegen wären diese drei Worte der reine Pleonasmus gewesen, zumal der Ort Gennesaret von Kapernaum aus, wo Jesus und seine Jünger eine Zeitlang lebten und wirkten, in Sichtweite entfernt war. Man sollte daher die Dinge genau andersherum sehen: Daß die bewußten drei Wörter in einem Papyrus fehlen, der vor dem Jahre 70 n. Chr. entstand, sollten wir sogar erwarten, denn die Tatsache, daß es sie dort *nicht* gibt, paßt genau zu dem »soziotopographischen« Rahmen des Berichts in Markus 6, 53. Hätte man sie dagegen in dem Qumran-Fragment 7Q5 gefunden, hätte man erklären müssen, *warum* es sie dort *gab*, nicht umgekehrt.

Doch sieht man von archäologischen und historischen Gründen ab – es gibt auch Argumente philologischer Art, solche also, die dem Text selbst zu entnehmen sind. So ergibt die spätere Hinzufügung von *epì tên gên* ein unbeholfenes Griechisch, einen »gequälten Text«, wie ein Kommentator dies nannte, durch den ein ungeschicktes Herummanipulieren an einem bereits vorhandenen Wortlaut erkennbar wird. Sogar die Parallelstelle im Matthäus-Evangelium verrät diese Unsicherheit, und gleiches gilt auch für die Übersetzungen wie die bohairische (eine koptische Version) aus dem 2./3. Jahrhundert und die lateinische Vulgata aus dem 5. Jahrhundert. Ähnliche Auslassungen – oder genauer gesagt, fehlende Einschübe – finden sich auch in anderen alten Papyri. Besonders auffällig ist zum Beispiel der älteste Papyrus des Johannes-Evangeliums, »P52«. In Kapitel 18, 37 werden die griechischen Wörter *eis touto* (»dazu«) nur einmal benutzt statt zweimal wie in allen anderen, späteren Handschriften. Dieses immerhin einzigartige Phänomen im ältesten erhaltenen Johannes-Papyrus hat bisher niemanden gestört; es wird noch nicht einmal in den Textausgaben des griechischen Neuen Testaments erwähnt. Kurz: Klassische Philologen zweifeln nicht daran, daß der Text ohne *epì tên gên* nicht nur die kürzere, sondern auch die bessere und damit die ursprüngliche Form der betreffenden Stelle sein dürfte. Unsere Analyse des »Falls der fehlenden Wörter« hat uns zu einem konstruktiven Ergebnis geführt. Die Stichometrie von Markus 6, 53 ohne die drei umstrittenen Wörter bestätigt eher die Gleichsetzung des Qumran-Fragments 7Q5 mit diesem Evangelientext, als sie in Frage zu stellen.

Das zweite Problem ist völlig anders, doch in seinen Konsequenzen gleichermaßen faszinierend. Hier geht es um den ersten Buchstaben nach dem *kai,* dem »und« in Zeile 3. Im Markus-Evangelium 6, 53 lautet das betreffende Wort *diaperasantes* (»überquert habend«, etwas frei übersetzt: »nachdem sie die Überfahrt beendet hatten«). Wie man weiß, beginnt dieses Wort mit einem *Delta,* einem »d«. Doch ebensowenig läßt sich übersehen, daß in dem Fragment der erste Buchstabe nach dem *kai* kein *Delta,* sondern ein *Tau* (»t«) ist. Nicht wenige Gegner der Zuweisung dieses Fragments an Markus haben sich auf diesen Punkt konzentriert. Handelt es sich um ein unlösbares Rätsel? Im Gegenteil: Eine eingehende und sorgfältige Analyse liefert uns eine Antwort, mit der die Identifikation sogar noch bekräftigt wird.

Doch zuvor müssen wir uns abermals daran erinnern, daß dieser Papyrus zweifelsfrei vor dem Jahre 68 n. Chr. geschrieben wurde. Jeder Befund, den wir zum Vergleich heranziehen, muß diese Tatsache in Betracht ziehen. Und zweitens steht, wie wir mittlerweile wissen, die Gleichsetzung des Papyrus mit Markus 6, 52–53 bereits aufgrund anderer Beobachtungen fest. Wir haben uns allein mit der Frage auseinanderzusetzen, ob das »d/t«-Phänomen diese Gleichsetzung unterstreicht oder wieder offenläßt. Handelt es sich um einen einfachen »Verschreiber« oder gibt es für diese Variante schwerwiegende Gründe? Bei einem so kleinen Fragment wie 7Q5, dessen Text sich auf die Fläche von 3,3 mal 2,3 cm beschränkt – auf eine Fläche also, die kaum größer ist als eine Briefmarke –, zählt jeder vollständig und eindeutig lesbare Buchstabe. Man kann ihn daher nicht einfach als Schreibfehler wegdiskutieren. Beim Jesus-Papyrus dagegen verhält es sich anders: Hier kommt in einem ansonsten völlig zweifelsfreien Textzusammenhang ein echter Schreibfehler vor, doch der Text bleibt dennoch über jeden Zweifel erhaben. Auf dem *Recto* (Vorderseite) des Fragments 2 (Matthäus 26, 32–33) ist das griechische Wort *galilaían* ([nach] Galilea) als *galeglaian* wiedergegeben. Hier hatte sich der Schreiber von dem im Griechischen üblichen Phänomen des »Itazismus« beeinflussen lassen, das seinen Namen daher hat, daß der griechische Buchstabe *Eta* (langes »e«) als »i« ausgesprochen werden konnte. Dies gilt allerdings auch für bestimmte Buchstabengruppen. Beispielsweise wurde die Buchstabenkombination »ei« zu »i«, so daß man durchaus den Laut »i« durch die Schreibung »ei« wiedergeben konnte. Allerdings machte der Schreiber in unserem Papyrus nun einen Fehler: Statt des »i« nach dem »e« schrieb er »g«, so daß anstelle des akzeptablen »*galeilaian*« das fehlerhafte »*galeglaian*« entstand. Aus welchen Gründen auch immer fügte er den horizontalen Strich hinzu, der aus dem Buchstaben *Jota* (»i«) ein *Gamma* (»g«) macht. Auch antike Schreiber waren schließlich nur Menschen. Im Textzusammenhang des Jesus-Papyrus ist das ein harmloser Fehler. Wie verhält es sich nun aber mit der möglicherweise viel schwerer wiegenden Buchstabenvertauschung des »d« zum »t« im Qumran-Fragment 7Q5?

Die erste Antwort auf unsere Frage kommt direkt aus Jerusalem, wo die erste Christengemeinde ihre Heimat hatte. Als Herodes der Große dort den Tempel neu erbauen ließ, brachte er an der zweiten Mauer (im sogenannten »Vorhof der Heiden«) Inschriften an, die allen nichtjüdischen Fremden bei Todesstrafe das Betreten der inneren Tempelbereiche untersagten. Der jüdische Historiker Flavius Josephus erwähnt eine solche Inschrift in seinen *Jüdischen Altertümern* (15,417). Das Verbot, das sie ausspricht, bildet auch den Hintergrund für die in der Apostelgeschichte 21, 27–36 beschriebenen Ereignisse. Dort wird geschildert, wie der Apostel Paulus beinahe umgebracht worden wäre, weil man ihn beschuldigte, er habe einen Nichtjuden, einen Griechen namens Trophimos, in den Tempel gebracht. Tatsächlich ließ der Text der fraglichen Inschriften für eine solche Situation keinerlei Zweifel zu: »Kein Fremder soll den Bereich innerhalb der Brüstung und der Einfriedung rings um das Heiligtum betreten. Wer immer dabei ergriffen wird, hat es sich selbst zuzuschreiben, daß er mit dem Tode bestraft wird.« Archäologen haben zwei von diesen Grenzsteinen gefunden. Ihre Inschriften gleichen sich Wort für Wort. Einer davon, dessen Inschrift vollständig ist, befindet sich heute im Neuen Museum zu Istanbul, ein Fragment wird im John-Rockefeller-Museum in Jerusalem aufbewahrt. Verblüffend ist die Rechtschreibung des griechischen Textes. In der Zeile 3 erscheint das Wort *dryphakton* (»Absperrung«) in der Form *tryphakton.* Ganz offenkundig hatten die Schreiber ein Problem mit dem weichen »d«. Sie ersetzen es durch ein hartes »t«. Für unsere Untersuchung ist der Wechsel am Wortanfang bei *d/tryphakton* besonders aufschlußreich, da er dem Wechsel am Anfang des Wortes bei *d/tiaperasantes* entspricht. Es kann kein zufälliger Schreibfehler sein – im antiken wie im modernen Griechisch sehen *Delta* (»d«) und *Tau* (»t«) genau so unterschiedlich aus wie »D« und »T« in allen heutigen Sprachen, die sich des griechischen oder lateinischen Alphabets bedienen.

Wie schon der erste Herausgeber des vollständigen Steines, Clermont-Ganneau, 1872 bemerkte, spiegelt die »d/t«-Variante eine für Jerusalems Bewohner zur Zeit des Zweiten Tempels charakteristische Art und Weise, das »d« auszusprechen, wenn sie griechisch sprachen. Was immer wir von dem Verfasser des Markus-Evangeliums halten mögen – viele halten ihn für identisch mit jenem aus Jerusalem stammenden Johannes »mit dem

Beinamen Markus«, der in der Apostelgeschichte (dort 12, 12; 13, 5 und 15, 37) erwähnt wird und bereits nach antiker Tradition sein Evangelium auf der Grundlage von Vorträgen des Apostels Petrus niedergeschrieben haben soll. Als Ort der Niederschrift gilt zwar Rom, doch zweifellos standen hinter dem Text des Markus die »Jerusalem-Erfahrung« und Jerusalemer Quellen. So ist die Vertauschung von »d« und »t« in einem Papyrus dieses Evangeliums, einem Papyrus, der vor 68 n. Chr. geschrieben worden sein muß, mit anderen Worten: vor der Zerstörung des Tempels und dem Verschwinden der erwähnten Verbotsinschriften im Jahre 70 n. Chr., ein überzeugendes Beispiel für einen Indizienbeweis – in diesem Falle als Beleg für eine Sprech- und Schreibgewohnheit, die für Jerusalem charakteristisch und sogar für jeden Tempelbesucher sichtbar war, solange Stadt und Tempel bestanden.

Sicher versteht man, daß eine so auffällige Inschrift nach ihrer Wiederentdeckung schon bald die Aufmerksamkeit von Forschern auf sich zog. Im Jahre 1905 wies der Epigraphiker Wilhelm Dittenberger darauf hin, daß der griechische Grammatiker Herodianus Technicus, der gegen Ende des 2. Jahrhunderts in Rom schrieb, noch von diesem Buchstabentausch und dieser Verschiebung der Aussprache wußte und sie zu erklären versuchte. Allerdings suchte Herodianus die Ursache dafür eher in der Etymologie als in der Phonetik. Da sich auf diese Weise aber nicht die Tatsache aus der Welt schaffen ließ, daß es die fragliche Inschrift mit der Buchstabenvertauschung in Jerusalem vor 70 n. Chr. gegeben hatte, also mehr als 100 Jahre vor Herodianus, argumentierte Dittenberger – im Widerspruch zu dem ausdrücklichen Zeugnis des Zeitgenossen und Augenzeugen Flavius Josephus –, der Inschriftenstein sei überhaupt nicht jüdischen Ursprungs gewesen, sondern von den Römern aufgestellt worden. Dies ist natürlich das klassische Beispiel eines Trugschlusses, denn selbst wenn Nichtjuden die betreffende Inschrift aufgestellt hätten (was mit Sicherheit nicht der Fall war), würde auch daraus noch keineswegs folgen, daß man keine ortsansässigen Steinmetze beschäftigte. Erst vor wenigen Jahren, 1989, gelang es dem israelischen Wissenschaftler Peretz Segal, das Problem zu lösen, indem er feststellte, woher die Inschrift stammte.[21] Allem Anschein nach paßten Dittenberger die linguistischen Implikationen der Inschrift nicht, doch fast siebzig Jahre vor O'Callaghan hatte er jedenfalls noch keine theologischen Probleme mit den Konsequenzen. Das beträchtliche Maß, in dem noch immer einige Kritiker die entscheidende Bedeutung dieser Inschrift leugnen – heute natürlich im Zusammenhang mit dem auf Markus zurückgehenden Qumran-Papyrus –, ist allerdings verblüffend. Ein deutscher Autor ging sogar so weit, Dittenbergers Ansichten wieder aufzugreifen, und er fand auch gar nichts dabei, ganz naiv zu behaupten, die Entdeckung des Inschriftensteins sei ein »Zufallsfund« gewesen.[22] Man kann sich gar keine seltsamere Methode vorstellen, will man sich um die Auseinandersetzung mit unwillkommenen archäologischen (und papyrologischen) Entdeckungen drücken. Man braucht sie nur als »zufällig« abzutun (und dabei ganz außer acht zu lassen, daß wir eine beträchtliche Anzahl bedeutender Bereicherungen unseres Wissens derartigen »Zufällen« verdanken), und sie verschwinden von der Bildfläche, als ob sie nie existiert hätten. Zum Glück hat dies aber nichts mit wirklicher Wissenschaft zu tun.

Abermals hängt jedoch die Lösung des »d/t-Rätsels«, wie schon die Frage der fehlenden Wörter *epì tên gên*, nicht allein von archäologischen und historischen Befunden ab. Papyrologische Funde belegen: In nicht weniger als zwanzig Bibelhandschriften kommen derartige Konsonantenverschiebungen vor. Eines dieser Manuskripte ist der Papyrus »P4« in der Bibliothèque Nationale in Paris, ein Papyruskodex des Lukas-Evangeliums, mit dem wir uns noch am Ende dieses Kapitels beschäftigen werden. Doch mehr noch: Es gibt einen Text aus dem Jahre 42 n. Chr., also fast aus derselben Zeit wie das Papyrusfragment 7Q5, in dem sich das Wort *díkes* (»der Gerechtigkeit«) mit »t« (also *tíkes*) geschrieben findet. Mit anderen Worten: Der Austausch der Konsonanten (also das »d« zum »t«) erfolgt vor demselben Vokal (dem »i«) wie im Papyrusfragment 7Q5.[23] Alles in allem war es also vor 70 n.

Chr. durchaus möglich, vom »d« zum »t« überzugehen, sei es zufällig, sei es infolge regionaler Aussprachegewohnheiten. Und was 7Q5 angeht, so zeigten uns die angeführten Tempelinschriften aus Jerusalem, daß die besondere Schreibweise, die wir aus papyrologischen Gründen für das Fragment 7Q5 annehmen müssen (*tiaperásantes* statt *diaperásantes*), keineswegs überrascht und die Zuweisung dieses Fragments an Markus 6, 53 somit in gar keiner Weise ausschließt. Vielmehr ist diese Schreibweise geradewegs zu erwarten und bestätigt daher abermals die von uns vorgenommene Zuweisung und das frühe Datum des Papyrus.

Doch der Papyrologe hat bei seinen Forschungen noch ein weiteres Problem zu lösen, das uns zu einer weiteren Technik der Papyruskunde führt. Es ist ein penibles Verfahren, für das der österreichische Papyrologe und Byzantinist Herbert Hunger, der manches Standardwerk über Papyri und die Überlieferung antiker Texte verfaßte, nicht weniger als 23 Seiten und 22 Abbildungen benötigte, um der Lösung des Problems näher zu kommen.[24] Der rekonstruierte Text der Zeile 2 des Fragments 7Q5, die Markus 6, 52 entspricht, lautet: *all' ên autôn he kardía pepôrô(ménê)*, »aber ihre Herzen waren hart ge[worden]«. Nun aber ist der letzte Buchstabe des griechischen Wortes *autôn* ohne alle Frage ein *Ny* (»n«). Kritiker bestanden jedoch darauf, daß an der betreffenden Stelle des Papyrus ein anderer Buchstabe zu lesen sei. Der Buchstabe davor, ein *Omega* (ein langes »o«), ist deutlich genug. Das *Ny* dagegen, so die Kritiker, sei in gar keinem Falle ein *Ny*, sondern ein *Jota* (ein »i«). Wenn es aber ein *Jota* sei, könne das fragliche Wort nicht *autôn* lauten, und wenn da nicht *autôn* steht, entspricht die Stelle eben nicht Markus 6, 52. Zufällig gibt es im Jesus-Papyrus ein nahezu gleichartiges Problem. Im Jahre 1953 hatte Roberts, der erste Herausgeber der Oxforder Fragmente, im Fragment 3, *Recto* (Vorderseite), Zeile 1, *autô* gelesen. Thiede hatte dies Anfang 1995 in *autôn* verbessert, und dies hatte, wie wir später sehen werden, weitreichende Folgen für die Wiederherstellung des Textes. In dem Papyrusrollenfragment 7Q5 ist der fragliche Buchstabe in der Tat stark beschädigt. (Siehe die farbige Abbildung auf der letzten Buchseite.) Es gibt nur noch einen senkrechten Strich, der entweder für sich allein ein *Jota* (»i«) oder der linke Strich eines *Ny* (»n«) sein kann. Rechts von diesem Strich findet man ein paar Millimeter weit keinerlei Tintenspur, bis hin zu einer Krümmung, die nach oben hin in etwas übergeht, das der Anfang eines anderen, fragmentarischen senkrechten Strichs sein kann. Dann geht der Strich wieder nach unten, und zwar in einer neuen Krümmung zur rechten Seite unten. Was in aller Welt soll dies sein? Überreste eines *Alpha*, wie manche vorschlugen? Doch nichts an einem *Alpha*, das in diesem Papyrus auf der Zeile 3 vorkommt, sieht diesen Strichen auch nur im entferntesten ähnlich. Gehörten schließlich all diese Auf- und Abstriche ursprünglich zusammen, als der Papyrus noch unbeschädigt war? Konnten sie zusammen einst ein *Ny* gebildet haben? Niemals, meinten die Kritiker. Die Tintenreste lägen einfach zu weit auseinander. Unter Berufung auf zahlreiche Beispiele aus gleich alten, älteren und jüngeren Papyri demonstrierte Herbert Hunger in seinem bereits erwähnten Aufsatz jedoch überzeugend, daß sich die verbliebenen Tintenspuren durchaus zu einem perfekten *Ny* rekonstruieren ließen. Er und Thiede vermaßen sogar die Länge vergleichbarer Buchstaben innerhalb des Fragments 7Q5, und das Ergebnis war verblüffend. Denn in diesem Fragment gibt es zweimal den vollständigen Buchstaben *Eta* (langes »e«), und zwar auf den Zeilen 4 und 5. Mißt man deren äußerste Breite (und auf die kommt es bei unserem Vergleich ja an), so stellt man fest, daß diese von 3 Millimetern (*Eta* auf Zeile 4) bis zu 3,5 Millimetern (*Eta* auf Zeile 5) schwankt. Auch das vollständige und unbestreitbare *Ny* auf der Zeile 4 des Fragments 7Q5 mißt 3,0 Millimeter. Und welche Breite hätte der Buchstabe auf Zeile 2, wenn man ihn zu einem *Ny* ergänzte? Es wären genau 3,5 Millimeter! Mit anderen Worten: Der angeblich »unmögliche«, weil »viel zu weite« Abstand zwischen dem linken senkrechten Strich und den seltsamen Überbleibseln rechts davon ist alles andere als »unmöglich« für ein *Ny*. Vielmehr entspricht er durchaus der Freiheit, die ein Schreiber hatte, wenn er seine

Etas niederschrieb. Und man vergesse nicht: Wir diskutieren hier über einen Unterschied von einem halben Millimeter!

Der Papyrologe hat durch seine Arbeit das Problem gelöst. Und dennoch: Antike Schreiber erlauben sich eine Flexibilität, die ein hartnäckiger Kritiker nicht immer aufzubringen vermag. Was kann man tun, wenn gewisse Skeptiker sich weigern, sich von einer noch so sorgfältigen vergleichenden Analyse überzeugen zu lassen? Soll man sie sich selbst überlassen und die Diskussion beenden? Nicht, wenn ein Hochleistungsmikroskop die Angelegenheit zu einem guten Ende zu bringen vermag. Im April 1992 brachte Carsten Peter Thiede den Papyrus zur forensischen Forschungsabteilung der israelischen Staatspolizei in Jerusalem, um ihn dort unter einem elektronischen Stereomikroskop untersuchen zu lassen. Und hier wurden erstmals die Überreste einer diagonalen Linie sichtbar, die am oberen Ende des linken vertikalen Strichs begann (den manche für ein *Jota* gehalten hatten) und sich nach rechts unten hinzog. Die Linie war nicht vollständig – ihre Spuren brachen schon nach wenigen Millimetern ab, doch war sie lang und gerade genug, um zu überzeugen: Es mußte sich um den diagonalen mittleren Strich eines *Ny* gehandelt haben. O'Callaghan, Hunger und andere hatten recht – der umstrittene Buchstabe war und ist ein *Ny*, und infolgedessen lautet das betreffende Wort *autôn*, wie es sein muß, wenn es sich um die Stelle Markus 6, 52 handelt.[25]

Wie man auch diesen völlig unzweideutigen Befund noch ignorieren kann, zeigte jüngst Graham Stanton. Sein Buch *Gospel Truth?* versah er mit einer Tafel, die ein Geoffrey Jenkins zugeschriebenes Diagramm enthält, das den klaren und unzweideutigen Buchstaben *Ny* aus der Zeile 4 des Fragments 7Q5 über den beschädigten Buchstaben der Zeile 2 legt. Ohne sich um die Unterschiede zu kümmern, die Hunger und Thiede festgestellt und als für diesen Papyrus völlig normal erwiesen hatten, behauptete Stanton, die geringfügigen Unterschiede, die auf seinem Diagramm sichtbar sind, zeigten, der Buchstabe könne kein *Ny* sein, und dies untergrabe die Theorie, 7Q5 sei Bestandteil des Markus-Evangeliums. Es ist, als hätte die Forschung seit

1972 stillgestanden. Die bewußte Weglassung der diagonalen Linie, die sich bei der mikroskopischen Analyse in Jerusalem zeigte, sowie die Verleugnung der Rekonstruktion Hungers sind ärgerliche Zeichen eines unsachlichen, interessegeleiteten Vorgehens. Es ist fast unnötig zu betonen, daß Hungers Arbeit von Stanton mit keinem Wort erwähnt, geschweige denn ausführlich zitiert wird.[26]

Irrtümer und ihre Entdeckung

Der Fall des Fragments 7Q5 = Markus 6, 52–53 zeigt, was angewandte Papyrologie zu leisten vermag. Zugleich vermittelt er die ernüchternde Erkenntnis, daß es kaum Grenzen für die Versuche von anderen gibt, die mit Ergebnissen wissenschaftlichen Forschens nicht einverstanden sind, wenn sie nicht zu ihren fest eingefahrenen Vorstellungen passen. Kurt Aland, der verstorbene Großmeister der kritischen Auseinandersetzung mit dem Text des Neuen Testaments, versuchte in seinem Institut in Münster mit der Hilfe eines Computers zu »beweisen«, daß das Fragment 7Q5 keine Textpassage aus dem Markus-Evangelium enthalten könne. Viele waren von Alands Autorität zutiefst beeindruckt, bis ein anderer deutscher Forscher, der Neutestamentler und Wissenschaftstheoretiker Ferdinand Rohrhirsch, demonstrierte, daß der große alte Mann schwere methodische Fehler begangen und seinen Computer so programmiert hatte, daß unvermeidlicherweise etwas anderes als eine Beziehung zum Markus-Evangelium herauskommen mußte.[27]

Andere wiederum verbringen ihre Zeit damit, andere Identifikationen auszutüffteln[28], und noch andere spielen noch immer mit dem scheinbaren Argument herum, daß das Fragment 7Q5 zu klein sei – als ob Kleinheit ein Hinderungsgrund für eine zuverlässige Identifikation wäre.

Tatsächlich ist 7Q5 ein winziges Papyrusrollenfragment – wie wir sahen, umfaßt es ganze zwanzig Buchstaben auf insgesamt fünf Zeilen, und zehn dieser Buchstaben sind beschädigt.

Und dennoch ist es deshalb nicht unidentifizierbar. Es sind schon kleinere Fragmente identifiziert worden, ohne daß die Ergebnisse Widerspruch hervorgerufen hätten. In derselben Qumran-Höhle – Höhle 7 – wurde ein anderes Fragment gefunden (Fragment 7Q2), das gleichfalls auf fünf Zeilen nur einen einzigen Buchstaben mehr aufweist als 7Q5, und dennoch hat niemand seine Identifikation als Baruch (Jeremias-Brief) 6, 43–44 angezweifelt – und dies trotz der unzweifelhaften Tatsache, daß die Abweichungen und Varianten gegenüber dem Standardtext der griechischen Fassung des Alten Testaments sehr viel komplexer und weitreichender sind als die des Fragments 7Q5 gegenüber dem Standardtext des Neuen Testaments.[29]

Und wie steht es mit einem Papyrus des griechischen Komödiendichters Menander? Der Oxyrhynchus-Papyrus XXXVIII 2831 wurde als eine Passage der Menander-Komödie *Samia* 385–390 erkannt, obwohl er ganze 2,4 mal 3,3 cm mißt, lediglich neunzehn Buchstaben auf fünf Zeilen umfaßt und überhaupt nicht mit dem schon bekannten Text des Stückes identisch ist, sondern »einige zusätzliche Varianten« bringt.[30] Statt seine Identifizierung in Zweifel zu ziehen und seine Aufnahme in offizielle Listen zu verweigern, wie es bei 7Q5/Markus 6, 52–53 geschah, akzeptierten ihn die Klassischen Philologen, fügten ihn in neue Standardausgaben des Stückes ein und versahen ihn mit einer eigenen Inventarnummer, 016.[31] Ein drittes und letztes Beispiel, das Qumran wieder näher steht, ist das Papyrusfragment 721a aus Masada. In der Festung über dem Toten Meer wurde der älteste bekannte Papyrus mit einem Text von Vergil entdeckt und 1989 herausgegeben.[32] Er wurde auf 73/74 n. Chr. datiert und hat nur fünfzehn sichtbare Buchstaben in einer Zeile, zwei davon derart beschädigt, daß sie unleserlich sind. Trotz des spärlichen Datenmaterials und obwohl das Fragment ausgerechnet in Masada gefunden wurde, ließ es sich als Vergil, *Aeneis* 4,9 identifizieren, und diese Identifikation zog niemand je in Zweifel.

Wenn man den Papyrologen erlaubt, ihr Handwerkszeug unbelastet durch die Vorurteile anderer einzusetzen, geraten sie nicht in die Falle der Doppelmoral. Der Text auf 7Q5 umfaßt die Verse Markus 6, 52–53 – nicht nur mit derselben, sondern sogar mit größerer Gewißheit, als wir sagen können, daß P. Oxy XXXVIII 2831 aus Menanders *Samia* oder P. Masada 721a aus Vergils *Aeneis* stammen.

Nebenbei bemerkt – und auch das ergibt sich aus der unvoreingenommenen Anwendung papyrologischer Methoden auf antike Handschriften –, macht der Vergil-Papyrus aus Masada eines der Lieblingsargumente jener zunichte, die überzeugt sind, kleine Rollenfragmente ließen sich nicht mit letzter Sicherheit identifizieren. Kurt Aland und seine Schüler vertraten die Ansicht, der Text auf der Rückseite, dem *Verso*, erleichtere die Identifizierung, und dieser Rückseitentext sei eine *Voraussetzung* für die plausible Identifizierung kleiner Fragmente. Man hat dieses Argument umgedreht und gegen die Identifizierung von 7Q5 als Markus 6, 52–53 eingesetzt, denn das Fragment ist auf der Rückseite ganz offensichtlich nicht beschrieben (aber wie üblich beim Messen mit zweierlei Maß, wurde die gleiche Tatsache natürlich nicht gegen die Identifizierung des *Samia*-Fragments benutzt).[33] Der Vergil-Papyrus aus Masada führt uns den Trugschluß vor Augen, der in Alands Theorem lauert. Auch hier ist das *Verso* beschrieben: Der Text steht in einer Zeile, die ebenfalls fünfzehn Buchstaben lang ist und ein vollständiges, seltenes Wort enthält: *titubantia*, »Wanken«, »Stammeln«. Aber diese Zeile stammt mit Sicherheit aus keinem bekannten Werk Vergils, auch aus keinem anderen noch existierenden Werk der lateinischen Literatur. Wie sollte dieses Bruchstück die Identifizierung des *Recto* als *Aeneis* 4,9 stützen? Natürlich ist das unmöglich. Kleine Handschriftenfragmente müssen für sich stehen können, und wie wir gesehen haben, sind sie dazu ohne weiteres in der Lage.

Schließlich müssen wir noch auf einen Umstand hinweisen, der zwar jedermann einleuchten dürfte, jedoch einer Reihe von Kritikern papyrologischer Untersuchungen an kleinen Handschriften anscheinend entgangen ist. Ein Papyrusfragment ist ein

Bruchstück. Das heißt, daß auch die Wörter und Buchstaben an einigen oder allen Rändern fragmentarisch sind. Anders als beschädigte, teilweise unleserliche Buchstaben in der Mitte eines Fragments, wie zum Beispiel das *Ny* in der zweiten Zeile von 7Q5, lassen sie sich nicht immer vollständig rekonstruieren. In vielen Fällen reicht aber das noch vorhandene Material für eine sichere Zuordnung aus. Bei 7Q5 ist das in Zeile 3 der Fall, wo der nur halb sichtbare Buchstabe vor der Lücke, dem *spatium,* ein *Eta* sein muß, denn der Überrest paßt zu keinem anderen Buchstaben des griechischen Alphabets. Und im Oxforder Matthäus-Papyrus müssen die ersten fünf Buchstaben der halb abgebrochenen vierten Zeile auf der Vorderseite von Fragment 1 *taute* (mit einem *Eta* als Schlußlaut) gelesen werden, denn der noch sichtbare Rest ließe sich auf keine andere Weise ergänzen. Jede Rekonstruktion teilweise beschädigter Buchstaben muß einen Sinn ergeben; dieser Punkt ist entscheidend. So könnte man sich beim Jesus-Papyrus statt eines *Alpha* nach dem Anfangsbuchstaben *Tau* durchaus auch ein *Delta* oder *Lambda* vorstellen und danach ein *Chi* statt eines *Ypsilon* – im oberen Teil sehen diese Buchstaben identisch aus. Aber was sollten wir statt eines *TAUTE* mit einem *TDCHTE* oder *TLCHTE* anfangen? Natürlich gar nichts, diese Wörter existieren nicht; aber selbst wenn sie existierten, ergäben sie keinen Sinn im Zusammenhang mit dem, was wir von dem Fragment ansonsten bereits wissen.

Dieselbe Grundregel der Papyrologie galt auch schon für 7Q5. Nehmen wir zum Beispiel Zeile 1. Sichtbar ist hier auch noch der untere Bogen eines Buchstabens, der ein *Epsilon,* ein *Omikron,* ein *Omega,* ein *Theta* oder ein *Sigma* sein könnte. Im Kontext von Markus 6, 52–53 muß es ein *Epsilon* sein. Es ist vollkommen vernünftig, den beschädigten Buchstaben als *Epsilon* anzunehmen (und einen Punkt darunter zu setzen, was bedeutet, daß er aus unvollständigen Resten rekonstruiert wurde). Die Grundregel wurde eingehalten: Ein Buchstabe darf nur so rekonstruiert werden, daß er innerhalb eines plausiblen Kontexts sinnvoll ist. Dasselbe gilt natürlich auch für andere Stellen auf diesem oder anderen Fragmenten. Unter sämtlichen Möglichkeiten, die sich aus den einander zum Teil ähnlichen griechischen Buchstaben ergeben, findet sich auf dem Fragment 7Q5 nicht eine einzige Rekonstruktion, die sich nicht mit einem Buchstaben vereinbaren ließe, der den Markus-Versen entspricht. Das ist eine beachtliche Leistung, die bei keinem anderen Versuch, das Fragment zu identifizieren, erreicht wurde. Ohnehin hätte sich der Passus nicht aufgrund rekonstruierter Buchstaben identifizieren lassen, denn wie wir gesehen haben, waren es andere Beobachtungen ganz zu Anfang, die zu dem Ergebnis führten. Alle unsere sorgfältigen und detaillierten Untersuchungen dienten schon nicht mehr der bereits gesicherten Identifizierung, sondern der Bestätigung und der Absicherung gegen die teils sachlichen, teils interessegeleiteten Einwände der Kritiker.[34]

Wir haben den Kreis geschlossen. Es gibt tatsächlich ein Fragment einer Papyrusrolle mit einem Evangelientext, es stammt aus Höhle 7 von Qumran, wird 7Q5 genannt und enthält die Verse Markus 6, 52–53. Es muß vor dem Jahr 68 entstanden sein und ließe sich vielleicht sogar auf die Zeit um das Jahr 50 datieren.[35] Und es stammt nicht aus einer der frühen Spruchsammlungen, die möglicherweise den vollständigen Evangelien vorausgingen – tatsächlich kommt auf 7Q5 kein einziges Jesus-Wort vor, während der Jesus-Papyrus vier davon enthält. Es ist auch keine Textstelle aus einer der Passionsgeschichten, die nach Ansicht vieler Neutestamentler vielleicht schon unabhängig existierten, bevor das erste Evangelium abgeschlossen war. Es ist ein Text mit zwei zusammengehörenden, erzählenden Abschnitten, die von Jesu Wirken in Galiläa erzählen und zur Endfassung des vollständigen Evangeliums nach Markus gehören – wenn auch zum ersten Texttyp vor dem Jahr 70. Ein Rollenfragment mit einer Textstelle aus einem vollständigen Evangelium, in Qumran gefunden und dort vor dem Jahr 68 deponiert – wohin führt uns das bei unserer papyrologischen Suche nach den Ursprüngen, nach dem wahren Zusammenhang und der gebührenden Würdigung der Kodexfragmente des Matthäus-Evangeliums aus Oxford (und Barcelona)? Warum ein Kodex und nicht eine Schriftrolle? Irgend etwas muß geschehen sein, und es führt uns direkt zu dem einzigartigen und mittlerweile weltberühmten Jesus-Papyrus in Oxford.

Der kurze Weg zum christlichen Kodex

Wir wissen bereits, daß die Urchristen gute, strategische Gründe hatten, um anfänglich nur die Schriftrolle zu benutzen. Sie war das übliche Format der jüdischen Textüberlieferung. Und jeder Bruch mit dieser Gepflogenheit hätte nur unnötige Probleme hervorgerufen, statt den Weg zu ebnen für das taktisch wichtige Argument, der Glaube an Jesus als den Messias sei eine direkte Fortsetzung der für alle Juden maßgeblichen Prophezeiungen, die sich jetzt durch den Juden Jesus aus Nazareth erfüllten. Doch schon im Jahr 62 entstand zwischen Judenchristen und anderen Strömungen des Judentums im 1. Jahrhundert eine Kluft, die immer tiefer und schließlich unüberbrückbar wurde. In diesem Jahr wurde der Leiter der christlichen Gemeinde von Jerusalem hingerichtet; die Vollstrecker waren mehrere Juden, die sich von dem Hohenpriester Ananus hatten aufhetzen lassen. Dieser christliche Gemeindeleiter war kein anderer als Jakobus, »der Bruder des Herrn«, wie ihn Paulus in seinem Brief an die Galater nennt (Galater 1,19). Jakobus war bekannt und geachtet als frommer Jude, dessen tägliche inbrünstige Gebete im Tempel ihm den Spitznamen »Kamelknie« eintrugen.[36] Seine Hinrichtung war ein illegaler Akt; da sie sich im Jahr 62 ereignete, also außerhalb des Zeitrahmens, den die Apostelgeschichte erfaßt, wird sie darin nicht erwähnt, aber wir besitzen einen verläßlichen Bericht des jüdischen Geschichtsschreibers Flavius Josephus in seinen *Jüdischen Altertümern* 20, 197–203:

»Ananus der Jüngere war, wie erwähnt, zum Hohenpriester bestellt worden. Er war von unbesonnenem Temperament und ungewöhnlich verwegen. Er hing der Schule der Sadduzäer an, die, wie ich bereits erklärte, in der Tat herzloser sind, wenn sie zu Gericht sitzen, als andere unter den Juden. Von diesem Charakter beherrscht, witterte Ananus eine günstige Gelegenheit, denn

Festus [der römische Statthalter] war tot und Albinus [sein Nachfolger] noch nicht eingetroffen. Und so berief er die Richter des Sanhedrin ein und führte einen Mann namens Jakobus vor sie hin, den Bruder von Jesus, den man den Christus nannte, sowie etliche andere. Er beschuldigte sie der Gesetzesübertretung und übergab sie der Tötung durch Steinigung. Jene Bewohner der Stadt, die als die aufrechtesten galten und sich streng an die Regeln des Gesetzes hielten, empörten sich darüber. Deshalb sandten sie heimlich zu König Agrippa und bedrängten ihn – denn Ananus hatte schon mit seiner Maßnahme nicht korrekt gehandelt –, ihm zu befehlen, er möge von weiteren Maßnahmen dieser Art absehen. Manche gingen sogar Albinus entgegen, der auf seinem Weg von Alexandria her war, und teilten ihm mit, Ananus habe nicht die Befugnis, ohne seine Zustimmung den Sanhedrin einzuberufen. Überzeugt von ihren Reden, schrieb Albinus einen zornigen Brief an Ananus und drohte ihm Rache an. König Agrippa setzte Ananus wegen seines Handelns vom Amt des Hohenpriesters ab, das er drei Monate innegehabt hatte, und ersetzte ihn durch Jesus, den Sohn des Damnaeus.«

Gewiß eine dramatische Kette von Ereignissen, für die jüdische Gemeinde in (und außerhalb von) Jerusalem ebenso wie für die Christen. Die Christen mußten erkennen, daß sie mit ihren Bemühungen um einen innerjüdischen Dialog an eine steinerne Wand stießen und Todfeinde innerhalb des Judentums hatten. Natürlich gab es auch viele Juden, die sich gegen Ananus und den Sanhedrin auflehnten, doch die Botschaft wurde verstanden: Wir haben euren Führer umgebracht, hört auf mit den Versuchen, uns zu bekehren. Ohnehin war auch die Missionierung von Nichtjuden zu diesem Zeitpunkt schon im Gang, drei Jahrzehnte zuvor durch Petrus eingeleitet (als er den römischen Zenturio Kornelius und dessen Haushalt taufte; Apostelgeschichte 10) und mit Nachdruck betrieben und ausgeweitet durch Paulus. Der Wendepunkt im Jahr 62 wird jene bestärkt haben, die in die Zukunft blickten und ihre Absichten nicht auf das Judentum beschränkten.

Nur zwei Jahre später ereignete sich wieder eine Katastrophe – diesmal in Rom. In der Nacht vom 18. auf den 19. Juli 64 ging Rom in Flammen auf. Zehn von vierzehn Stadtbezirken wurden zerstört. Bald ging das Gerücht, Nero selbst habe das Feuer gelegt, und hielt sich hartnäckig, trotz seines bemerkenswert schnellen und großzügigen Wiederaufbauprogramms, so daß er sich nach Verdächtigen umsehen mußte, die unbeliebt genug waren, um glaubhaft als Sündenböcke dienen zu können. Er fand sie in der christlichen Gemeinde von Rom.[37] Möglicherweise lenkten einige römische Christen selbst die Aufmerksamkeit der Obrigkeit auf sich. Unter den Urchristen gab es eine apokalyptische Gruppe, die in Rom großen Zulauf hatte, und es ist durchaus denkbar, daß manche ihrer Anhänger die Zerstörung der Stadt begrüßten. Letzten Endes ließ sich der Brand der dekadenten Reichshauptstadt, der »Hure von Babylon«, sehr gut mit dem prophezeiten Beginn des endgültigen kosmischen Zusammenbruchs in Einklang bringen. Tatsächlich kam es unter den römischen Christen offenbar zu Auseinandersetzungen über die richtige Einstellung und die Interpretation der Ereignisse: Als die Verfolgung schließlich begann, wahrscheinlich im darauffolgenden Frühjahr 65 (als die Witterungsbedingungen passend waren für die grausamen allabendlichen Szenen auf den Straßen, die Tacitus und andere so schonungslos beschrieben) –, da denunzierten und verrieten sogar Christen ihre eigenen Glaubensgenossen. Das jedenfalls berichtet Tacitus, und der christliche Chronist Klemens von Rom gibt ihm recht, wenn er schreibt, daß Zwietracht und Eifersucht der Grund für die Gefangennahme und die Hinrichtung von Petrus und Paulus während der Christenverfolgung gewesen seien, die wahrscheinlich bis zum Tod Neros im Juni 68 andauerte (1 Klemens 5,1–5).

Was auch immer geschah, aus sämtlichen Quellen, die wir besitzen, geht klar hervor, daß Christen und Judenchristen mit den Juden in dieser Situation nichts gemein hatten. In den Anfangsjahrzehnten hatten Nichteingeweihte Judenchristen und Juden noch oft miteinander verwechselt. Das kam den Christen zugute, die wahrscheinlich von der privilegierten Stellung profitierten, die den etwa fünfzigtausend Juden in Rom wieder zuteil wurde, nachdem Claudius zwischen 49 n. Chr. und seinem Tod im Jahr 54 manche der jüdischen und christlichen Anführer aus der Stadt verbannt hatte.[38] Aber Neros Christenverfolgung machte dieser verworrenen Lage ein Ende. Die Obrigkeit bestrafte die Christen, die Juden blieben dagegen unbehelligt. Zu diesem Zeitpunkt entstand eine Mauer zwischen den beiden religiösen Gemeinden in der größten Stadt des Reichs, und ein unmittelbarer Dialog fand später nicht mehr statt.

Wiederum nur sechs Jahre später, im Jahr 70, nach fast fünf Jahren militärischer Auseinandersetzungen im jüdischen Aufstand gegen die römische Besatzungsmacht und der Belagerung der Stadt, fiel Jerusalem an die Römer. Stadt und Tempel wurden zerstört, die Juden in die Verbannung geschickt. Mit der Zerstörung des Tempels verschwand der letzte Ort, an dem Juden und Judenchristen einander wie selbstverständlich begegnen konnten. Dazu kam, daß die Juden Jerusalem fernbleiben mußten, die christlichen Einwohner jedoch (die meisten von ihnen natürlich jüdischer Herkunft), die sich am Aufstand gegen die Römer nicht beteiligt hatten, bald zurückkehren durften und sich wieder auf dem Hügel im Südwesten, dem heutigen Zionsberg, niederließen. Dort bauten sie ihre erste Kirche; sie ist heute noch zu sehen in dem Raum, den man fälschlich »Davidsgrab« nennt (in Wirklichkeit lag Davids Grab im Osten, beim Berg Ofel). Man sieht auf dem Zion noch die typischen Merkmale eines Synagogengebäudes, zu denen die Nische für die Aufbewahrung der Thorarollen gehört (zu diesem Zweck wird sie von den Juden, die diesen Raum als Davids Grab verehren, heute wieder genutzt). Aber es war keine Synagoge: die Baumeister hielten sich zwar offensichtlich an bestimmte architektonische Traditionen, allerdings mit einem winzigen, wenn auch wichtigen Unterschied. Die Nische ist nicht nach dem Tempel ausgerichtet, wie es sich für eine Synagoge gehörte, sondern nach Golgatha und dem leeren Grab, wie jedermann anhand eines Kompasses nachprüfen kann.[39] Tatsächlich ist die Nische gerade groß genug für die Thorarollen – sie konnte schwerlich dem zusätzlichen Zweck gedient haben, mehrere christliche Schriften aufzunehmen. Das war akzeptabel, denn die Thora war immer noch die gemeinsame Basis aller Judenchristen, bis eine Veränderung eintrat – wie die Wandmalerei in den Domitillakatakomben in Rom zeigt: Fortan wurden die Thora und die fünf historischen Schriften der Christen als Bücher von gleichwertigem Ansehen betrachtet und benutzt. Ursprünglich waren die vorhandenen christlichen Schriften anderswo, außerhalb des Verehrungsbereichs, aufbewahrt worden, denn sie hatten noch keinen »heiligen« Rang; aber es ist ohne weiteres denkbar, daß die Nische später auch für eines der typischen Kodexschränkchen diente, so daß sowohl das Alte Testament als auch die Schriften des Neuen am selben Ort untergebracht waren. Was immer auf dem Berg Zion geschah – es war eine Zeit des Übergangs und des Aufbruchs. Die Juden blieben aus Jerusalem verbannt. Sie fingen ihr eigenes, selbständiges Leben neu an, und zwar an einem Ort westlich von Jerusalem, etwa sechs Kilometer vom Mittelmeer entfernt in einer Stadt namens Jamnia, die auch Jabne oder Jabneel genannt wurde (heute Jebna) und noch auf ihre Ausgrabung wartet.

Wie der Talmud berichtet, hatte Jochanan ben Zakkai von Kaiser Vespasian die Erlaubnis erhalten, hier eine Jeschiwa, eine Akademie, zu gründen. Sie wurde bald ein Zentrum geistiger Aktivitäten und Reformen und befaßte sich unter anderem mit der christlichen Frage. Welche offizielle Haltung sollte man nach den Ereignissen der Jahre 62, 64/65 und 70 mit dem Verlust des Tempels gegenüber dieser jesusverehrenden Bewegung einnehmen, die sich rasant ausbreitete und behauptete, den neuen, den wahren Bund zu verkörpern? Spätestens um das Jahr 80[40] stimmte die Akademie formell dem sogenannten »Birkat hamminim« zu, dem Fluch über die Christen im »Achtzehngebet«. Der Talmud-Traktat Brachot 28b/29a, der diese »Segnungen« der Autorität von Rabbi Gamaliel und der Akademie zuschreibt, liefert den chronologischen Rahmen. Eine Version des Textes wurde Ende des 19. Jahrhunderts in der Geniza der Synagoge von Kairo entdeckt:

»Mögen Abtrünnige ohne Hoffnung sein, und möge das

Reich der Dreistigkeit in unserer Zeit ausgemerzt werden. Mögen die *nozrim* und *minim* [das heißt die Christen] augenblicklich verschwinden. Mögen sie aus dem Buch der Lebenden entfernt und nicht in das Buch der Gerechten eingetragen werden. Gelobt seist du, Herr, der du die Stolzen zerschmetterst.« Und der Traktat Brachot 28b/29a aus dem Babylonischen Talmud fügt hinzu: »Die achtzehn Segnungen sind in Wahrheit neunzehn. Rabban Levi spricht: Die Segnung wider die ›Minim‹ wurde in Jamnia aufgestellt. ... Unsere Lehrer brachten uns bei: *Simon ha peqali* [der Flachshechler] erdachte die achtzehn Segnungen in Jamnia entsprechend der traditionellen Ordnung, in Anwesenheit von Rabban Gamaliel. Rabban Gamaliel spricht zu den Weisen: Ist hier jemand, der eine Segnung wider die ›Minim‹ verfassen kann? Darauf stand Samuel der Kleine auf und tat es. Im folgenden Jahr vergaß er den Segen und mußte zwei oder drei Stunden nachdenken, ohne heraufgebeten zu werden [vom niedriger gelegenen Platz des Vorbeters]. Wie konnte es geschehen, daß sie ihn nicht heraufkommen ließen? Sagte nicht Raw Juda ben Ezechiel im Namen von Rabbi Abba Areka: Wer einen Fehler bei einer der anderen Segnungen gemacht hat, wird nicht heraufgebeten, aber wenn es die Segnung wider die ›Minim‹ ist, bittet man ihn herauf, weil man fürchtet, er könne es absichtlich getan haben, da er selbst ein ›Min‹ ist? Der Fall von Samuel dem Kleinen lag anders, denn er war es selbst, der die Segnung [wider die ›Minim‹] gesprochen hatte. Aber vielleicht fürchtete man, er habe widerrufen.«

In so seriöser Umgebung zeitigte die Verwünschung gegen die Christen Folgen im Alltag, und nicht zuletzt äußerte sie sich in der Vertreibung der Christen jüdischer Herkunft, die immer noch die Synagogen besuchten. Die letzten verbliebenen Stätten, an denen Juden und Christen nach der Zerstörung des Tempels einander noch begegnen konnten, waren jetzt unzugänglich geworden, und damit waren die gegebenen Orte, an denen Gespräche und eben auch missionarische Aktivitäten stattfinden konnten, endgültig verschwunden. Jamnia besiegelte nur eine Entwicklung, die im Jahr 62 mit der Ermordung des Jakobus begonnen hatte und von weiteren folgenschweren Ereignissen geprägt war. Sie eskalierte schließlich zum vollständigen Bruch, den zu kitten die (Juden-)Christen nicht imstande und wahrscheinlich auch nicht willens waren. Schon im Jahr 62, spätestens um 68/70 konnten die Christen ungehindert die Schriftrolle aufgeben und zum Kodex übergehen, dessen Entwicklung aus den *membranae*, den Notizbüchern, die schon im Kreis um Paulus üblich gewesen waren (2 Timotheus 4,13), sie selbst aktiv betrieben. Ein jäher Übergang war es wahrscheinlich nicht: Wie wir gesehen haben, existierten Schriftrollen und Kodizes vermutlich während der folgenden Jahre gleichzeitig, bis die letzten noch vorhandenen Schriftrollen außer Gebrauch gekommen waren. Der entscheidende, endgültige Durchbruch wurde sicher erleichtert durch den nützlichen Umstand, daß die Römer schon zu vorchristlichen Zeiten mit dem Notizbuch vertraut waren, ehe sie mit christlichen Texten in Berührung kamen.[41] Wie wir oben gesehen haben, ist das Wort *membranae* für »Notizbuch« ein *lateinischer* Fachausdruck, auf den der zweite Brief an Timotheus zum ersten Mal auf *griechisch* Bezug nimmt. Aus dem Vorrang des lateinischen Ausdrucks läßt sich ersehen, daß die Römer damals daran interessiert waren, mit Vorläufern des Kodex zu experimentieren. Martials werbende Epigramme sind das beste Beispiel für diesen Trend.

Der Rahmen war geschaffen. Alle praktischen Vorteile des Notizbuchs und seine Entwicklung zur Buchform, zum Kodex, ließen sich jetzt verwirklichen. Leicht können wir uns einen Buchhändler vorstellen, der die Tugenden des Kodex anpreist: Wie ökonomisch der Papyrus genutzt wird, wenn die Bögen beidseitig beschrieben sind, wie kompakt das Format, das sich häufig sogar in die Tasche stecken läßt, wie leicht es zu handhaben ist und wie leicht durchzublättern zur raschen Auffindung von Textstellen, wie leicht aufzubewahren und wie leicht zu verstecken in Zeiten der Verfolgung. Und welchen zusätzlichen Vorteil es bietet, wenn Textsammlungen schnell verschickt werden müssen! Ein einziger Kodex statt fünf Schriftrollen für die Evangelien und die Apostelgeschichte – das war ein erheblicher

Beitrag zur wirksamen Verbreitung christlicher Texte im gesamten Römischen Reich.[42] Machen wir uns also klar: Vor diesem Hintergrund könnte der Oxforder Papyrus des Matthäus-Evangeliums schon im Jahr 62 oder kurz danach existiert haben, und die paläographische Datierung des Papyrus etwa auf das Jahr 66, mit der wir uns in Kapitel 5 ausführlich befassen werden, stimmt nicht nur mit den Thesen von Italo Gallo und Colin Roberts überein, die gezeigt hatten, daß der Kodex bereits vor dem Jahr 70 in Gebrauch war, sondern auch mit den historischen Daten, die wir über den von den Christen praktizierten Wechsel von der Schriftrolle zum Kodex besitzen.

Wenn wir das Papyrusfragment 7Q5 = Markus 6,52–53, das Bruchstück einer *Schriftrolle*, mit dem Papyrusfragment P. Magdalen Greek 17 / P64 und seinem spanischen Gegenstück P. Barc inv. no. 1 / P67, die aus einem *Kodex* stammen, vergleichen, können wir auch die Möglichkeit einer gleichzeitigen oder annähernd gleichzeitigen Entstehung in Betracht ziehen. Soweit wir wissen, stammt das erste vollständige Evangelium von Markus. Es entstand ein paar Jahre vor Matthäus' erweiterter Fassung. Eine Schriftrolle des Markus hatte daher den »Startvorteil«, daß sie früher unter die Leute kam, nicht zuletzt auch, weil sie sich auf die Autorität des Petrus berufen konnte.[43] Aber das Matthäus-Evangelium übertraf das Werk des Markus bald an Beliebtheit. Es hatte dem Leser einfach mehr »Stoff«, mehr Spannung, Unmittelbarkeit und Anregung zu bieten – und vor allem mehr und längere Jesus-Reden (die gesamte Bergpredigt zum Beispiel), außerdem die Erscheinungen Jesu nach der Auferstehung bis hin zu dem folgenreichen Auftrag, alle Völker in allen Teilen der Welt zu bekehren.

Kein Wunder also, daß es mehr frühe Papyri des Matthäus-Evangeliums gibt als des Markus-Evangeliums. Allerdings ergab es sich, daß Markus ihm in Qumran zuvorgekommen war und daß es keinen vergleichbaren Ort gab, an dem eine frühe Rolle des Matthäus überdauerte. Vielleicht kommt irgendwann noch ein Fragment ans Licht, zum Beispiel unter den bisher nicht geöffneten und zum Teil noch nicht ausgegrabenen Schriftrollen in Herculaneum, wo vor der Zerstörung der Stadt durch die Lava des Vesuv im Jahr 79 eine christliche Gemeinde lebte. Wir wissen es nicht, und Spekulationen helfen uns nicht weiter. Es zählt nur, was wir wirklich besitzen, und insofern könnte der Oxforder Papyruskodex für unser Verständnis des Urchristentums durchaus wichtiger sein als die Markus-Schriftrolle aus Qumran. Einerseits bestätigt die Markus-Schriftrolle »nur«, was wir ohnehin hätten wissen sollen – den Beginn einer literarischen Überlieferung der Geschichte Jesu während der ersten Generation von Jüngern und Augenzeugen, festgehalten auf Schriftrollen. Andererseits ist der Oxforder Jesus-Papyrus der lebendige Beweis für die Reife der frühen Gemeinden, der Urkirche, für ihre konzentrierten und koordinierten Entscheidungen, ihren innovativen Unternehmungsgeist, der sich die Erfahrung und das Wissen derjenigen zunutze machte, die mit Jesus zusammengewesen waren. Der erste christliche Kodex dokumentiert aufgrund seines frühen Entstehungsdatums einen Augenblick, der für die künftige Bewahrung und Vervielfältigung der historischen Schriften der Christen entscheidend war. Und noch wertvoller wird dieser Papyrus dank seiner zahlreichen Eigenschaften – seiner besonderen Syntax, der vier Jesus-Worte und der »heiligen Namen«. Was es mit alldem auf sich hat, soll im folgenden ermittelt werden.

Der Jesus-Papyrus wird untersucht

Die Grundlage für jede ernsthafte Untersuchung des Jesus-Papyrus hatte Colin H. Roberts mit seiner ersten Edition im Jahr 1953 gelegt.[44] So überraschend lange der Zeitraum von über einem halben Jahrhundert gewesen war, der zwischen dem Eintreffen der Fragmente in Oxford und ihrer Veröffentlichung verging, so ergiebig und zugleich knapp war Roberts' Edition. Nicht mehr als fünf Seiten brauchte er, um den Text der drei Fragmente, wie er ihn sah, darzustellen und seinen Kommentar als Herausgeber hinzuzufügen. Gleich zu Anfang stellte Roberts fest: »Allein die Überzeugung, daß Hunts Datierung aus dem

Jahr 1901 [auf das 4. Jahrhundert] mit Sicherheit falsch ist, würde eine eingehende Untersuchung eines so winzigen Fragments rechtfertigen.« In Kapitel 5 werden wir sehen, daß Roberts' Überzeugung in der Tat gerechtfertigt war, weit mehr, als er selbst es erwartete. In diesem Kapitel zeigen wir aber auch, daß er die Bedeutung der Fragmente unterschätzte, ungeachtet ihrer Datierung. Doch zuerst wollen wir seine Beschreibung des Jesus-Papyrus wiedergeben, denn sie schafft die Grundlagen.

Roberts beginnt mit der Beschreibung des Erscheinungsbilds: »Es sind drei Stücke vom selben Blatt eines Kodex erhalten: Frag. (a) 4,1 x 1,2 cm, Frag. (b) 1,6 x 1,6 cm und Frag. (c) 4,1 x 1,3 cm. Da die Seite zweispaltig ist und *Verso* vor *Recto* zu lesen ist, folgt daraus, daß auf dem *Recto* Frag. (c) den Fragmenten (a) und (b) vorausgeht.« (Daraus folgt außerdem, daß die Fragmente eindeutig aus einem Kodex stammen.) Dann berichtet er, was auf dem Fragment steht: »Eine Zeile enthielt zwischen 13 und 16 Buchstaben und jede Spalte etwa 35 bis 36 Zeilen; die beschriebene Fläche einer Seite wird schätzungsweise 10,5 x 16,8 cm groß gewesen sein. Bemerkenswert ist das Zweispaltenformat deshalb, weil im Unterschied zur landläufigen Meinung die frühesten Kodizes sehr viel häufiger einspaltig waren; es mag bezeichnend sein, daß die einzigen bislang bekannten Beispiele des Zweispaltenformats in frühen christlichen Kodizes (das heißt in jenen, die auf das 2. Jahrhundert oder auf die Wende zwischen dem 2. und dem 3. Jahrhundert datiert wurden) aus den Büchern des Alten Testaments stammen.« Dieser letzte Kommentar ist eine interessante Beobachtung, vor allem im Licht unserer oben erwähnten Bemerkungen. Auch nach Roberts' Auffassung gab es die Wahl zwischen ein- und zweispaltigem Format offenbar von Anfang an – die Erstellung von Abschriften des griechischen Alten Testaments war ja notwendigerweise eine der ersten Aufgaben der Urchristen, da ihre Predigten auf das Alte Testament und seine Prophezeiungen gründeten. So erwarben sie schon in den frühen Jahren erste Erfahrungen im Schreiben und Kopieren, ehe die ersten rein christlichen Texte zur Verfügung standen.

Roberts kommt sodann zu Schlußfolgerungen aus dem ihm vorliegenden Material: »Wenn das Buch das gesamte Matthäus-Evangelium enthielt, muß es etwa 150 Seiten umfaßt haben; daraus können wir schließen, daß es aller Wahrscheinlichkeit nach keine weiteren Texte enthielt. Da in der zweiten Hälfte des Evangeliums die Rückseite der Vorderseite vorausgeht, ist es nahezu sicher, daß dies kein Kodex aus einem einzelnen Quaternio war.« Nach dieser präzisen Beschreibung des Formats fügt Roberts eine Reihe von Beobachtungen hinzu, die uns später noch beschäftigen werden:

»Auf der Vorderseite, Vers 22 und 31, kommen *Nomina Sacra* vor; an keiner dieser Textstellen ist der Strich über der Abkürzung noch zu sehen, aber es gibt keinen Grund für die Annahme, er sei ausgelassen worden. Von einigem Interesse ist der Umstand, daß der erste Buchstabe des Wortes *autois* in Vers 31 über den linken Textrand hinausragt; diese Zeile ist die erste vollständige Zeile, und zwar sowohl im Codex Bezae als auch im Codex Alexandrinus; eines neuen Textabschnitts (der mit *tóte* in der vorhergehenden Zeile beginnt; im Alexandrinus steht *kaí* anstelle von *tóte*). In beiden Kodizes ist er auf dieselbe Weise gekennzeichnet wie im Papyrus; der Vaticanus läßt vor *tóte* einen Zwischenraum. Wenn unsere Datierung des Papyrus korrekt ist, können wir dieses Trennungssystem nun ein paar Jahrhunderte früher ansetzen.«

Das ist natürlich eine sehr fachspezifische Sprache. Die *Nomina Sacra,* die bereits erwähnten »heiligen Namen«, werden in Kapitel 6 ausführlich erklärt. Hinsichtlich der verschiedenen Trennungssysteme sollten wir uns erinnern, daß wir einem davon bereits im Qumran-Papyrus 7Q5 begegnet sind. Dort findet sich an der Stelle, wo ein neuer Abschnitt beginnt, zwischen Vers 6,52 und 53, eine Lücke, ein sogenanntes *spatium.* Die Methode war lange Zeit beliebt: noch im 4. Jahrhundert taucht sie im Codex Vaticanus auf. Wir können den Jesus-Papyrus nun als das erste bekannte Beispiel für die andere, alternative Möglichkeit anführen, die Roberts beschreibt. Wie wir später bei der Untersuchung des Papyrus P4 des Lukas-Evangeliums sehen werden, bestand eine weitere Alternative darin, zwei Buchstaben statt eines einzigen über den linken Rand auszurücken. Den Schreibern und ihren Auftraggebern stand eine Reihe von Möglichkeiten zur Auswahl, um verschiedene Aufgaben zu lösen; aber wie immer sie sich entschieden, ausschlaggebend waren stets Klarheit und Einheitlichkeit. Andernfalls hätte die typische *scriptio continua* der Antike, das heißt die ununterbrochene Aufeinanderfolge von Buchstaben ohne Trennung zwischen Wörtern oder Sätzen, die ohnehin für Schreiber und Leser schon schwierig genug war, unnötige Verwirrung und Mißverständnisse hervorgerufen.

Roberts widmet nun die nächsten eineinhalb Seiten seiner Edition der Frage der Datierung; darauf werden wir in Kapitel 5 zurückkommen. Im Zuge seiner Erwägungen gibt er den Wortlaut der sechs Fragmente wieder und fügt zwei erklärende Fußnoten hinzu. Und er beendet seinen Aufsatz mit der Schlußbemerkung: »Der Papyrus weist eine außergewöhnliche Lesart in Vers 22 auf, abgesehen von einem offensichtlichen Irrtum in Vers 32; es ist erwähnenswert, daß hier und in einer weiteren anderen Lesart in diesem Vers der Text von dem zweier anderer Papyri, P37 und P45, abweicht.«

Nüchterne Bemerkungen, kaum dazu angetan, Argwohn oder weltweites Aufsehen zu erregen, als sie zweiundvierzig Jahre später in Frage gestellt und im Zusammenhang mit einer Neudatierung teilweise korrigiert wurden. Doch die Fachsprache der Papyrologie bietet alle möglichen faszinierenden Attraktionen, die auch für den Laien von Interesse sind: Beobachtungen, Kombinationen, Ableitungen und Schlußfolgerungen, die uns zu den ersten christlichen Schreibern zurückführen. Das Handwerkszeug der Papyrologie ist alles andere als eine Reihe von esoterischen wissenschaftlichen Verfahren, die nur den wenigen Auserwählten zur Verfügung stünden. Sehen wir uns also die Fragmente noch einmal an, um festzustellen, was sich aus diesen Buchstaben, Wörtern und Zeilen ermitteln läßt; der Frage der Datierung und der Datierbarkeit wenden wir uns später zu.

Merkwürdigerweise geht Roberts zwar auf einzelne Verse ein,

erwähnt aber nie, daß sie alle aus Kapitel 26 des »ersten Evangeliums« stammen (womit er sich nicht auf eine etwaige chronologische Reihenfolge bezieht, sondern lediglich auf die Stellung des Evangeliums im kanonischen Neuen Testament), bis er zu seiner eigentlichen Textedition kommt, wo er das Kapitel zweimal in römischen Minuskeln angibt (xxvi). Vielleicht erleichtert es uns den Streifzug durch dieses farbenfrohe, aber verwirrende Dickicht, wenn wir zuerst die deutsche Übersetzung der Matthäus-Passagen auf den Fragmenten lesen; die Zitate stammen aus der sogenannten Einheitsübersetzung:

Fragment 1, *Verso* (Matthäus 26,7–8)

> [Als Jesus ...] bei Tisch war, [kam eine Frau mit einem Alabastergefäß voll kostbarem, wohlriechendem Öl zu ihm] und goß es über sein Haar. Die Jünger wurden unwillig, als sie das sahen, und sagten

Fragment 2, *Verso* (Matthäus 26,10)

> Jesus bemerkte ihren Unwillen und sagte zu ihnen: Warum laßt ihr die Frau nicht in Ruhe? Sie hat ein gutes Werk an mir getan

Fragment 3, *Verso* (Matthäus 26,14–15)

> Darauf ging einer der zwölf namens Judas Iskariot zu den Hohenpriestern und sagte: Was wollt ihr mir geben

Fragment 3, *Recto* (Matthäus 26,22–23)

> Da waren sie sehr betroffen, und einer nach dem anderen fragte ihn: Bin ich es etwa, Herr? Er antwortete: Der, der die Hand mit mir in die Schüssel getaucht hat.

Fragment 1, *Recto* (Matthäus 26,31)

> Da sagte Jesus zu ihnen: Ihr alle werdet in dieser Nacht an mir Anstoß nehmen und zu Fall kommen; denn in der Schrift steht

Fragment 2, *Recto* (Matthäus 26,32–33)

> werde ich euch nach Galiläa vorausgehen. Petrus erwiderte ihm

Bei dieser Übersetzung haben wir auf die Wiedergabe der Zeilentrennungen in den griechischen Fragmenten und des fragmentarischen Charakters von Wörtern am Anfang oder am Ende mancher Zeilen verzichtet; und daß sich die Wortfolge innerhalb der Sätze nicht ans Original hält, weil die griechische Syntax von der deutschen erheblich abweicht, braucht nicht eigens erwähnt zu werden. Wir werden gleich auf manche dieser Beispiele zurückkommen – denn die Übersetzer dieser Bibelausgabe (übrigens auch jeder anderen Ausgabe) waren sich der ungewöhnlichen Eigenschaften des Jesus-Papyrus natürlich nicht bewußt. Die deutsche Übersetzung dient lediglich dazu, uns eine brauchbare Vorstellung dessen zu vermitteln, was auf den Fragmenten steht: Szenen aus Jesu Leidensgeschichte, in Bethanien und beim Letzten Abendmahl sowie Judas' Verhandlungen mit den Hohenpriestern. Der Augenblick vor dem empörten Aufschrei der Jünger, ein Satz von Judas, eine Frage der Jünger, die Einleitung zu einem Satz von Petrus und nicht weniger als vier Aussprüche von Jesus selbst: keine schlechte Ausbeute für drei winzige Kodexfragmente.

Diese bemerkenswerte Menge an wörtlicher Rede wirft gelegentlich die Frage auf, ob der Jesus-Papyrus vielleicht gar nicht aus einem vollständigen Evangelium stamme, sondern aus einer Sammlung von Jesus-Worten – was eine elegante Weise wäre, die sehr frühe Datierung zu akzeptieren und gleichzeitig der Frage auszuweichen, ob er zu einem fertigen Evangelium gehört haben kann. Eine oder mehrere solche Spruchsammlungen mögen tatsächlich existiert haben (obwohl keine mehr erhalten ist), und die meisten Neutestamentler, die dieser Ansicht sind, benutzen gern den Begriff *Logienquelle* oder bezeichnen sie einfach als »Q«. Aber die Fragmente des Jesus-Papyrus sind keineswegs eine Aufzählung von Worten oder »Logien« Jesu; wie wir gesehen haben, sprechen auch mehrere andere Personen, und, mehr noch, die verschiedenen Äußerungen sind bereits sorgfältig strukturiert und erzählerisch sinnvoll angeordnet (Matthäus 26,7-8, die Geschichte von Jesu Salbung; Matthäus 26,14 – 15, Judas Iskariots Gang zu den Priestern). Ein zweiter Grund für die Annahme, der Jesus-Papyrus sei früh, noch vor den Evangelien entstanden, geht auf die unbestreitbare Tatsache zurück, daß alle sechs Teile von der Leidensgeschichte Jesu erzählen, über die, wie oben erwähnt, unabhängig und vor der Fertigstellung irgendeines vollständigen Evangeliums ein Bericht im Umlauf gewesen sein könnte. Das ist freilich reine Spekulation, und in der Literatur findet sich nicht die Spur eines Beweises für diese Theorie. Und nicht einmal der Jesus-Papyrus könnte zu diesem Zweck herangezogen werden: Daran hindert uns sein Gegenstück in Barcelona, das die Textstellen Matthäus 3,9.15 und 5,20– 22.25 – 28 enthält – sozusagen das andere Ende des Evangeliums, die Begegnung zwischen Jesus und Johannes dem Täufer sowie die Bergpredigt. Der einst vollständige Kodex muß also das ganze Evangelium enthalten haben.

Nicht alle sechs Seiten unserer drei Fragmente sind gleichermaßen bemerkenswert. Fragment 1 *Verso* zum Beispiel (Matthäus 26,7– 8), ist durchaus unauffällig, denn der Text stimmt mit der Standardversion überein und bietet nicht einmal besondere paläographische Höhepunkte. In seiner ersten Edition von 1953 ließ Roberts mehrere Wörter aus, die sich mit Hilfe der Stichometrie hätten rekonstruieren lassen; in seiner Neuausgabe von 1995 vervollständigte Thiede hier lediglich die Zeilen.[45] Der zweite Abschnitt, Matthäus 26,10 auf Fragment 2 *Verso*, ist ebenfalls ziemlich unauffällig, allerdings nur bis zur Rekonstruktion der vollständigen Zeilen, die bei Roberts noch fehlt: Die Stichometrie von Zeile 1 läßt darauf schließen, daß das griechische Wort *Iêsous* (»Jesus«) höchstwahrscheinlich *IS* abgekürzt war –

das ist das Kennzeichen eines »heiligen Namens« oder *Nomen Sacrum.* In einer wörtlichen Übersetzung müßte es demnach heißen: »Js bemerkte ihren Unwillen und sagte ...« Der dritte Text schließlich, Matthäus 26,14–15 auf Fragment 3 *Verso,* gibt uns den ersten Hinweis für die Annahme, daß hier ein Schreiber am Werk war, der wußte, was er tat:

In Zeile 2 benutzt er nicht das vollständige griechische Wort für »zwölf«, *dôdeka,* sondern das Zahlensymbol ιβ (*Jota* und *Beta*), vergleichbar einem modernen Schreiber, der »zwölf« mit den römischen Buchstaben »XII« abkürzt: »Darauf ging einer der XII namens Judas Iskariot ...« Auf dem Fragment ist nur die untere Hälfte des *Beta* noch sichtbar, aber diese und die vollständige Stichometrie der Zeilen 1 und 2 sind deutlich genug, um die Schlußfolgerung zwingend erscheinen zu lassen. Roberts hatte dies richtig bemerkt, aber eine zweite Besonderheit war seiner Aufmerksamkeit entgangen: Unmittelbar nach »zwölf« fehlt ein Wort. Im Deutschen läßt sich das nicht gut nachvollziehen, aber stellen wir uns vor, statt des wörtlichen »Darauf ging einer der zwölf, der Judas Iskariot genannt wurde« läsen wir »Darauf ging einer der XII, Judas Iskariot genannt«. Das fehlende griechische Wort ist der Artikel *ho* vor *legómenos.* Es ist das einzige bekannte Beispiel für ein fehlendes Wort an dieser Stelle in irgendeinem Papyrus des Matthäus-Evangeliums. An anderen Stellen des Neuen Testaments kommt die Auslassung nur in Verbindung mit Ortsnamen vor – zum Beispiel in Matthäus 2,23 (Nazareth) oder Johannes 4,5 (Sychar). Vielleicht war es nur ein Schreibfehler, aber möglicherweise wollte der Schreiber sich absichtlich einfach ausdrücken. Wir werden auf diese Frage noch zurückkommen.

Wirklich schwierig wird es mit dem vierten Text. Er ist der vielleicht wichtigste von den sechs Seiten des Jesus-Papyrus. Um das Problem zu lösen und zu einem abschließenden Urteil zu gelangen, mußte Carsten Peter Thiede eine neue Technik anwenden: ein konfokales Laserrastermikroskop, dessen Anwendungsverfahren er und sein Kollege Georg Masuch, ein Biologe, vor kurzem entwickelten und patentieren ließen.

Die Stelle Matthäus 26,22–23 auf Fragment 3 *Recto*, hatte Roberts' Deduktionsvermögen bereits auf die Probe gestellt. In Zeile 1, beschädigt und teilweise unleserlich, ist ein Buchstabe erhalten, der immerhin so vollständig ist, daß er nur eine Lesart zuläßt: es ist ein *Omega*. Von dem vorhergehenden Buchstaben ist nur ein senkrechter Strich übriggeblieben, der dem verlängerten Strich eines vollständigen *Tau* an anderer Stelle im Jesus-Papyrus ähnelt. Nach dem *Omega* scheint ein hochgestellter Punkt zu folgen und unmittelbar rechts davon der Anfang eines Buchstabens: ein *Ny* oder vielleicht auch – obwohl das im Vergleich mit anderen einschlägigen Stellen des Papyrus weniger wahrscheinlich ist – ein *My*. Da der Rest von Fragment 3 *Recto* die Textstelle eindeutig als Matthäus 26,22–23 ausweist, muß Zeile 1 die Überreste von 26,22 enthalten: demnach gehören die Buchstaben *Tau* und *Omega* zu dem Wort *autôn* (»von ihnen«). Aber Roberts ließ sich von dem hochgestellten Punkt beeindrucken; offensichtlich hielt er ihn für ein Satzzeichen vor der nachfolgenden Frage der Jünger, wörtlich: »Bin ich es, Herr?« Folglich mußte er den fragmentarischen Buchstaben nach dem Punkt als *My* interpretieren, nicht als *Ny*, denn dann bedeutete das Wort *meti*, ein Fragewort im Sinne von »wirklich?«. Eine derartige Rekonstruktion wäre einzigartig, wie Roberts selbst zu Recht bemerkte. Aber die griechische Formulierung wäre unnötig plump. Tatsächlich hat ebendieser Vers in späteren Handschriften alle möglichen Verzerrungen erlebt, wie ein Blick auf die ausführlichen Fußnoten, den »kritischen Apparat« der griechischen Ausgabe des Nestle-Aland, S. 76 in der 27. überarbeiteten Auflage zeigt. Thiede erkannte nun, daß der Buchstabe nach dem *Omega* sehr wohl ein *Ny* ist. Der Satz erhielt demnach eine ganz andere Bedeutung, die sich nicht nur von Roberts' Rekonstruktion, sondern auch von den üblichen gedruckten Texten des griechischen Neuen Testaments unterscheidet, allerdings mit zwei bemerkenswerten Ausnahmen.

Worum geht es? Wenn der Buchstabe tatsächlich ein *Ny* ist, dann endet der Satz, der die Frage der Jünger einleitet, mit *hekastos autôn*, »jeder von ihnen«. Es ist eine Frage der Syntax und eines gewissen Stilgefühls: Der Standardtext, den wir heute in unseren Ausgaben des griechischen Neuen Testaments lesen, endet mit... *legein autô heis hekastos.* Das würde wörtlich bedeuten: »Und sehr betrübt fragte ihn jeder einzelne von ihnen...« Die unterschiedliche Bedeutungsnuance läßt sich im Deutschen nicht leicht wiedergeben: Der Oxforder Papyrustext betont, daß sie alle gleichsam durcheinander und im Ton dringlichster Besorgnis sprachen – eine überaus realistische Vorstellung. Demgegenüber legt der »Standardtext« nahe, sie hätten ordentlich nacheinander gesprochen, »einer nach dem anderen«, wie es in der Einheitsübersetzung heißt – mit der Disziplin wohlerzogener Schüler. Der ungeschönte Stil des Jesus-Papyrus führt uns nun etwas anderes vor: So geht es zu, wenn Menschen in Aufregung geraten.

Als die Debatte um Thiedes Arbeit entflammte, fand Roberts durchaus Verteidiger. Schließlich gab es da noch diesen hochgestellten Punkt gleich neben der rechten »Schulter« des *Omega.* War Thiede stillschweigend darüber hinweggegangen, oder hatte er angenommen, er gehöre zum *Omega,* als eine jetzt abgebrochene Verlängerung, eine Art Verzierung, die an anderen Stellen durchaus nicht unüblich ist und in verschiedensten Richtungen verlaufen kann – wie bei *Alpha, Delta* und *Lambda* im Jesus-Papyrus? Denn wenn der Punkt als solcher gedacht war, also als Satzzeichen, könnte das *Ny* zur Not noch einmal als *My* interpretiert werden, womit wir wieder am Ausgangspunkt wären.

Die endgültige, entscheidende Antwort ergab sich im Juni 1995, als Dr. Christine Ferdinand, Bibliothekarin am Oxforder Magdalen College, den Jesus-Papyrus nach Deutschland brachte. In ihrer Gegenwart analysierten Carsten Peter Thiede und sein Kollege Georg Masuch die Fragmente unter ihrem konfokalen Laserrastermikroskop, das wie kein anderes modernes Mikroskop in der Lage ist, zwischen zwanzig einzelnen Mikrometerschichten einer Papyrushandschrift zu unterscheiden, einzelne Schichten auszuwählen, die Höhe und Tiefe der Tinte auf und in dem Papyrusblatt zu messen, das Ergebnis auf dem Bildschirm sichtbar zu machen – bei Bedarf samt topographischen Linien mit ausführlichen Maßangaben –, die Aufdruckstärke der Schreibfeder oder des Griffels zu ermitteln, selbst wenn keine Tinte mehr vorhanden ist, festzustellen, auf welche Weise ein einzelner Buchstabe geschrieben wurde, und schließlich, falls nötig, alle diese Informationen in einer dreidimensionalen Fotografie zu bündeln.

Als sie den Punkt unter diesem Mikroskop betrachteten, stellten sie bald fest, daß es niemals eine Verbindung mit dem links davon stehenden *Omega* gegeben hatte, ebensowenig wie mit dem Buchstaben rechts. War der Punkt also doch ein Satzzeichen? Als sie daraufhin die Tinte der Buchstaben und des Punktes maßen, war das Resultat eindeutig: Während die Buchstaben eine Tintenstärke (Höhe und Tiefe) von 12,1 Mikrometern besitzen, weist der Punkt eine Dicke von lediglich 4,0 auf. Er ist ein zufälliger Tintenfleck, ein kleiner Spritzer, weiter nichts. Solche Flecken kommen in Papyri häufig vor, sie sind nicht überraschend. Es steht nun fest, daß dies alles ist, was es mit dem »Hochpunkt« im Jesus-Papyrus auf sich hat, der so viele Irritationen und Diskussionen auslöste. Folglich ist Thiedes Rekonstruktion korrekt, auch im Hinblick auf das obligatorische *Ny* nach dem *Omega*, das ebenfalls geprüft wurde. Das Ergebnis dieser Analyse wurde am 15. August 1995 auf dem 21. Kongreß des Internationalen Papyrologenverbandes in Berlin vorgestellt und fand einhellige Zustimmung.

Die neue Lesart des Textes in dieser Zeile ist identisch mit dem Text auf einem anderen alten Papyrus, des P45, und offensichtlich (die Stelle ist fragmentarisch) auch mit dem Text des Papyrus P37 sowie dem Kodex D (dem berühmten *Bezae Cantabrigiensis* in der Universitätsbibliothek Cambridge)[46] und vielen weiteren Handschriften. Der P45, in der Regel auf das frühe 3. Jahrhundert datiert, aber wahrscheinlich erheblich älter, ist unser frühester erhaltener Kodex aller vier Evangelien sowie der Apostelgeschichte; er liegt jetzt in der Chester Beatty Library in Dublin, und ein Teil befindet sich in der Österreichischen Nationalbibliothek in Wien. Der P37 der University of Michigan,

Ann Arbor, ist ein Kodexfragment aus dem frühen 3. oder späten 2. Jahrhundert mit der Textstelle Matthäus 26,19–52. Es gibt nur eine einzige weithin anerkannte kritische Ausgabe des griechischen Neuen Testaments, in der sich diese Lesart als die beste und verläßlichste findet: der »Bover-O'Callaghan«, *Nuevo Testamento trilingüe,* Madrid, 3. Auflage 1994, S. 152 – eine dreisprachige Ausgabe auf griechisch, lateinisch und spanisch, erstmals herausgegeben von José Maria Bover und in späteren Auflagen fortgeführt von José O'Callaghan, demselben Papyrologen, der den Qumran-Papyrus 7Q5 korrekt als Markus 6,52–53 identifiziert hatte.[47] Es versteht sich von selbst, daß diese ursprüngliche Lesart, die aufgrund textinterner Kriterien vorzuziehen ist und nun durch den ältesten Papyrus des Matthäus-Evangeliums bestätigt wird, in die anderen modernen Ausgaben des griechischen Neuen Testaments aufgenommen werden muß – nicht in den kritischen Apparat, sondern in den Haupttext. Im Münsteraner Institut für neutestamentliche Textforschung, das sich um den Standardtext kümmert, wird derzeit noch eine Verzögerungstaktik angewandt, was angesichts verständlicher Eigeninteressen in der Kontroverse wohl kaum überraschend ist.[48]

Im Rahmen der mikroskopischen Prüfung des Oxforder Papyrus nahmen Thiede und Masuch auch die zweite Zeile von Fragment 3 *Recto* unter die Lupe. Auch sie ist eine wichtige Zeile, denn hier kommt ein weiteres *Nomen Sacrum* vor: Die Anrede Jesu durch die Jünger in Vers 22, *kyrie,* »Herr«, wird lediglich durch den ersten und den letzten Buchstaben ausgedrückt, also *KE* – entsprechend müßte die deutsche Wiedergabe lauten: »Bin ich es etwa, HR?« Die Buchstaben sind stark beschädigt, aber es ist noch genügend vorhanden, um zu erkennen, daß hier ein »heiliger Name« vorliegt – wie auch Roberts erkannt hatte, ohne das neue Laserrastermikroskop, sondern anhand der Stichometrie der Zeile als zusätzlicher Hilfe. Roberts hatte unter jeden dieser Buchstaben kleine Punkte gesetzt, die auf beschädigte und nur teilweise lesbare Buchstaben hinweisen. Am rechten Ende der Zeile sieht beinahe nichts rekonstruierbar aus, doch er hatte versuchsweise *de* vorgeschlagen, das zweite Wort in Matthäus 26,23, ein Bindewort, das als »aber« oder »nun jedoch« wiedergegeben werden könnte, allerdings häufig besser unübersetzt bleibt. In Thiedes Ausgabe wurde die editorische eckige Klammer, der Hinweis auf die Trennung zwischen sichtbaren Buchstaben oder Buchstabenfragmenten und der darauf folgenden Rekonstruktion der Zeile, wie sie vollständig hätte aussehen müssen, nach dem *Delta* und vor dem *Epsilon* von *de* gesetzt. Ein bewußter Versuch zur Verbesserung der ersten Ausgabe oder ein Druckfehler? Nachdem dieser Unterschied im Grunde keine Rolle spielt – der Text bleibt auf jeden Fall derselbe –, kommentierten weder Roberts noch Thiede ihre jeweilige Entscheidung. Für Thiede und Masuch war es eine willkommene Gelegenheit, um herauszufinden, was ihr Mikroskop in einem solchen Fall zu leisten vermochte.

Mit zwanzigfachem Objektiv wurde eine winzige Papyrusfaser mit Tintenflecken am anderen Ende sichtbar. Es wurde nun eine elektronische Messung der Maximallänge vom deutlich sichtbaren waagerechten Strich auf der linken Seite bis zum letzten Tintenfleck vorgenommen und mit der Länge des waagrechten Strichs eines vollständigen *Epsilon* auf einem anderen Fragment (Fragment 1 *Recto*, Zeile 3) verglichen. Sie sind identisch. Aber warum fehlt auf Fragment 3 der vollständige waagerechte Strich, der bei dem Buchstaben *Epsilon* obligatorisch ist? Thiede und Masuch erstellten ein dreidimensionales Bild, und nun war die Antwort klar: Genau entlang der Linie, wo der waagerechte Strich einst gewesen war, verläuft eine Papyrusfaser, von der die Tinte abgeblättert war und, wie ihnen auffiel, tatsächlich immer noch abhebt. Eine hilfreiche und rechtzeitig erfolgte Beobachtung, die nicht zuletzt für die Konservierung und Restaurierung des Papyrus im Magdalen College wichtig ist.

Wenn dieser Buchstabe zweifelsfrei ein *Epsilon* ist, dann muß der links davon stehende Buchstabe natürlich ein *Delta* sein. Aber er sieht keineswegs aus wie ein *Delta*, eher wie ein etwas tief geratenes und kümmerliches *Omikron*. Das Mikroskop entdeckte über dem Kreis des vermeintlichen *Omikron* drei winzige

Flecken, dick genug, um Bestandteil des einstigen Buchstabens zu sein. Nun wurde mit dem Computer ein vollständiges *Delta* aus Fragment 1 *Recto,* Zeile 2 daruntergelegt, und der Computer zog weiße Linien in das innere Dreieck. Dieses Dreieck wurde daraufhin auf die Spuren des scheinbaren *Omikron* und die darüberliegenden Flecken übertragen. Es paßte. Der Buchstabe links vom rekonstruierten *Epsilon* ist in der Tat ein *Delta,* so unwahrscheinlich es auch aussieht. Und so erweist sich die letzte lesbare Buchstabenkombination, das letzte Wort in Zeile 2 dieses Fragments, nun doch als *de.*

Es bleiben noch zwei Textteile zu beschreiben. Auf der fünften Seite des Jesus-Papyrus, Fragment 1 *Recto* mit der Textstelle Matthäus 26,31, fallen drei bemerkenswerte Eigenschaften auf. Roberts hatte darauf hingewiesen, daß der Anfangsbuchstabe *Alpha* des ersten Wortes, *autois* (»zu ihnen«), über den linken Textrand hinausragt. Dies deutet, wie erwähnt, auf die erste vollständige Zeile eines neuen Abschnitts hin, der in der vorhergehenden Zeile begann – genau wie bei den Fragmenten in Barcelona, wo ein in den Rand gesetzter Buchstabe in den Versen Matthäus 5,21 und 5,27 vorkommt. Außerdem begegnen wir hier in der ersten Zeile unserem dritten *Nomen Sacrum: Iêsous* (»Jesus«) wird *IS* geschrieben – entsprechend müßte es in unseren modernen deutschen Bibeln heißen: »Da sagte JS zu ihnen ...« Und noch eine dritte Besonderheit ist in dieser Zeile festzustellen, die Roberts allerdings nicht auffiel: Auf *pantes* (»alle«) folgt in allen Ausgaben des griechischen Standardtextes *humeis* (»von euch«; *pantes humeis* heißt also »ihr alle«). Im Jesus-Papyrus ist dafür jedoch nicht genügend Platz in der Zeile. Wie wir im Vergleich mit einem ähnlichen Fall bei dem Papyrusrollenfragment 7Q5 aus Qumran bereits feststellten, hätte diese Zeile mit dem Wort *humeis* nicht fünfzehn, sondern zwanzig Buchstaben aufweisen müssen, hätte also die durchschnittliche Zeilenlänge bei diesem Papyrus um vier Buchstaben überschritten. In dem Fall wäre die Überlänge noch »regelwidriger« gewesen, denn die Zeile hat bereits einen Buchstaben mehr, nämlich den Buchstaben *Alpha,* der über den linken Rand hinausragt. Man mag das für Pedanterie halten; doch im normalen Griechisch ist das Wort *humeis* durchaus überflüssig. Sein Fehlen im ursprünglichen Text kann auf den Willen des Papyrusschreibers hindeuten, die griechische Sprache zwar korrekt, aber so einfach und ungeschönt wie möglich anzuwenden.

Schließlich kommen wir zur letzten Seite, Fragment 2 *Recto* (Matthäus 26,32–33). Die Christen unter den Lesern werden sich hier besonders angesprochen fühlen, denn diese Stelle ist das erste erhaltene handschriftliche Zeugnis für den Namen Petrus (*petros* in Zeile 3). Ansonsten ist die einzige bemerkenswerte Eigenart dieser Zeile der Schreibfehler, auf den wir oben im Zusammenhang mit dem Wechsel von *d* zu *t* im Papyrus 7Q5 kurz eingegangen sind: in Zeile 2 ist der Name Galiläa, *galeilaian*, irrtümlich *galeglaian* geschrieben. Eine Überprüfung mit dem konfokalen Laserrastermikroskop ergab die Bestätigung, daß der waagrechte Strich oberhalb und rechts von dem, was ein *Jota* hätte sein sollen, weder eine optische Täuschung noch ein Zufall ist – der Schreiber zog die Linie tatsächlich und verwandelte damit das *Jota* in ein *Gamma*. Wie wir schon sagten: Der Fehler macht diesen nachdenklichen und nachdenkenden Schreiber nur ein wenig menschlicher.

Dank all dieser Besonderheiten leistet der Jesus-Papyrus einen herausragenden Beitrag zu unserem Verständnis des Urchristentums, der Jesus-Überlieferung und ihrer literarischen Struktur. In Kapitel 6 werden wir ihn noch einmal aus einem anderen Blickwinkel betrachten, ausgehend von den »heiligen Namen«. Vorerst aber ist noch ein weiterer Aspekt zu bedenken: die enge Verwandtschaft zwischen dem Jesus-Papyrus »P64« und den beiden Fragmenten, die in der Fundació Sant Lluc Evangelista (das ist der katalanische Name; in »allgemeinem« Spanisch lautet der Name »Fundación San Lucas Evangelista«) aufbewahrt werden und in der Gregory-Aland-Liste neutestamentlicher Papyri unter der Nummer »P67« aufgeführt sind.

Der Barcelona-Papyrus und der Pariser Kodex

1962, neun Jahre nach seiner Erstausgabe des Oxforder Papyrus, veröffentlichte Colin H. Roberts eine »Ergänzende Anmerkung« zu Ramón Roca-Puigs zweiter Edition des Barcelona-Papyrus.[49] Darin sagte er folgendes: »Als Professor Ramón Roca-Puig 1956 unter dem Titel *Un papiro griego del evangelio de San Mateo* eine Broschüre mit der Edition des Papyrus veröffentlichte, der sich im Besitz der ›Fundación San Lucas Evangelista‹ befindet, vermutete ich, daß die Handschrift, in der die beiden Papyri geschrieben waren, ein und dieselbe sei, und ein Briefwechsel mit Professor Roca-Puig lieferte die unzweifelhafte Bestätigung. Die Fragmente von Barcelona gehören zu zwei Blättern, die Teile der Kapitel III und V des Evangeliums enthalten. Es ist unwahrscheinlich, daß eines der beiden Blätter mit dem Blatt aus dem Magdalen College verbunden war, und deshalb ist nicht sicher, ob der Kodex aus einem einzelnen Quaternio bestand oder nicht. Das gesamte Evangelium hätte an die 90 Seiten umfassen müssen.«

Roberts nannte daraufhin seine Gründe für eine Datierung beider Papyri auf das 2. Jahrhundert; zu diesem Zweck zog er eine Reihe von Papyri heran, von denen nicht ein einziger selbst präzise datiert ist – in Kapitel 5 werden wir sehen, was das bedeutet. Dennoch räumte Roberts ein, daß »die Schrift, in der dieser Text geschrieben ist, eine sorgfältige Buchhandschrift ist, die als *Vorläufer* [Hervorhebung von uns] des allgemein als biblische Unziale bekannten Stils gelten kann.«

Die paläographischen Charakteristika des Jesus-Papyrus und der beiden Fragmente aus Barcelona stimmen tatsächlich so auffällig überein, daß niemand je ihre gemeinsame Herkunft von ein und demselben Kodex in Frage gestellt hat. Doch die Barcelona-Fragmente entgingen der weltweiten Aufmerksamkeit, die der Oxforder Papyrus erregte, nachdem die Londoner *Times* ihn zum Hauptthema ihrer Weihnachtsausgabe 1994 gemacht hatte. Denn obwohl sie offensichtlich beide aus derselben Zeit stammen, bietet nur der Oxforder Papyrus alle die faszinierenden Abweichungen und originalen Belege für die Gewohnheiten urchristlicher Schreiber. Beispielsweise ist im Barcelona-Papyrus nicht ein einziger sichtbarer »heiliger Name« enthalten.[50] Er weist nicht eine einzige stilistische Variante auf, denn gerade diese Fragmente enthalten keinen erzählenden Text – Johannes der Täufer spricht, Jesus antwortet, und schließlich ist noch ein Bruchstück aus der Bergpredigt enthalten. Dennoch dürfen die Fragmente keineswegs unterschätzt werden. Der Barcelona-Papyrus ist auch für sich genommen äußerst bedeutsam; schließlich ist er unser ältestes erhaltenes Zeugnis eines Ausspruchs von Johannes dem Täufer und unsere älteste bekannte Handschrift mit einem Passus aus der Bergpredigt.

Auf dem Barcelona-Papyrus ist folgender Text erhalten, zitiert nach der deutschen Einheitsübersetzung, ohne Rücksicht auf die fragmentarischen Satzenden und -anfänge des Papyrus:

Fragment 1, *Verso* (Matthäus 3,9)

> Und meint nicht, ihr könntet sagen: Wir haben ja Abraham zum Vater. Denn ich sage euch: Gott kann

Fragment 1, *Recto* (Matthäus 3,15)

> Jesus antwortete ihm: Laß es nur zu! Denn nur so können wir

Fragment 2, *Recto* (Matthäus 5,20–22)

> Wenn eure Gerechtigkeit nicht weit größer ist als die der Schriftgelehrten und der Pharisäer, werdet ihr nicht in das Himmelreich kommen. Ihr habt gehört, daß zu den Alten gesagt worden ist: Du sollst nicht töten; wer aber jemand tötet, soll dem Gericht verfallen sein. Ich aber sage euch: Jeder, der seinem Bruder auch nur zürnt

Fragment 2, *Verso* (Matthäus 5,25–28)

> Sonst wird dich dein Gegner vor den Richter bringen, und der Richter wird dich dem Gerichtsdiener übergeben, und du wirst ins Gefängnis geworfen. Amen, das sage ich dir: Du kommst von dort nicht heraus, bis du den letzten Pfennig bezahlt hast. Ihr habt gehört, daß gesagt worden ist: Du sollst nicht die Ehe brechen. Ich aber sage euch: Wer eine Frau auch nur lüstern ansieht

Beenden wir unsere Vorstellung des Barcelona-Papyrus mit Ramón Roca-Puigs Bericht über einen bemerkenswerten fotografischen Irrtum.[51] In Fragment 2 *Verso*, Zeile 9 (ein Teil von Matthäus 5,27) wurden neben dem griechischen Wort *hoti* (»dafür«, »deswegen«) zwei Punkte entdeckt. Hubert Greeven von der Universität Kiel nahm an, dies sei eine *diairesis*, das heißt ein Trennungszeichen zur Abgrenzung selbständiger Silben oder einzelner Vokale gegenüber Diphtongen und so weiter. Das könnte theoretisch einen Sinn ergeben, denn tatsächlich steht nach *hoti* ein Wort, das mit einem Vokal beginnt, nämlich *erréthe* (»es ist gesagt worden«). Aber nach einer erneuten und sorgfältigen Untersuchung des Papyrus (bescheiden sagt Roca-Puig, er habe sie *a la luz de sol*, ganz nüchtern »im Licht der Sonne«, vorgenommen) erklärt er, die beiden »Flecken« seien keine »durch Tinte verursachten« Punkte, sondern winzige Kratzer (*rasguños*) auf dem beschädigten Papyrus. Er erwähne dies nur, fügt er hinzu, damit andere Papyrologen sich nicht auf die »Flecken« versteiften und sich dazu verleiten ließen, der Fotografie zu vertrauen.

Damit unterstreicht Roca-Puig eine alte, aber oft unbeachtete, elementare Regel der Papyrologie: Vertraue keiner Fotografie, es sei denn, du kannst sie in Zweifelsfällen anhand des Originals überprüfen. Carsten Peter Thiede machte einmal eine ähnliche Erfahrung, als er an der kritischen Erstausgabe des Papyrus »Bodmer L« aus der Biblioteca Bodmeriana (*Fondation Martin Bodmer*) in Cologny bei Genf arbeitete.[52] Eine Fotografie des Papyrus, die er von der Bibliothek erhalten hatte, zeigte auf der Vorderseite deutlich und unverkennbar einen Querstrich unter Teilen der zweiten Zeile bzw. oberhalb der dritten Zeile. Sie hätte für seine Edition alle möglichen Konsequenzen haben können; unter Umständen sind solche Linien entscheidend für eine Identifizierung. Aber statt sich in Spekulationen zu verlieren, fuhr er nach Cologny und untersuchte das Original selbst. Dort findet sich nicht die Spur eines Querstrichs – die Linie ist lediglich ein technischer Fehler auf der Fotoplatte. Natürlich können auch andere Papyrologen von solchen Erfahrungen berichten. Fotografien sind hilfreich – tatsächlich sind sie oft die einzige Möglichkeit, um mit der Untersuchung eines Papyrus zu beginnen, der unter Umständen Tausende von Kilometern vom eigenen Schreibtisch entfernt aufbewahrt wird. Aber eine Analyse, die sich ausschließlich auf ein Foto stützt, kann niemals vorbehaltlos akzeptiert werden. Daher sollte bei jeder Ausgabe oder bei der Kritik einer Ausgabe erwähnt werden, ob das Original zugänglich war oder nicht.

Bevor wir dieses Kapitel abschließen, müssen wir uns noch einer Frage zuwenden, die seit der Entdeckung des gemeinsamen Ursprungs der Fragmente von Oxford und Barcelona den Forschergeist und den detektivischen Eifer der Gelehrten herausgefordert hat: Gibt es anderswo vielleicht weitere Fragmente, die von demselben ursprünglichen Kodex stammen könnten? Einen Papyrus gibt es, der sofort in Betracht gezogen wurde: der Kodex »P4« oder »P. Suppl. Gr. 1120« in der Bibliothèque Nationale in Paris.

Fragmentarische Kodizes oder Schriftrollen klassischer Texte zusammenzuführen, die vielleicht über die Bibliotheken der ganzen Welt verstreut sind, ist kein müßiger Zeitvertreib, sondern kann entscheidend sein für unser Verständnis eines gesamten literarischen Werks, seines Textes und seines Kontextes. Wie wir gesehen haben, ergab die »Wiedervereinigung« des Oxforder P64 mit dem P67 aus Barcelona eine sehr viel verläßlichere Bewertung des ältesten erhaltenen Papyruskodex von Matthäus, als es bei jedem für sich allein möglich gewesen wäre – so klein, wie die Fragmente nun einmal sind. Es gibt andere Beispiele, auch außerhalb der neutestamentlichen Textforschung. Ein Fall aus neuerer Zeit ist die Ausgabe eines Papyrus aus dem 2. Jahrhundert mit »Märtyrergeschichten«, den »Acta Alexandrinorum« in Yale – P. Yale 1385 –, der zu einem schon zuvor bekannten Papyrus desselben Werks gehört, dem PbuG 46, der auf der anderen Seite des Atlantiks in der Universitätsbibliothek Gießen aufbewahrt wird.[53] Nun fielen ungewöhnlich große Ähnlichkeiten zwischen den Papyri von Oxford und Barcelona und einem viel größeren Kodexfragment in Paris erstmals Peter Weigandt auf, der seine Beobachtungen Kurt Aland mitteilte. Aland schrieb über diese Ähnlichkeiten in einem Artikel, der 1966 veröffentlicht wurde.[54] Viele Forscher sind seither der Meinung, daß Weigandt und Aland recht hatten. Unter anderen trugen van Haelst, Roberts und Skeat dazu bei, daß die Ansicht sich weitgehend durchsetzte.[55]

Eine solche Identifizierung hätte hilfreich sein können. Der Pariser Papyrus P4 oder »Supplementum Graecum 1120« des Lukas-Evangeliums ließ auf ersten Anschein vermuten, daß er noch ein zweites Evangelium enthalten hatte. Und mit vier Blättern von größerem Format als die Fragmente aus Barcelona und Oxford sowie mit Textstellen aus den ersten sechs Kapiteln des Lukas-Evangeliums würde er auch wertvolle zusätzliche Informationen über die Gepflogenheiten der Schreiber, ihre Gestaltungstechniken und so weiter liefern. Aland hielt zunächst an seiner Überzeugung vom gemeinsamen Ursprung der drei Papyri fest; aber schon 1967 äußerte er erste Zweifel – denn in der Rekonstruktion des Formats weicht P4 von P64/67 ab.[56] Und 1981 änderte er endgültig seine Meinung, ohne detaillierte Erklärungen abzugeben. Er unterschied eindeutig zwischen P64/67 einerseits, die er typologisch als »festen Text« klassifizierte, und P4 andererseits, den er als »Normaltext« beschrieb. Nachdem er somit jede gemeinsame Herkunft der Papyri aus textlichen Gründen ausgeschlossen hatte, hob er den Unterschied noch weiter hervor, indem er P64/67 auf »um 200« datierte und P4 auf »III«.[57] Zwar wissen wir – und werden im folgenden noch sehen –, daß beide Datierungen viel zu spät angesetzt sind; doch hier geht es darum, daß Aland die Papyri unterdessen als verschieden alt erkannt hatte. Kurz, er hatte drei zwingende Gründe gefunden, die eine Verbindung zwischen P4 und P64/67 ausschlossen: das unterschiedliche Format entsprechend der Rekonstruktion, die unterschiedlichen Texttypen und die verschiedenen Entstehungszeiten.

Natürlich waren die paläographischen Ähnlichkeiten damit noch lange nicht aufgehoben – die Handschriften sehen tatsächlich eng verwandt aus, auf den Fotografien noch mehr als im Original. Nach wie vor lag die Vermutung nahe, daß irgendeine Form von Verwandtschaft bestand. Aber welche? Ohne von Alands Meinungsänderung zu wissen, betonten Roberts und Skeat ihre Überzeugung von einer Verbindung 1983 noch einmal, ohne jedoch neue Gründe dafür zu nennen; dasselbe tat 1992 der amerikanische Neutestamentler Philip W. Comfort in einer Einführung in die Textkritik mit dem Titel *The Quest for the Original Text of the New Testament.*[58] Es dauerte bis 1995, als gleichzeitige, voneinander unabhängige Untersuchungen von Philip Comfort und Carsten Peter Thiede, ausgelöst durch Thiedes Neuausgabe des Oxforder Papyrus, zu einem überzeugenden Ergebnis führten: P64 und P67 gehörten einst zum selben Kodex, P4 hingegen nicht. Vielmehr stammt der Pariser Kodex höchstwahrscheinlich aus demselben »Schreibbüro« und wurde, nur unwesentlich später, von einem anderen Auftraggeber bestellt. Comfort veröffentlichte seine Ergebnisse, das bemerkenswerte Bekenntnis einer Meinungsänderung, gestützt auf eine stringente Argumentation, in derselben Zeitschrift, in der im Februar 1995 Thiedes Bericht über eine Untersuchung der Originalblätter in der Bibliothèque Nationale erschien.[59] Die knappen Gründe, die nach Thiedes Ansicht gegen die Identität sprechen, lassen sich leicht zusammenfassen:

1. Das Einzelfragment einer Titelseite, das zusammen mit den anderen Papyri in Kasten 5 von »Supplementum Graecum 1120« erhalten ist, »EYAGGELION KATA MATHTHAION« (»Evangelium nach Matthäus«), und das manche Forscher zu

der Überzeugung führte, die Matthäus-Papyri von Oxford und Barcelona hätten einst zu demselben Kodex gehört, ist in einer Handschrift verfaßt, die sich von allen drei Papyri deutlich unterscheidet. Insbesondere ist sie breiter und weiter, mit flachem *Ny* und auffällig verlängerten oberen Querstrichen bei den zwei *Gamma*.

2. Unbestritten ist das jeweilige Papyrusmaterial beim P4 beziehungsweise P64/67 verschieden. Das Dunkelbraun des Pariser Fragments gegenüber der hellen Färbung der Stücke aus Oxford und Barcelona hat organische Ursachen und kann nicht auf unterschiedliche Bedingungen der Erhaltung und Konservierung zurückgeführt werden. Diese Beobachtung allein scheint schon die Möglichkeit auszuschließen, das Pariser Fragment habe ursprünglich zu demselben Kodex gehört wie die beiden anderen.

3. P64/67 unterscheiden sich in einer ihrer auffallendsten Eigenschaften, nämlich dem über den linken Rand hinausragenden Buchstaben, der die erste vollständige Zeile eines in der vorhergehenden Zeile begonnenen neuen Abschnitts angibt, eindeutig von P4: Der Schreiber des Pariser Papyrus löste das Problem, indem er nicht einen, sondern stets *zwei* Buchstaben in den Rand setzte. Die Fotografien, die der ersten Ausgabe des P4 beigefügt wurden, sind für eine ernsthafte Analyse leider nicht geeignet, denn ihre Qualität ist völlig unzulänglich; aber selbst hier sind unverkennbare Beispiele zu sehen: *ar/chomenos* in Fragment B *Verso*, erste Spalte = Lukas 3,23 (Tafel IV), und *el/egen* in Fragment D *Verso*, erste Spalte = Lukas 5,36 (Tafel VI).[60] Dies spräche an sich noch nicht definitiv gegen die Annahme identischer Schreiber – schließlich besteht immer die Möglichkeit, daß ein Schreiber von Zeit zu Zeit seine Vorlieben und Praktiken ändert, zumal wenn ein Auftraggeber ihn entsprechend anweist –, doch innerhalb ein und desselben »Buches« kam derlei nicht vor.

4. Die Unterschiede zwischen den Buchstaben in P64/67 und P4 sind weniger auffällig, aber nicht minder bedeutsam als die Ähnlichkeiten. Zum Beispiel neigt der Schreiber von P4 dazu, *Omega* und *Omikron* über die Grundlinie zu setzen, während sein *Rho* genau auf der Linie steht, ganz ähnlich wie sein *Tau*, das beim P64/67 genauso wie das *Ypsilon* bis unter die Grundlinie reicht, bem P4 oben immer einen geraden Querstrich hat, im P64/67 hingegen nicht immer.[61] Fragment A *Recto* von P4 liefert selbst in der Fotografie die deutlichsten Beispiele.

Angesichts dieser Gründe für die Nichtidentität von P4 und P64/67 sowie der drei Gründe, die Kurt Aland nennt, und eines zusätzlichen Arguments von Philip Comfort (die Federstriche von P4 sind viel feiner und dünner und unterscheiden sich damit bemerkenswert von denen des Kodex P64/67) müssen wir den Fall als abgeschlossen betrachten. Die Fragmente sind eindeutig unterschiedlicher Herkunft. Dennoch verlangen die gleichwohl vorhandenen Ähnlichkeiten und bestimmte Übereinstimmungen nach einer Erklärung. Der Pariser Papyrus und der Oxforder Papyrus wurden am selben Ort erworben, in Luxor, wenn auch zu verschiedenen Zeitpunkten und von verschiedenen Käufern – ein Umstand, auf den Comfort zu Recht hinweist. Thiede und Comfort zeigen, daß der Stil in paläographischer Hinsicht tatsächlich vergleichbar ist und daß theoretisch ein und derselbe Schreiber alle drei Papyri verfaßt haben könnte, allerdings zu verschiedenen Zeiten. Wahrscheinlicher ist die weniger kühne Erklärung, daß die Papyri möglicherweise aus derselben Schreibstube stammen, deren Schreiber bestimmte Charakteristika gemeinsam hatten.

Aufgrund dieser Ergebnisse revidierte Thiede die Datierung, die er in seiner Neuausgabe des Oxforder Papyrus dem Pariser P4 zugeschrieben hatte. Damals hatte er sich mit dem *Status quo* zufriedengegeben, denn für seine Arbeit an den Oxforder Fragmenten spielte die Datierung des P4 keine unmittelbare Rolle. Nachdem er aber das Original in Paris untersucht und Comforts Argumente in Betracht gezogen hatte, teilt er nun die

Einschätzung des amerikanischen Gelehrten: Der Pariser Papyrus des Lukas-Evangeliums ist nicht viel später als P64/67 entstanden. Comfort, der das zusätzliche Vergleichsmaterial, das für die Datierung des Oxforder Papyrus auf das 1. Jahrhundert spricht, noch nicht gesehen hatte, als er seinen Artikel schrieb[62], nahm zunächst eine konservative Haltung ein und schlug eine Datierung des Pariser Papyrus auf das frühe 2. Jahrhundert vor. Dennoch muß P4 mittlerweile als die älteste erhaltene Handschrift des Lukas-Evangeliums eingestuft werden.

Konsequenzen der Untersuchung

Mit dem Abenteuer der Datierung und Neudatierung antiker Handschriften werden wir uns in Kapitel 5 befassen. Hier mag es genügen, auf die Bedeutung von Philip Comforts Schlußwort hinzuweisen. Trotz aller Schwierigkeiten, schreibt er, »wurden manche Handschriften auf einen früheren Zeitpunkt datiert. Zum Beispiel nahm Kim für den Paulus-Kodex P46 eine Entstehungszeit um das Jahr 85 an. Bis heute wurde Kims frühe Datierung von P46 auf die zweite Hälfte des 1. Jahrhunderts[63] *nicht aus paläographischen Gründen in Frage gestellt* [Hervorhebung von uns]. Und der Papyrologe Herbert Hunger datierte den Johannes-Kodex P66 ungefähr auf das Jahr 125.[64] Andere Manuskripte wurden vom 3. Jahrhundert auf das 2. Jahrhundert zurückdatiert, und zwar P32 (ca. 175), P45 (ca. 150), P77 (ca. 150), P87 (ca. 125), P90 (ca. 150).«[65]

Comfort spricht lediglich aus, was im Grunde jedermann klar sein sollte: Die Papyrologie ist alles andere als eine statische Wissenschaft. Sie bewegt sich kontinuierlich vorwärts, und manchmal braucht sie eine »Sensation« als Anstoß, um strittige Fragen aufzugreifen und weiterzuentwickeln. Aber könnten wir nicht das Verfahren abkürzen und das Alter des Jesus-Papyrus mit Hilfe der Radiokarbon-Methode bestimmen? Damit wäre das Problem gelöst, und alle wären zufrieden – oder auch nicht, je nachdem. Natürlich hatte Thiede diese Möglichkeit ins Auge gefaßt, und so brachte Anfang 1995 die Bibliothekarin des Magdalen College die drei Fragmente in das berühmte Oxforder Labor, in dem – unter vielen anderen Objekten – das Turiner Grabtuch nach der C-14-Methode analysiert worden war. Aber dort bestätigte sich bald, was wir zuvor schon vermutet hatten: Die Fragmente sind zu klein und zu leicht. Selbst die neue Technologie der *Accelerator Mass Spectrometry* (AMS) erfordert ein Minimalgewicht von 20 bis 25 Milligramm, das allerdings im Verlauf des Meßverfahrens aufgebraucht wird; mit anderen Worten: das Material wird zerstört. Und selbst bei diesem Verfahren würde niemand wagen, sich genauer festzulegen als auf eine annähernde Datierung mit einem Spielraum von ± 50 Jahren. Die drei Oxforder Fragmente haben ein Gewicht von 45, 25 beziehungsweise 21 Milligramm. Es versteht sich von selbst, daß eine Altersbestimmung mit Hilfe der Radiokarbon-Methode unmöglich, ja absurd wäre. Selbst eine verfeinerte Methode, wie sie künftig vielleicht zur Verfügung steht, wäre immer noch höchst destruktiv, denn überall, auch am äußersten Rand der Fragmente, finden sich Buchstaben und Überreste von Buchstaben. Kein Bibliothekar, kein Restaurator und in der Tat auch kein Papyrologe würde die Zerstörung selbst des winzigsten Schriftzeichens auf einem Papyrus zulassen. Aus denselben Gründen kommen auch die Fragmente von Barcelona für eine chemisch-physikalische Altersbestimmung nicht in Frage; obwohl Fragment 2 größer ist als das größte Fragment des Jesus-Papyrus – 5,0 mal 5,5 cm gegenüber 4,1 mal 1,3 cm –, würde mehr als ein Drittel vollständig beschriebenes Material unwiederbringlich zerstört.

Tatsächlich eignen sich nur Schriftrollen oder Papyri mit Rändern, die breit genug und vollkommen unbeschrieben sind, zur Datierung mit der C-14-Methode, mit der sich ohnehin nicht das Alter der Handschrift, sondern nur das Alter des Materials bestimmen läßt – des Papyrus, des Leders und dergleichen. So wurden 1991 mehrere Schriftrollen vom Toten Meer einer Altersbestimmung unterzogen, und das Resultat war für die Experten nicht überraschend: es entsprach der Datierung, zu der die Papyrologen schon zuvor mit Hilfe ihrer traditionellen Methoden vergleichender Paläographie gelangt waren.[66] Abgesichert durch diese hilfreiche Erkenntnis werden wir uns in Kapitel 5 der paläographischen Datierung des Jesus-Papyrus zuwenden. Zuvor aber wollen wir uns den rätselhaften Mann ansehen, der diese antiken Fragmente zur sicheren Verwahrung nach Oxford schickte – den Reverend Charles Bousfield Huleatt.

4

CHARLES HULEATT: PAPYROLOGE UND MISSIONAR

Jeder einzelne von uns ist ein Magdalen-Mann – auch der ärmste, unbedarfteste, unscheinbarste ... Wir erweisen uns entweder dessen würdig oder nicht. Sein Name, sein Ruf liegt in unserer Hand: Wir können es nicht verleugnen.
T.H. Warren vor Studenten des Magdalen College Oxford, 1885

Welche Entdeckungen verlorengegangener Dokumente des frühen Christentums uns in Ägypten noch erwarten, vermag niemand zu sagen.
A.H. Sayce, Reminiscences, 1923

Der Name Charles Bousfield Huleatt besagt wenig im heutigen Luxor. Am Eingang des Hotels, in dem er neun Winter lang als anglikanischer Kaplan lebte, erinnert jedoch eine Gedenktafel an diesen vergessenen Mann des Glaubens und der Gelehrsamkeit. Auf ihr ist zu lesen: *In liebevollem Gedenken an den Reverend Charles B. Huleatt, M. A., Kaplan in Luxor 1893-1901, der in Erfüllung seiner Pflicht als Kaplan beim Erdbeben von Messina im Jahre 1908 ums Leben kam. »Sehr gut, du bist ein tüchtiger und treuer Diener. Komm, nimm teil an der Freude deines Herrn.« Matthäus, XXV. 21.*

Für den Amateurwissenschaftler, der das früheste bekannte Fragment des Matthäus-Evangeliums fand, hätte sich kaum eine passendere biblische Würdigung finden lassen. Aber das hat so gut wie keine Bedeutung für die Einheimischen, die auf der Veranda des Luxor Hotels sitzen, an ihrem Tee nippen und große Rauchwolken aus ihren Pfeifen paffen, wenn die unerträgliche Hitze des Sommernachmittags allmählich ihren Würgegriff lockert. Für sie stellt die Messingtafel eher eine hübsche Hieroglyphe in fremder Sprache dar als die würdige Erinnerung an einen Mann, der eine bemerkenswerte Entdeckung gemacht hat. Der ernste Oxford-Absolvent, der vor einem Jahrhundert in ihr Land kam und etwas Außergewöhnliches nach Hause schickte, hat im Volk keine Erinnerungsspuren hinterlassen. Wer war dieser Mann, und was hat ihn motiviert, in Ägypten das Wort Gottes zu verkünden und – vielleicht – die Wahrheit zu suchen? Der Reisende, der nach Huleatt fragt, erhält bestenfalls ein nachsichtiges Lächeln und ein weiteres Glas des starken ägyptischen Weins.

Darin liegt eine melancholische Ironie, die geradezu symbolisch ist für das Leben des Kaplans, seine Enttäuschungen und die ihm vorenthaltene Anerkennung. Das Luxor Hotel, das im Winter 1877/78 eröffnet wurde, war lange eine der wichtigsten Institutionen in Ägypten; hier kreuzten sich die Wege von Gelehrten, Militärs und wohlhabenden Emigranten, die den Winter am Nil verbrachten. Das Hotel war vermutlich die vornehmste Errungenschaft des Reiseunternehmers Thomas Cook, und mit seinem Renommee konnte es nur das benachbarte Winter Palace Hotel aufnehmen. Zwar hat es keine Zimmer mit Aussicht auf den Fluß, dafür ist es aber nur einen Steinwurf weit entfernt vom Tempel von Luxor, dem ehrfurchtgebietenden Denkmal, das von Amenophis III. (1391–1353 v. Chr.) und anderen Pharaonen der achtzehnten Dynastie zur Ehre des Gottes Amun erbaut wurde. Der Legende nach haben Jesus und die Jungfrau Maria den Tempel besucht, als die Heilige Familie in Ägypten im Exil lebte, zu einer Zeit also, da die Bauten schon Monumente der ältesten Vergangenheit und seine Hieroglyphen für fremde Augen bedeutungslos waren.

Die Tempelanlage ist ein einmaliges Museum für eine Religionsgeschichte besonderer Art, vereint sie in sich doch Züge des römischen, christlichen und muslimischen Kults. Jede Epoche hat ihre Spuren und ihre Geheimnisse hinterlassen, ganz abgesehen von den weniger ehrwürdigen Kuriositäten wie der großen Inschrift, die der Dichter Rimbaud in das alte Gestein der südlichen Rückhalle eingeritzt hat. Wenn man sich nach Norden wendet, blickt man die Allee mit den Sphingen hinunter, die sich einst bis zu dem noch imposanteren Tempel von Karnak erstreckte. Der gewaltige Eindruck, den dieser majestätische Bau bei den viktorianischen Besuchern hinterließ, geht aus dem folgenden Bericht eines Reisenden des Jahres 1898 deutlich hervor:

> Wenn das Schiff in Luxor einläuft, scheint die Landungsbrücke ein mächtiger Tempel zu sein. In Wirklichkeit erhebt dieser sich jenseits der Straße, aber auch so war es ein wahres Wunder. Arkaden mit riesengroßen Säulen, einige vollkommen erhalten, andere zur Hälfte zerbrochen, manche als Trümmer auf der Erde verstreut – grau, unbeweglich und feierlich ragten sie angesichts des alten Flusses und des flammenden Sonnenuntergangs empor... Als wir uns fast unter ihnen schlafen legten, schienen sie das schmutzige moderne Ägypten zu tadeln – die gesamte Modernität, die so klein und jämmerlich war, während sie so groß und erhaben blieben.[1]

Ein Jahrzehnt lang spielte sich an diesem außergewöhnlichen Ort das Leben und die missionarische Arbeit des Charles Huleatt ab. Selbst heute, ein Jahrhundert später, scheint das Luxor Hotel noch immer ein für Reisende bestimmtes Nebengebäude des Tempels zu sein, ein Ort, an dem sich diejenigen, die von Ägyptens Vergangenheit angezogen werden, versammeln, um die Ruinen von Theben, Homers »hunderttoriger Stadt«, zu sehen. Es mutet wie eine Selbstverständlichkeit an, daß Howard Carter und Lord Carnarvon die Entdeckung des Grabmals von Tutench-Amun im Jahre 1922 vom Luxor Hotel aus verkündeten. Ihre Porträts hängen noch in der düsteren Eingangshalle – ein Zeichen der Hochachtung vor den Legenden, die sich rasch um ihre Namen und Leistungen rankten. Sie sind nicht vergessen.

Das kann man von Charles Huleatt nicht behaupten. So unscheinbar sich der Jesus-Papyrus im Vergleich zu den Grabschätzen des jungen Pharaos ausnehmen mag, mit seiner Handvoll Versen aus dem Matthäus-Evangelium sagt er uns mehr über die Ursprünge unserer Kultur und des Glaubenssystems, das sie jahrhundertelang beherrscht hat, als alles Gold des Tut-ench-Amun. Doch Huleatt erlangte nicht einen Bruchteil des Ruhms, der Carter und Carnarvon ereilte. Tatsächlich erwies sich sein Schicksal als das genaue Gegenteil. Das College, dem er den Papyrus 1901 anvertraute, ging seinerzeit ziemlich gleichgültig damit um. Seine Ankunft im Magdalen College löste weder eine wissenschaftliche Diskussion aus, noch regte sie zu Spekulationen an; erst nachdem Carsten Peter Thiede den Papyrus 1994 neu datiert hatte, rückte er dort in den Brennpunkt des Interesses. Sollte der junge Kaplan auch nur die leiseste Ahnung davon gehabt haben, was er da in der Hand hielt, so hatte er dennoch nicht die Möglichkeit, seiner wissenschaftlichen Intuition zu folgen. Sieben Jahre nachdem er die Fragmente ans Magdalen College geschickt hatte, wurde er durch höhere Gewalt hinweggefegt und sein Name fast aus der Geschichte gelöscht. Huleatt sah den Papyrus nie wieder, und er selbst geriet in Vergessenheit.

Infolge der Neudatierung begannen sich Historiker und Theologen natürlich für sein Leben und seine Anschauungen zu interessieren. Doch die Umstände haben sich gegen all jene verschworen, die sein Andenken retten wollen; aufgrund einer unheimlichen Serie von Unglücksfällen stehen nur bruchstückhafte Quellen zur Verfügung. Bei dem Erdbeben, das am 28. Dezember 1908 die sizilianische Hafenstadt Messina zerstörte, kam Huleatt mit seiner Frau und den vier Kindern ums Leben; dabei gingen auch alle seine privaten Schriftstücke verloren, mit Ausnahme eines Bündels persönlicher Briefe, die sein Freund, der Bischof von Gibraltar, aus den Schuttmassen barg. Zwei Jahre später wurde auf dem Gelände des Luxor Hotels die aus Lehmziegeln erbaute anglikanische Kirche mit ihren Grabsteinen vom Hochwasser weggeschwemmt. Vor einigen Jahren verschwanden zwei Truhen voller Dokumente der Familie Huleatt. Während der gesamten Zeit der Niederschrift dieses Buches blieb das englische Missionsarchiv der All-Saints-Kathedrale in Kairo geschlossen – bedauerlich für alle, die die Zusammenhänge zwischen viktorianischer Religiosität und Ägyptologie erforschen wollen. Die Suche nach Charles Huleatt gleicht der Verfolgung der flüchtigen Spuren eines Schattens. Aber seine Geschichte – die Geschichte eines treuen Anhängers der britischen Evangelikalen, der zufällig auf den frühesten Evangelientext der Welt stieß – ist mit der Geschichte des Papyrus untrennbar verbunden. Ohne seine Gelehrsamkeit hätten die Fragmente Ägypten vielleicht nie verlassen; ohne die Treue zu seiner Alma mater wären sie nie im Magdalen College angekommen, um dort fast ein Jahrhundert zu bleiben, ehe sie genau datiert wurden. So flüchtig Huleatts Schatten auch ist, man muß ihm nachspüren.

Schüler und Student

Charles Bousfield Huleatt wurde am 19. Oktober 1863 im Pfarrhaus von Potters Bar, Hertfortshire[2], als zweiter Sohn und drittes Kind des Reverend Hugh Huleatt (1822–1898) und dessen Frau Cornelia geboren. Die Huleatts – deren Name nur eine andere Form des weniger exotischen »Hewlett« ist – stammten ursprünglich aus Irland, und viele von ihnen dienten, der Familientradition gemäß, in Kirche und Armee. Hugh Huleatt, ein gewaltiger Patriarch, der elf Kinder zeugte, pflegte diese Tradition von 1854 bis 1879 als Militärkaplan (ein Amt, das zufällig auch Carsten Peter Thiede heute ehrenamtlich ausübt) und zeichnete sich auf der Krim und in China aus. Huleatt kehrte 1859 nach England zurück und heiratete Cornelia Sophie Bousfield, die Tochter des äußerst begüterten Charles Pritchett Bousfield, der im Leben seines gleichnamigen Enkels eine bedeutende Rolle spielen sollte.

Trotz der robusten Konstitution seines Vaters litt Charles Huleatt sein Leben lang unter einer angegriffenen Gesundheit und war allem Anschein nach ein kränkliches Kind. Im Volkszählungsformular von 1871 wird der Siebenjährige – höchstwahrscheinlich übertrieben – als »blind« aufgeführt. Wie schlecht Charles' Sehkraft damals auch gewesen sein mochte, er war jedenfalls gesund genug, um sich am 1. Dezember 1873 in der St. Paul's School einzuschreiben. Zu diesem Zeitpunkt hatte Huleatt die St. George's Church in der Kaserne der Königlichen Artillerie in Woolwich verlassen und im Königlichen Militärwohnstift in Chelsea das Amt des Kaplans angetreten. Für eine vermögende Familie, die für ihren kränklichen Sohn große Ambitionen hegte, lag die Wahl von St. Paul nahe.

Das war ein großes Glück für Charles, denn in St. Paul sollte er eine der wichtigsten Freundschaften seines Lebens schließen. Im Dezember 1876 kam William Gunion Rutherford als Latein- und Griechischlehrer an die Schule. Er kam direkt vom Balliol College, das sich unter der Leitung Benjamin Jowetts aufgrund seines intellektuellen Niveaus zum renommiertesten College Oxfords entwickelt hatte.[3] Rutherfords Studentenlaufbahn war äußerst vielversprechend gewesen, und er sollte sich rasch einen Namen als Altphilologe machen, zuerst mit der wegweisenden *First Greek Grammar* (1878) und dann, drei Jahre später, mit *The New Phrynichus*, einem der bedeutendsten Werke über attische Formen in englischer Sprache.

Rutherford ist vor allem bekannt wegen seines späteren Amts als Rektor einer anderen bedeutenden englischen Privatschule, des Westminster College. Doch in diesen entscheidenden Jahren in St. Paul freundete er sich mit dem jungen Charles Huleatt an, den *The Oxford Magazine* später »einen seiner Lieblingsschüler«[4] nennen sollte, und übte einen inspirierenden Einfluß auf ihn aus. Rutherford war es auch, der Huleatts frühzeitiges Interesse an der Textkritik weckte – eine Leidenschaft, die immer größer war als der Eifer, mit dem er sich seinem eigentlichen Universitätsstudium widmete.

Und tatsächlich deckten sich ihre Interessen auch noch, nachdem sowohl Lehrer als auch Schüler St. Paul verlassen hatten. In den neunziger Jahren des 19. Jahrhunderts verfolgte Rutherford aufmerksam das Auftauchen neuer Papyrusquellen aus Ägypten, und in den letzten Jahren seines Lebens beschäftigte er sich fast ausschließlich mit dem Text des Neuen Testaments. Er war überzeugt, daß sich das Griechisch der Verfasser grundlegend von jenem klassischen Griechisch unterschied, mit dem er so vertraut war. Im Vorwort zu seiner 1906 erschienenen Übersetzung des Paulus-Briefes an die Römer schrieb Rutherford über diese spezifische biblische Sprache:

> Mit jeder Generation veränderte sie sich und entfernte sich dabei immer mehr von literarischer Eleganz und logischer Präzision, bis sie schließlich aufhörte, die hochgehaltene Sprache eines Volkes zu sein, das die Genauigkeit des Denkens und die Klarheit des Ausdrucks von allen Völkern am meisten geliebt hatte und allmählich zu einer duldsamen Sprache wurde, durch die viele Völker mit höchst unterschiedlichen Denkgewohnheiten und nationalen Gegebenheiten für eine Zeitlang dem babylonischen Fluch zu entrinnen suchten.[5]

Wie wir in Kapitel 6 sehen werden, hätte Huleatts vormaliger Mentor damit ebensogut das multikulturelle Griechisch beschreiben können, in dem der Magdalen-Papyrus verfaßt wurde. Und obwohl es keinen Beweis dafür gibt, daß Rutherford von dem Fund wußte, den sein ehemaliger Schüler in Ägypten gemacht hatte, ist es dennoch faszinierend, daß die wissenschaftlichen Interessen der beiden einander so ähnlich blieben. Die Tatsache, daß *The Oxford Magazine* es in seinem kurzen Nachruf auf Huleatt für wert befand, die Verbindung der beiden zu betonen, läßt vermuten, daß sein verehrter Lehrer in späteren Jahren für ihn die Rolle eines geistigen Anregers gespielt haben könnte.

Huleatt tat sich in St. Paul genügend hervor, um ein Stipendium zu erhalten, mit dem er am Magdalen College in Oxford Altphilologie studieren konnte. Da er diese Auszeichnung in einem relativ jungen Alter erlangt hatte, blieb er noch ein weiteres Jahr an der Schule, ehe er 1882 mit einem zusätzlichen vierjährigen St.-Paul-Stipendium in Höhe von 50 Pfund sein Studium aufnahm.

Für einen vielversprechenden viktorianischen Gentleman aus Huleatts Milieu war das Studium der Altphilologie in Oxford fast so etwas wie ein Initiationsritus. Es galt nicht nur als der intellektuell renommierteste Weg, den ein junger englischer Gentleman einschlagen konnte, sondern auch als ideale geistige Vorbereitung für jene, die im britischen Empire geistliche und weltliche Ämter einnehmen sollten. Die Geschichte der griechischen Stadtstaaten und des römischen Imperiums wurde als lehrreiche Parabel für eine Elite angesehen, der die Verwaltung der britischen Territorien oblag. Das klassische Modell der *Vita activa* wurde den jungen Oxford-Studenten mit ihren glänzenden Zukunftsaussichten zur Nachahmung empfohlen. 1873 schrieb Jowett an Florence Nightingale, »ich würde gern durch meine Schüler die Welt regieren«. Das war mehr als bloß das Bonmot eines Dozenten; viele seiner Zeitgenossen hatten mitunter den Eindruck, als erstrecke sich Jowetts Einfluß tatsächlich über das gesamte Empire.[6]

Der begabte junge Altphilologe aus St. Paul verbrachte vier Studienjahre an einer Universität, an der es selbstverständlich war, sich eine ehrenvolle Beschäftigung im Ausland zu suchen, um Gott und dem Empire zu dienen. Wer das Amt eines Kaplans in Ägypten annahm, wie er es kurz nach Beendigung seines Studiums tun sollte, nahm nicht etwa ein zweitklassiges Exil auf sich, sondern ging einer ehrenwerten Berufung nach. Erstaunlicher ist vielleicht, daß Huleatt bei seinen Oxforder Prüfungen sehr mäßig abschnitt. 1884 bestand er die Zwischenprüfung mit einem respektablen »gut«. Zwei Jahre später erhielt er nur ein »befriedigend«. Das dürfte für Huleatt, der 1888 seinen B.A. und vier Jahre später seinen M.A. erwarb, eine Enttäuschung gewesen sein. Doch man überschätzt leicht die Bedeutung, die den Prüfungen im Oxforder System zu diesem Zeitpunkt der Universitätsgeschichte zukam. Seit der Royal Commission von 1850–52 und dem Oxford-Reformgesetz von 1854 hatten zwar engagierte Reformer wie Jowett, die ihre Studenten energisch zu harter Arbeit ermunterten, den klerikalen und nepotistischen Charakter der Universität zu ändern versucht, doch die alten Gewohnheiten ließen sich nicht so schnell verändern. Thomas Hughes' fiktive Figur Tom Brown wunderte sich über den mangelnden akademischen Druck:

> Vor allem geht es hier ungeheuer träge zu; zumindest für uns Studienanfänger. Man stelle sich nur vor: Ich habe jede Woche zwölf einstündige Vorlesungen – Griechisches Testament, das erste Buch Herodots, das zweite der Aeneis und das erste Buch Euklids! Was für ein Vergnügen! Zwei Stunden pro Tag: um zwölf oder spätestens um eins ist alles vorbei.[7]

Immer noch hieß es von Oxford, daß jeder Studienanfänger ein wenig Wissen mitbringe und kein Absolvent je welches wegnehme. Charles Huleatt schnitt in seinen Universitätsprüfungen wohl deshalb nicht anders ab, weil der Druck noch immer verhältnismäßig gering war. Wichtiger für seine langfristige intellektuelle Entwicklung und seine spätere Rolle in der Geschichte des Jesus-Papyrus war sein anhaltendes Interesse an der Textkritik – ein Interesse, dem er anscheinend völlig unabhängig von dem offiziellen Studienangebot am Magdalen College nachging. Seine Leistungen auf diesem Gebiet waren so groß, daß das *Journal of Philology* 1885 einen Aufsatz von ihm veröffentlichte, in dem er eine Reihe von Korrekturen zu Texten von Catull und Properz vorschlug. Daß ein Student seine Arbeit in einer wissenschaftlichen Zeitschrift veröffentlichen konnte, war an sich schon erstaunlich. Noch beeindruckender ist allerdings die Tatsache, daß Huleatts Korrekturvorschläge von den

Experten anscheinend positiv aufgenommen worden waren. 1909 nannte *The Oxford Magazine* die Properz-Korrekturen »äußerst ingeniös« und vermerkte, daß sie von »einigen späteren Herausgebern« übernommen worden seien. Es gibt keinen Grund anzunehmen, daß Huleatt den Fleiß oder die Neigung besaß, eine Universitätslaufbahn einzuschlagen. Doch die Begabung, die er als Student auf dem Gebiet der Textkritik bewies, nährt die These, daß sein Interesse an dem Papyrus, den er Jahre später in Oberägypten fand, ein anderes war als das eines Freizeithistorikers.

Warum hat Huleatt die Fragmente 1901 überhaupt ans Magdalen College geschickt? Von allen Fragen, die der Papyrus aufwirft, läßt sich diese vielleicht am leichtesten beantworten. Das im 15. Jahrhundert gegründete Magdalen College ist mit seinem Wildgehege, seinen imposanten, hinter Säulengängen liegenden neuen Gebäuden und einem Turm, den viele für das architektonische Wahrzeichen Oxfords halten, eines der schönsten Colleges der alten Universität. Wer hier studiert, wird die jugendliche Idylle seiner Höfe und Gärten nie vergessen. 1901 schilderte der Historiker J.R. Green das unvergeßliche 1.-Mai-Ritual, wenn der Chor des Magdalen College im Morgengrauen den Einzug des Sommers begrüßt, ein Brauch, an dem Huleatt 1883 zum erstenmal teilgenommen haben muß. Diese Erinnerung ist es wert, ausführlich zitiert zu werden:

> Wir sind dann immer im Morgengrauen aus dem Bett gesprungen und haben uns oben auf dem Collegeturm versammelt, wo sich die Chorknaben und die erwachsenen Sänger in ihren Chorhemden bereits aufgestellt hatten. Die Stadt, der stille Lauf des Cherwell, die ausgedehnten Wiesen der Cowley-Sümpfe und Bullingdons, die nun mit Häusern zugebaut sind, damals aber nur trostloses Ödland waren, lagen unter uns eingehüllt in die trüben Nebelschleier eines Frühlingsmorgens. Kurz vor fünf trat ein langes erwartungsvolles Schweigen ein, bis auf einmal weit draußen am Horizont der erste helle Sonnenstrahl aufblitzte; sein Erscheinen wurde unten, am Sockel des Turms, von den schrillen Fanfarenklängen der Jungen aus der Stadt begrüßt, und dann erscholl oben in der Stille die leise ergreifende Melodie des Hymnus *Te Deum Patrem Colimus.*[8]

Collegerituale wie dieses festigten Huleatts lebenslange Bindung ans Magdalen College. Tatsächlich hatte er das Glück, in einer Blütezeit des College dort zu studieren. Edward Gibbon hat seine vierzehn Monate im Magdalen College zwar als »die wertlosesten und unergiebigsten Monate« seines ganzen Lebens bezeichnet. Doch als der junge St.-Paul-Absolvent in den achtziger Jahren des 19. Jahrhunderts als einer von etwa hundert Studenten dort sein Altphilologiestudium begann, erlebte das College gerade eine Renaissance. Auf der Grundlage, die Präsident Martin Joseph Routh gelegt hatte – seine Perücken-Lockenwickler wurden in der alten Magdalen-Bibliothek den Großteil dieses Jahrhunderts ganz ungeniert neben dem Papyrus ausgestellt –, machten seine Nachfolger Frederic Bulley und der Altphilologe Herbert Warren das College zu einer der erstrangigen Institutionen im Oxforder Universitätsleben.[9]

Warren, wie William Rutherford ein Absolvent von Jowetts Balliol College, war bereits als Student durch seine überragenden Leistungen aufgefallen. Von 1878 bis 1885 arbeitete er als Dozent am Magdalen College, wobei er sich Jowetts Überzeugung zu eigen machte, daß die Lehre im Zentrum des College stehen sollte. Im bemerkenswert jungen Alter von zweiunddreißig Jahren wurde Warren 1885 Bulleys Nachfolger im Amt des Präsidenten, das er bis 1928 innehatte. In diesen dreiundvierzig Jahren formte Warren den Charakter des modernen College, indem er die akademischen Anforderungen anhob, die Zahl der Studenten erhöhte und – was wohl am wichtigsten ist – seinen Geist prägte.

Warrens Freund und Biograph, Laurie Magnus, nannte ihn 1932 »den zweiten Gründer von Magdalen«, einen würdigen Nachfolger Bischof William Waynfletes, und rühmte »seine unvergessene Methode, aus mitunter widerstrebendem Material ›Magdalen-Männer‹ zu schmieden und den Begriff des Magdalen-Mannes zu einem wirklichen Lebensprinzip zu machen, wie er es nach einhelliger Meinung vor seiner Zeit nie gewesen war«[10]. Es steht außer Zweifel, daß Charles Huleatt ein solcher Magdalen-Mann war. Daß Warren ihn mochte und schätzte, geht deutlich aus einem Leserbrief an die *Times* hervor, den Warren in seiner Zeit als Vizerektor der Oxforder Universität schrieb und der am 25. Mai 1909 erschien. »Er war mein Schüler«, schrieb Warren. »Ich empfand eine aufrichtige Hochachtung für ihn. Er war kein gewöhnlicher Student, sondern besaß eine natürliche Begabung für die Textkritik und hat sich wie kaum ein anderer sein Interesse an der theologischen und säkularen Forschung bewahrt.«

Welches Gefühl der Zusammengehörigkeit und der Treue hat Huleatt wohl von Magdalen mitgenommen, als er 1886 das College verließ? Das Wildgehege, die Rasenflächen in den von Säulengängen umschlossenen Höfen und die Nachmittagsspaziergänge auf dem Addison's Walk hat er sicher nie vergessen. Doch das war beileibe nicht alles. Im Jahr bevor Huleatt das Magdalen-College verließ, hielt Warren am 7. Juni vor den Collegestudenten eine Rede, die das Sendungsbewußtsein, das sie nach dem Studium von Oxford mitnehmen sollten, gut beschrieb.[11] Warren stellte seine Rede über die Einheit des College, die er am letzten Sonntagnachmittag des Sommertrimesters hielt, unter das dem Paulus-Brief an die Epheser entlehnte Motto: »Ich ermahne euch, ein Leben zu führen, das des Rufes würdig ist, der an euch erging.«

Warrens Rede war eine Hymne auf die Pflicht, auf das tätige Leben und einen Collegegeist, in dem der herausragende Ruderer ebenso gefeiert wurde wie der wissenschaftlich vorzügliche Student. Er richtete sich ausdrücklich an jene »Führer unter uns«, die bald das College verlassen sollten, und rief jeden einzelnen der Auserwählten, die vor ihm saßen, dazu auf, etwas Außergewöhnliches aus sich zu machen:

> Dabei geht es nicht etwa darum, daß jeder von uns besonders auffällt, besonders viel leistet, ein Führer ist, der sich von allen anderen abhebt; das können wir nicht alle. Aber etwas können, ja müssen wir sein, und es genügt, wenn wir mit diesem Etwas auf der rechten Seite stehen.

Vor allem aber schärfte er seinen studentischen Zuhörern ein, immer daran zu denken, daß sie Magdalen-Männer seien, lebenslange Bürger einer College-Republik, die er *expressis verbis* mit Athen verglich:

Jeder von Ihnen ist ein Magdalen-Mann – der ärmste, der unbedarfteste, der unauffälligste ... Wir erweisen uns entweder dessen würdig oder nicht. Sein Name, sein Ruf liegt in unserer Hand: Wir können es nicht verleugnen ... Der Name dieses Ortes wird Sie überallhin begleiten.

Diese Ermahnung hat Charles Huleatt immer beherzigt. Eines Tages sollte er dem College ein außergewöhnliches und ehrwürdiges Geschenk schicken. Und immer war er bemüht, sich des Rufes, der an ihn ergangen war, so würdig zu erweisen, wie Paulus oder Herbert Warren es sich gewünscht hatten. Doch zunächst einmal mußte er herausfinden, worin dieser Ruf lag.

Ein Mann mit einer Mission

Was wissen wir über Charles Huleatt? Er heiratete zweimal, zuerst 1892 Edith Bury und dann 1900 Caroline Wylie. Seine erste Frau starb 1897 bei der Geburt ihrer Tochter Edith Irene. Mit Caroline hatte Charles drei weitere Kinder: Charles Percy, geboren 1901, Gwyneth Cornelia Charlotte, geboren 1903, und Rhoda Muriel, geboren 1904.

Aus den Trümmern ihres Hauses in Messina rettete William Collins, der Bischof von Gibraltar, ein schmales Bündel Briefe, die zum Großteil von Caroline stammen und ein wenig Licht auf das Wesen ihres Gatten werfen.[12] Die beiden waren kurz nach Beendigung seines Studiums schon einmal verlobt gewesen, hatten die Verlobung aber 1891 wieder gelöst. Doch Caroline hat anscheinend nie aufgehört, ihren »teuren Ritter«, ihren »Sir Galahad«, zu lieben und schrieb ihm auch weiterhin – häufig aus St. Petersburg, wo ihre Familie geschäftliche Verbindungen hatte.

Die Briefe lassen vermuten, daß Charles wohl mitunter recht schroff zu ihr war und keinen Widerspruch duldete. »Ich weiß, daß wir in den wesentlichen Punkten ähnlich denken und Du wirst mir sicher verzeihen, wenn ich in unwichtigen Dingen nicht immer genauso denke wie Du«, schrieb sie einmal, »denn Du weißt, daß ich nie versuchen würde, unseren kleinen Sohn, oder ein anderes Kind, das Gott uns vielleicht noch schenkt, irgend etwas zu lehren, das Deinen Gedanken und Deinen Wünschen zuwiderliefe.«

In ihrem langen Briefwechsel beteuerte Caroline dem »lieben Charlie« zwar unablässig ihre Liebe und ihr Vertrauen, sie erwähnt in einem Brief vom Januar 1900 allerdings auch jene Augenblicke, in denen er »nach außen hin so ungeheuer kühl« gewesen sei. Es ist offensichtlich, daß die Erinnerung an Edith häufig zwischen sie trat. »Ich denke, Du wirst wissen, daß ich für sie nur Liebe empfinden kann«, schrieb sie, »und wenn es manchmal so klingt, als hätte ich das vergessen, so habe ich es in meinem tiefsten Innern doch keine Minute lang vergessen.«

Huleatt stellte an seine zweite Frau große Anforderungen. Er schrieb ihr, daß er »in allem gescheitert« sei. Er schalt sie, weil sie vorgeschlagen hatte, er solle einen »bequemen Posten« in England annehmen, und ihm ein Buch mit dem Titel *Ruhe* geschickt hatte. Seine angegriffene Gesundheit und sein »aufreibendes Exil« werden oft erwähnt. Doch Caroline sah ihren Lohn darin, daß er sie als einen denkenden Menschen behandelte, in seinen Briefen an sie Ruskin zitierte und mit ihr »einen intelligenten Austausch über interessante Themen« pflegte.

Charles Huleatt war ein schwieriger, getriebener Mensch, dessen Sehnsüchte anscheinend nur im frommen Dienst am Herrn Erfüllung fanden. Wenn das Magdalen College ihm eine institutionelle Heimat gab, so versah ihn die Bewegung der Evangelikalen mit einem spirituellen Leitmotiv, das sein Leben prägen sollte. Für ihn war das Wort Gottes das A und O des Glaubens, und er war ein unversöhnlicher Gegner hochkirchlicher Tendenzen, des Priesterkults und des Zeremoniellen, für das die Anglikaner des 19. Jahrhunderts eine Vorliebe hatten. Er glaubte an die buchstäbliche Wahrheit der Heiligen Schrift. Wenn er das wahre Alter des Matthäus-Papyrus je erahnt haben sollte, so hätte dies ihn nur in den Grundfesten seines Glaubens bestärkt. Für einen so konsequenten Anhänger der Evangelikalen wie Huleatt war die Annahme, die Evangelien seien von Zeitgenossen Jesu geschrieben worden, ein Glaubensgrundsatz; sie war kein Thema für müßige wissenschaftliche Spekulationen; jeder Satz des Evangeliums war von Gott autorisiert.

Diese Seite seines Charakters und seiner Anschauungen wird deutlich in jenen verstreuten Bemerkungen zur kirchlichen Lehre, die von Huleatt erhalten geblieben sind. Während seiner Zeit als anglikanischer Militärkaplan in Messina beklagte er in einem Brief an einen Freund »die von Strauss und Renan übernommenen Irrtümer«, welche, so behauptete er, einen noch schädlicheren Einfluß auf die Gebildeten ausübten als »alle römischen Lehren«.[13] In dem, was Huleatt ketzerisch erschien, war er ganz Kind seiner Zeit.

Im Jahre 1835 hatte der Tübinger Professor David Friedrich Strauss in seinem Buch *Das Leben Jesu. Kritisch bearbeitet* die Diskrepanzen zwischen den Evangelien als Beweis angeführt, daß sie nicht von Augenzeugen geschrieben sein könnten und daß die Wundergeschichten schlicht und einfach Mythen waren, erfunden von Verfassern einer viel späteren Zeit. So betrachtete Strauss zum Beispiel den Bericht über die Verklärung Christi nur als mythisches Mittel, um eine Ähnlichkeit zwischen Jesus und Moses beziehungsweise zwischen Jesus und dem Sokrates aus Platons *Symposion* herzustellen. Es sei daher unmöglich, eine Jesus-Biographie von Belang zu schreiben. Strauss verglich die Aussprüche Jesu mit einer zerrissenen Perlenkette, bei der die einzelnen Perlen aus ihrem ursprünglichen Zusammenhang gelöst und wie rollende Steine an Stellen zu liegen gekommen seien, an die sie eigentlich nicht gehörten.

Sieben Jahrzehnte später schrieb Albert Schweitzer in seiner *Geschichte der Leben-Jesu-Forschung*, daß man Strauss lieben müsse, um ihn zu verstehen. Er sei zwar nicht der bedeutendste, tiefgründigste Theologe gewesen, aber gewiß der aufrichtigste. Strauss hielt sich selbst für einen wahren Gläubigen, der sich kritisch mit der Realität des Glaubens und ihrem Verhältnis zur

Bibel auseinandersetzte. Doch für die meisten seiner Zeitgenossen war sein Werk bestenfalls entsetzlich bilderstürmerisch und schlimmstenfalls reine Blasphemie. Man unternahm mehrere Versuche, das Buch zu verbieten; es wurde in der Presse von Leuten verdammt, die sein Werk oftmals gar nicht kannten. Wegen seiner Thesen wurde Strauss sogar von seiner Universität relegiert, so daß er später an einem Gymnasium unterrichtete.[14]

Der französische Katholik Ernest Renan (1823–1892) hatte in seinem *Leben Jesu* (1863) einen scharfen Trennungsstrich zwischen dem historischen Jesus und dem Christus des Glaubens gezogen. Er bestritt, daß es für die Wunder irgendwelche Belege gäbe, die vor einem Historiker bestehen könnten. Das Leben Jesu sei die rein menschliche Geschichte eines Mannes, der in sein Märtyrertum mehr oder weniger hineingeschlittert sei:

> Erinnerte er sich an die klaren Bäche Galiläas, an denen er vielleicht seinen Durst gelöscht hatte – an den Weinstock und den Feigenbaum, unter denen er sich ausgeruht haben mochte – an die Mädchen, die womöglich bereit gewesen wären, ihn zu lieben? Bedauerte er sein exaltiertes Wesen? Hat er, ein Märtyrer um des eigenen Ruhmes willen, darüber geweint, daß er nicht der einfache Zimmermann aus Nazareth geblieben war? Wir wissen es nicht.[15]

Diese Ideen erwiesen sich als ebenso ansteckend wie schockierend. In den ersten drei Monaten nach Erscheinen des Buches wurden acht Auflagen gedruckt. George Eliot schrieb über Renans Werk: »Wir werden zwar niemals über eine angemessene Grundlage für eine Geschichte des Menschen Jesus verfügen, aber das ändert nichts an der historischen Bedeutung und dem hohen symbolischen Wert der Vorstellung eines Christus.«[16] Schweitzer widmete Renan in seiner *Leben-Jesu-Forschung* ein ganzes Kapitel, in dem er dessen Fähigkeit rühmt, dem Leser die Landschaft um den See Genezareth vor Augen zu führen – den Himmel, die wogenden Kornfelder und fernen Berge, die leuchtenden Lilien – und ihn im Wispern des Schilfs die unvergängliche Melodie der Bergpredigt hören zu lassen.[17]

Das war der intellektuelle Hintergrund, vor dem Huleatt sein Priesteramt ausübte und geschrieben hat. Für einen Menschen mit seinem unerschütterlichen Glauben an das Wort Gottes war es ein Gebot, den Bestrebungen, einen geistigen Keil zwischen Glauben und Geschichte zu treiben, mit allen verfügbaren Mitteln entgegenzutreten. Und er fürchtete anscheinend auch nicht die Kontroversen, die der feste evangelikale Glaube in dem eher skeptischen Zeitalter von Renan und Strauss gewöhnlich auslöste. In einem Brief an *The Anglican Church Magazine* von 1904 befürwortete er zum Beispiel einen offenkundig trennenden Weg zur Gemeindeorganisation in der anglikanischen Kirche. »Ist es nicht an der Zeit, der Wahrheit auch offiziell ins Auge zu sehen«, schrieb er, »und in der Theorie unserer Organisation zuzugeben, was wir in der Praxis alle einräumen, daß nämlich die anglikanische Kirche zwei Gruppen von Christen umfaßt, deren Anschauungen so weit auseinandergehen wie die Politik von Liberalen und Konservativen?« Er stellte zwei Arten von Kirchen einander gegenüber: In der einen »gebietet der Lehrer den Zuhörern, seine Lehre nur am Wort Gottes zu messen«, in der anderen »werden sie ausdrücklich davor gewarnt, ihr persönliches Urteil gegen die Stimme der Kirche zu vertreten.«

Es wäre besser, so argumentierte er, wenn Gläubige, die sich durch bestimmte, von ihren Pfarrern aufrechterhaltene Traditionen abgestoßen fühlten, die Möglichkeit hätten, in eine andere Gemeinde überzuwechseln, als daß sie der »Abtrünnigkeit und Gleichgültigkeit« verfielen.[18] Huleatts Vorschlag geschah scheinbar im Geist der Freundschaft, aber er wurde überhaupt nur deshalb vorgebracht, weil Huleatt einige der in Frage stehenden Unterschiede für völlig unüberbrückbar hielt. Unterschwellig drückte sein Brief die Gewissensbisse aus, die der echte Evangelikale in einer Gemeinschaft empfand, die nicht seine Wertvorstellungen teilte. Huleatt hatte auch keine Angst vor dem Zorn, den solche Ansichten erregen konnten. Zwei Jahre später provozierte er in derselben Zeitschrift einen bösen Briefwechsel mit einem empörten, unter dem Pseudonym »Ein Anglikaner« schreibenden Leser, der entsetzt war über Huleatts

Charakterisierung der Jungfrau Maria als »einer toten Frau«. Huleatt erwiderte hintergründig, der Einwand des »Anglikaners« sei ihm »völlig unverständlich«. Dennoch trat der polemische Aspekt seines Arguments bezüglich der rechten Lehre deutlich genug hervor: »Ich wollte zu verstehen geben, daß Gott Maria von der Möglichkeit ausgenommen hat, uns als Mittlerin beizustehen.« Mit anderen Worten, der gegenteilige Glaube der römisch-katholischen Kirche (wie Huleatt ihn in Messina beobachten konnte) hatte ihn so aufgebracht, daß er kein Blatt vor den Mund nahm und viele seiner anglikanischen Mitbrüder vor den Kopf stieß.[19]

Huleatts Identität als Erwachsener war im wesentlichen von einem kompromißlosen Evangelikalismus geprägt. Das war zum Teil eine Familientradition. Sein reicher Großvater mütterlicherseits, Charles Bousfield, war ein großzügiger Spender mehrerer Missionsgesellschaften und sollte auch Huleatts Theologiestudium als Priesteramtskandidat finanzieren. Der Jahresbericht der *Colonial and Continental Church Society* von 1899 belegt, daß Bousfield – den die *Times* später als »einen wohlhabenden und in fortgeschrittenem Alter etwas exzentrischen Philanthropen« beschrieb – für ihre Arbeit 10 000 Pfund beigesteuert hatte, eine märchenhafte Summe für die damalige Zeit.[20] Acht Jahre später erinnerte Huleatt in einem Schreiben aus Messina die Gesellschaft daran, daß die »entsagungsvolle Askese« des verstorbenen Bousfield das Seemannsheim in Messina finanziert hatte. Nach der Familienlegende der Huleatts wurden bei seinem Tod Wertpapiere in Höhe von 250 000 Pfund in seinem Schreibtisch gefunden.[21]

Obwohl die Bewegung der Evangelikalen häufiger mit Clapham und Cambridge in Verbindung gebracht wird, war sie auch in Oxford sehr einflußreich[22]; die »Evangelicals« bildeten hier nach Ansicht ihres Chronisten »nicht nur eine Partei, sondern auch eine Denkschule«.[23] Zwischen 1807 und 1871 wurden fünfundvierzig ausgewiesene Evangelikale zu Fellows und Tutors gewählt, während zwanzig weitere das Amt des Universitätspredigers ausübten. Im Jahre 1877 erhielt Oxford durch die Gründung von Wycliffe Hall, einem Pendant zu Ridley Hall in Cambridge, eine theologische Institution, die speziell für die Priesterordination junger Evangelikaler bestimmt war. Als Huleatt 1886 das Magdalen College verließ, schrieb er sich in Wycliffe Hall ein und studierte dort bis 1888.

Daran läßt sich ablesen, wie stark er sich für seine Überzeugungen engagierte. In den ersten Jahren hatte Wycliffe große Schwierigkeiten, seine Kapazität voll auszulasten; auf dem Jahrgangsfoto von 1887 sind nur zehn Studenten zu sehen, unter ihnen Huleatt. In Oxford wurde das neue College mit einem gewissen Argwohn betrachtet; die meisten Colleges sahen es lieber, wenn die Priesteramtskandidaten sich in den theologischen Diözesanschulen vorbereiteten oder an ihren alten Universitätscolleges blieben. Daß jemand gleich zwei Jahre in Wycliffe verbrachte wie Huleatt, fiel aus dem Rahmen, obwohl dies ebenso ein Zeichen des Wohlstands wie des Engagements sein konnte.

Was mag Huleatt dort gelernt haben? Wycliffe, nach dem größten Oxforder Bibelgelehrten benannt, wurde gegründet als Teil einer Offensive der »Evangelicals« gegen die Verbreitung von Rationalismus, Ritualismus und hochkirchliche Praktiken in der anglikanischen Kirche.[24] Unter der Leitung des Rektors Robert Girdlestone zielte die Lehre eher auf Praxisnähe denn auf strenge Wissenschaftlichkeit; sie sollte die Priesteramtskandidaten mit der gründlichen Kenntnis der Heiligen Schrift, den Techniken des Predigens und anderem Handwerkszeug der Pastoralarbeit ausrüsten.

Es gab feste Zeiten für das Morgen- und Abendgebet, für die Vorlesungen und Mahlzeiten. Man erwartete von den Studenten, daß sie sich als Lehrer an Sonntagsschulen betätigten oder andere Aufgaben im Leben der örtlichen Gemeinden übernahmen. Eine typische Woche umfaßte am Montag, Mittwoch und Freitag Vorlesungen über den Römer-Brief, Exegese, die Namen Gottes in der Bibel und Predigtvorbereitung. Am Dienstag, Donnerstag und Sonnabend wurden Vorlesungen gehalten zum Thema »Der Pentateuch, seine Echtheit und seine Bedeutung in historischer, juristischer und theologischer Hinsicht«. An den

Abenden fanden offene Diskussionen über die verschiedensten Themen statt, wie zum Beispiel »Der persönliche Umgang mit den Gleichgültigen und Ängstlichen«, »Besserungsmaßnahmen bei Londoner Jungen« und »Bibelerläuterungen anhand des Josephus«. Wichtiger als die Einzelheiten dieser Vorlesungen war jedoch der geistige Rückhalt der Institution. In einem Prospekt von Wycliffe Hall aus dem Jahre 1878 informierte Girdlestone über die Erwartungen, die an einen Priesteramtskandidaten gestellt wurden:

Eine Sache sollte für ihn in seinem Glauben und seiner Lehre eindeutig und unumstößlich feststehen: In dem Wissen, daß unter der zivilisierten Oberfläche der Gesellschaft weltliche Gesinnung, Wollust, Aberglaube und Atheismus lauern – und in dem zwangsläufigen Gefühl der eigenen inneren Heimsuchung und seiner ständigen Neigung, sich von dem lebendigen Gott zu entfernen, sollte er absolut sicher sein, daß es nur ein einziges Heilmittel gibt gegen all dies Übel, nämlich *das Evangelium.* Andere Lehren müssen die ihnen zukommende Achtung erfahren, aber wir sind verpflichtet, dem Evangelium Christi unter allen Umständen eine Vorrangstellung einzuräumen.[25]

Dies könnte ein Leitspruch sein für Charles Huleatts späteres Leben und den Evangelikalismus, der ihn bis zu seinem Tode antreiben sollte. Wycliffe Hall fehlten die ehrwürdige Größe und der gesellschaftliche Status des Magdalen College; Girdlestone verkörperte gewiß viel weniger als Warren eine Oxforder Größe. Doch Huleatts Aufenthalt an diesem theologischen College war für ihn sicher entscheidend, da es ihn auf den Weg brachte, der ihn zunächst zu dem Papyrus führte und dann zu einem vorzeitigen Tod.

Nach Luxor

Für einen hochgesinnten Oxforder Altphilologen war es durchaus üblich, sich im Ausland eine dem Vaterland dienende Stelle zu suchen. Dies galt um so mehr für einen jungen Evangelikalen mit starkem Sendungsbewußtsein. Häufig fand an der Universität ein Missionsfrühstück statt, bei dem Hunderte versammelt waren, um sich von denen zu verabschieden, die das Leben des Predigers gewählt hatten.[26] Gesellschaften wie die 1880 in Christ Church gegründete Oxford-Mission für Kalkutta wirkten wie ein Brennpunkt für solche Unternehmungen, während künftige Missionare wie Huleatt sich von legendären Oxforder Predigern inspirieren ließen, wie zum Beispiel Henry Watson Fox (gest. 1848), einem Absolventen des Wadham College, der sein Lebenswerk in Indien vollbracht hatte, und Thomas French (gest. 1891), Fellow des Universität College und Bischof von Lahore.[27]

Dieser Aspekt der Oxforder Universitätsromantik war untrennbar mit dem Mythos des Empire verbunden. Der Rektor des Keble College, Reverend W. Locke, drückte es 1907 so aus: »Das britische Empire ist selbst ein Ausdruck des Christentums, das die Kirche bewahren muß, und Christen haben jetzt nicht nur zu lehren, daß die maßgeblichen Autoritäten von Gott gewollt sind, sondern außerdem darauf zu achten, daß diese auch als gottgewollte Autoritäten handeln.«[28]

Keine Organisation verkörperte dieses Bündnis von Gott und Empire besser als die *Colonial and Continental Church Society*, der Huleatt den Rest seines Lebens widmete.[29] Gegründet wurde sie 1851 durch die Fusion der *Colonial Church Society* und der *Newfoundland School Society*. Der Zweck der *C & CCS* bestand darin, »Evangelicals« als Geistliche, Lehrer und Missionare für die Länder des Empire und des Commonwealth sowie für britische Staatsbürger in anderen Teilen der Welt bereitzustellen. Ihr Ziel war es, sich um Großbritannien im Ausland zu kümmern; ihre Ansprüche an die Lehre waren bescheiden und konservativ. Ein 1842 entworfener Einstellungsfragebogen erkundete die Ansichten des Kandidaten zur »Angemessenheit der Heiligen Schrift als Glaubensregel«. Huleatt hätte mit seiner Antwort nicht lange gezögert.

Nach dem Studium in Wycliffe Hall wurde Huleatt schließlich 1888 in der Hereford Cathedral ordiniert und begann seine geistliche Laufbahn als Vikar der Marienkirche in Swansea und der Markuskirche in Broadwater Down, Sussex. Unter den Papieren, die 1908 aus dem Schutt in Messina gerettet wurden, befand sich ein Empfehlungsschreiben, das sechzehn Jahre zuvor von J. H. Townsend, dem Pfarrer von St. Mark's, verfaßt worden war. Dieser beschrieb Huleatt als »durch und durch loyal, zuverlässig und fleißig. Er hat in der kurzen Zeit, in der er hier in der Gemeinde ist, die Achtung aller gewonnen. Die Arbeiter mögen ihn, und die jungen Männer und Burschen scharen sich um ihn. Er ist ein guter Prediger, und wenn er predigt und Besuche macht, versucht er die Seelen der Menschen zu erreichen und nicht nur ihren Verstand.«

Mit anderen Worten, Huleatt hätte sich als englischer Gemeindepfarrer niederlassen und ein produktives und erfolgreiches Leben führen können. Doch seine Ziele lagen zu jener Zeit schon woanders. Er verbrachte den Winter 1890/91 als englischer Kaplan in Luxor, ein Amt, das er von 1893 bis 1901 jeden Winter übernehmen sollte. Seine Begeisterung für diese Aufgabe wurde gleich am Anfang deutlich, und zwar in einem Bericht, den er vom Luxor Hotel an die *C & CCS* schickte.[30]

»Jeder detaillierte Bericht über die Arbeit dieses Winters müßte hauptsächlich darin bestehen, die Freundlichkeit all jener zu beschreiben, mit denen ich in Kontakt gekommen bin«, schrieb er. Die Anwesenheit eines Hauskaplans im Luxor Hotel hätte sich, so sagte er, unter den Nil-Reisenden herumgesprochen, »so daß sie in sehr vielen Fällen ihre Pläne danach richteten und alles so arrangierten, daß sie an einem Sonntag in Luxor sein konnten«. Huleatt beschrieb die Gemeinde als »sehr zufriedenstellend, wenn auch häufig wechselnd«, und erinnerte sich, »daß einmal ein Gentleman, der es sehr eilig hatte, nach Kairo zu kommen, dennoch zwei Tage mit Sehenswürdigkeiten opferte, um die von der *Colonial and Continental Church Society* angebotenen Gottesdienste wahrzunehmen«. Die Gemeinde hatte sogar einen Weihnachtsgottesdienst mit Weihnachtsliedern abgehalten, der großen Anklang fand, und der neue Kaplan konnte über die Ankunft eines Abendmahltisches berichten, die Gabe zweier Kirchgängerinnen.

Was hatte Huleatt nach Oberägypten geführt? Wieder einmal hatten die Familienbeziehungen eine Rolle gespielt. Im Juli 1881 schrieb John Mason Cook, der Sohn des Thomas Cook, an die Gesellschaft mit der Bitte um weitere Informationen über den jungen Kaplan, bevor er ihn formell einstellte. »Die Vereinbarung, die er mit Mr. Huleatt traf, war ganz außergewöhnlich, war er doch der Sohn eines alten persönlichen Freundes ... Bevor ein Kaplan eingestellt wird, will er immer noch gern etwas über den Geistlichen wissen, der vorgeschlagen ist.«[31] Offenkundig erhielt Cook schon bald die gewünschte Bestätigung und machte die Einstellung amtlich.

Das war ein entscheidender Moment in Huleatts Leben. In den folgenden Sommern hatte er zwar in Varese und Schwalbach vorübergehend das Amt des Kaplans inne und kehrte zwischendurch auch immer wieder einmal nach England zurück, um seine Familie zu besuchen, doch Luxor wurde nun eindeutig zu seiner Heimat und stand im Zentrum seiner Aktivitäten. Sicher übte der trockene, heiße Winter einen Reiz auf jemanden aus, der wie er unter einer angegriffenen Gesundheit litt. Cooks Reiseprospekt tat sein Bestes, um das Luxor Hotel als eine segensreiche Zufluchtsstätte für Kranke erscheinen zu lassen, indem er einen angesehenen Arzt zitierte: »Hier findet der Kranke eine freundliche Gegend, in der er die frische belebende Luft atmen und die regenerierenden Strahlen der starken ägyptischen Sonne genießen kann. Hier legt er den Respirator beiseite; hier bedarf er nicht der Zuflucht eines stickigen, ofengeheizten Zimmers.«[32]

Doch hatte wohl auch Ägyptens verblassendes christliches Erbe Huleatts Missionarsseele angezogen. »Es steht sehr zu hoffen, daß man bald mit größerem Eifer darangehen wird, der lethargischen koptischen Kirche bei ihrer Reform zu helfen und das ägyptische Christentum wiederzubeleben«, schrieb er an die Gesellschaft. »Man muß viel dafür beten und arbeiten, daß das ägyptische Christentum wieder einmal das Land beherrschen und eine Kraft zum Guten sein möge, anstatt weiter ein Hindernis für Missionsbestrebungen zu sein, eine Schande für den Namen Christi und ein groteskes Beispiel für eine ausgelaugte und verknöcherte Kirche.« Die Familie Cook, die für ihre aufrechte Evangelientreue berühmt war, hätte dieser Meinung sicher beigepflichtet. Huleatt jedenfalls hat das »wahre Christentum« seines Gönners bestimmt zu würdigen gewußt.

Wer Kaplan im Luxor Hotel war und somit in der Thomas-Cook-Organisation eine wichtige Rolle spielte, gehörte damit auch zu einem Empire innerhalb des Empires. Seit dem nationalistischen Aufstand von 1882 und der britischen Besetzung von Ägypten war zwar Lord Cromer der Generalkonsul des Landes und sein eigentlicher Regent, doch viele glaubten, daß die wahre Macht in der Hand der Familie Cook lag, die Ägyptens Tourismusindustrie und Infrastruktur verändert, die völlige Kontrolle über die Nil-Dampfschiffahrt erlangt und einen inoffiziellen Herrscherkult etabliert hatte.[33] Es hieß, die Sphinx habe ihr Schweigen gebrochen, um Cook Pascha zu seinem Erfolg zu gratulieren, während es in Assuan eine Hieroglypheninschrift gab, die dem »König von Ober- und Unterägypten, John, Sohn der Sonne, Cook und Sohn, Herr über Ägypten und Pharao der Schiffe im Norden und im Süden« gewidmet war.

Die Einheimischen hielten die Cook-Organisation für weitaus umgänglicher und vertrauenswürdiger als das Cromer-Regime. Aber auch die britische Verwaltung war oft auf die Hilfe der Organisation angewiesen, nicht zuletzt bei Gordons Rettungsfeldzug, als Cook 18000 Soldaten über mehr als 500 Meilen transportierte. 1889 schrieb *Vanity Fair* über ihn, daß »der Souverän desto mächtiger wird, je weiter man den Nil hinauffährt, und hier in Luxor, wo im Glanze seines Antlitzes ein außergewöhnliches Hotel entstanden ist, gilt er tatsächlich als ein moderner Amun-Re«.

Somit war Huleatt – dem mächtige Institutionen nicht fremd waren – nicht nur Kaplan einer ärmlichen Lehmziegel-Kirche, die bis 1898 nicht einmal elektrisches Licht besaß, sondern auch Teil eines prachtvollen Hofstaats geworden. Die Gäste, die er seelsorgerisch betreute, waren wohlhabende Reisende, von denen einige aus Gesundheitsgründen im Hotel blieben, während andere auf einem Dampfschiff oder einer Dahabije gemächlich den Nil hinunterfuhren. Luxor, früher einmal ein wenig einladendes Dorf aus Lehmhütten, das Florence Nightingale 1849 »furchtbar« nannte, hatte sich zu einem Wintertummelplatz entwickelt. Neben Huleatts Gedenktafel hängt heute ein Messingporträt von Albert Ferdinand Pagnon, der als Cooks Geschäftsführer das Luxor Hotel zu einem Luxussanatorium für die Reichen machte, zu einer zivilisierten Oase inmitten von Palmen und Akazien mit einem Billardraum, einem Tennisplatz, mit Gärten, einem Rauchzimmer und sogar mit einem Friseursalon. Viele der Gäste waren Tuberkulosekranke, die ihren Zustand im trockenen Klima Oberägyptens lindern wollten; andere suchten hier ganz ungeniert ihr Vergnügen. 1892 schwärmte der Journalist Charles A. Cooper in *The Scotsman* vom Zauber des Hotels:

> Die Tage in Luxor waren wunderbar, und die Nächte im Luxor Hotel traumlos ... Alles war sauber, frisch und freundlich. Der Duft der Mimosen strömte zum Fenster und zur offenen Tür herein. Tagsüber schien die Luft golden vor Sonnenschein, nachts silbern vom Mond. Hohe Palmen spendeten in der mittäglichen Sonne Schatten ... Wahrhaftig, das Luxor Hotel war für mich das reinste Paradies.[34]

Das Leben im Hotel war nicht etwa abgeschieden, sondern sehr kosmopolitisch. Man schätzt, daß 1889 50000 Menschen Ägypten besuchten; Kairo wurde in der Presse als »ein Vorort Londons« bezeichnet, eine Übertreibung, die ebensogut auf Luxor gepaßt hätte. Huleatt hat es sicher nie an gleichgesinnter Gesellschaft gemangelt.

Das Cook-Empire war außerdem von einem ausgesprochen paternalistischen Geist geprägt, den der junge Kaplan unwillkürlich teilte. Es war üblich, daß die Europäer den Einheimischen – wenn irgend möglich – medizinische Hilfe leisteten, und der Arzt des Luxor Hotels hatte seine Dienste schon in den achtziger Jahren kranken Dorfbewohnern inoffiziell zur Verfügung gestellt. Von 1887 an sammelte John Cook Spenden für ein einheimisches Krankenhaus, das im Januar 1891 von dem Khediven von Ägypten, Tewfik Pascha, mit einer großen Feier eröffnet wurde.

Huleatt war offenbar sehr beeindruckt von dessen Rede, in der dieser »einen verblüffenden Vergleich zog zwischen den kolossalen Ruinen, die prunksüchtige Herrscher heidnischer Zeit in der Gegend hinterlassen hatten, und dem weniger aufwendigen Gebäude, von dem er hoffe, daß es noch lange Jahre Zeugnis ablegen möge für die Herzensgüte Mr. Cooks (er hätte statt dessen ebensogut ›das wahre Christentum‹ sagen können) und der englischsprachigen Reisenden auf dem Nil«. Der Kaplan blieb dem Krankenhaus, das ab 1898 jährlich 32000 Patienten behandelte, eng verbunden. Das Luxor-Krankenhaus-Komitee setzte sich nach Huleatts Tod sogar dafür ein, daß eine Station in seinem Namen gestiftet wurde.[35] Das Krankenhaus steht zwar noch immer, nur wenige Gehminuten vom Hotel entfernt, doch Huleatt selbst ist dort heute vergessen.

Die Entdeckung des Jesus-Papyrus

Es besteht kein Zweifel daran, daß Charles Huleatt in Luxor ein verdienstvolles Leben führte. Trotzdem bot das Kaplansamt Huleatt mehr als nur die Gelegenheit, Gott und seinen Mitmenschen zu dienen. Wer in dieser Zeit in Ägypten war, befand sich im Zentrum einer außergewöhnlichen wissenschaftlichen Wiedereroberung der Vergangenheit. Napoleons neunbändige Beschreibung Ägyptens, die zwischen 1809 und 1822 erschienen war, hatte der Welt erneut die Augen für die Erhabenheit des ägyptischen Altertums geöffnet und ein Jahrhundert bahnbrechender Ägyptologie eingeleitet. 1822 hatte Jean-François Champollion den Wissenschaftlern den Schlüssel dazu geliefert, indem er die alten Hieroglyphen entzifferte, mit denen die Mauern ägyptischer Bauten übersät waren. Ihm folgte eine ganze Generation hervorragender Archäologen, an ihrer Spitze Auguste Mariette, der Gründer der ägyptischen Altertümerverwaltung, und Gaston Maspero, sein Nachfolger. Der Tempel von Luxor, die Pyramiden von Giseh, das Serapeum in Memphis und die Gräber in Deir el-Bahari – sie alle wurden in einer Geschwindigkeit ausgegraben und untersucht, die für ihre Entdecker selbst atemberaubend war.

Als Huleatt 1890 nach Ägypten kam, waren in der Tempelanlage von Luxor bereits seit fünf Jahren größere Ausgrabungen im Gange, während die Ausgrabungen in Karnak schon um einiges länger andauerten. In einem Bericht an seine Gesellschaft schrieb der Kaplan, daß der Tempel von Karnak »als die größte Ruine der Welt gelte«, und bemerkte mit der Genugtuung eines typischen Evangelikalen, daß der Tempel »durch die Inschriften auf seinen Mauern den biblischen Bericht über Schischaks Einmarsch in Juda bestätige«. Huleatt fand den Tempel von Luxor kaum weniger »prachtvoll« und war fasziniert von den »Spuren, die jene Zeit hinterlassen hatte, als die Christen diese heidnischen Überreste dem Dienst ihres und unseres Gottes und Herrn geweiht hatten«.

Doch es waren nicht nur Bauten, die im Nahen Osten der Erde entrissen und erforscht wurden. Daneben tauchte auch eine Vielzahl von Manuskripten auf, von denen viele frühchristlichen Ursprungs waren. Im Mai 1844 hatte der deutsche Altphilologe Konstantin von Tischendorf im Katharinenkloster auf den Hängen des Berges Sinai den *Codex Sinaiticus* gefunden, einen aus dem 4. Jahrhundert stammenden Text des Alten und Neuen Testaments in griechischer Sprache, den er sofort als den »wertvollsten existierenden biblischen Schatz« erkannte, »ein Dokument, das an Alter und Bedeutung alle Handschriften übertraf, die ich in zwanzig Jahren Forschung je untersucht hatte«[36].

Dieser Kodex war auf Pergament geschrieben, zu dessen Herstellung man die Häute von 360 Schafen und Ziegen benötigt hatte. Die meisten der unzähligen Fragmente, die, von dem trockenen, heißen Klima Ägyptens jahrhundertelang konserviert, ans Licht kamen, waren jedoch weitaus kleiner. Den Einheimischen war die Papyrusstaude heilig, weil für sie der Querschnitt ihres Stiels einer Pyramide ähnelte und ihre Halme wie Sonnenstrahlen aussahen. Den angereisten Wissenschaftlern jedoch waren die alten Papyri als historische Quellen wertvoll.

»Überall verbreitete sich der Gebrauch des Materials, auf dem die Unsterblichkeit der Menschen beruht«, schrieb Plinius d.Ä. etwa 70 n. Chr. Entsprechend beinhalteten die Papyrushandschriften alles mögliche – von Sprüchen Jesu bis zu Wäschelisten und Quittungen. Einige Papyri waren sehr lang, wie zum Beispiel der Prisse-Papyrus (ca. 2000 v. Chr.), den der französische Ägyptologe Achille Prisse d' Avennes von einem Mann aus Gourna gekauft und Frankreich geschenkt hatte. Die meisten anderen waren im Gegensatz dazu sehr klein, winzige Fragmente der Vergangenheit, die erhalten geblieben waren und nun die Nachwelt vor Rätsel stellten.[37]

Ihr Erhalt war natürlich völlig dem Zufall überlassen. In den siebziger Jahren des 18. Jahrhunderts wurden beispielsweise in Giseh gefundene Papyri von den Einheimischen verbrannt, weil diesen der dabei entstehende Geruch gefiel. Aber jene, die tatsächlich überdauerten, lösten zu dem Zeitpunkt, als Huleatt in Ägypten sein Amt antrat, großes wissenschaftliches Interesse aus. 1877 hatte man in Faijum byzantinische Archive ausgegraben, während der große englische Ägyptologe Flinders Petrie in Hawara bedeutende Papyrusfunde gemacht hatte. 1895 beschloß der Egypt Exploration Fund, die griechisch-römische Epoche in sein Forschungsgebiet mit einzubeziehen, und stellte Bernard Grenfell, einem Assistenten Petries, finanzielle Mittel zur Verfügung, damit dieser nach weiteren Papyri suchen konnte.

In den folgenden Jahren erbrachte die Zusammenarbeit Grenfells mit seinem Oxforder Studienfreund Arthur Hunt einige der sensationellsten Funde in der Geschichte der Papyrologie, vor allem in der 120 Meilen südlich von Kairo gelegenen, ehemals hellenistischen Siedlung Oxyrhynchus. Als die beiden die Müllhalden der Stadt durchstöberten, stießen sie unter anderem auf Verse der Sappho und einen Teil eines verlorenen Dramas von Sophokles. Als sie eines Tages die Schnipsel sortierten, fiel Hunts Blick auf das Wort *karphos*, griechisch für »kleiner, dürrer Stiel« oder »Zweig«, ein Wort, das im griechischen Urtext der Bibel sechsmal auftaucht und zu einem Ausspruch gehört, der Jesus zugeschrieben wird. Das Fragment, das sieben *Sprüche Jesu* oder *Logia* enthält, wurde rasch als apokrypher Evangeliumstext identifiziert, der etwa hundertfünfzig Jahre älter war als der von Tischendorf entdeckte *Sinaiticus*. Über diesen historischen Fund sagte Grenfell: »Keinem anderen hätte ich das unbesehen geglaubt, aber Hunt ist wirklich bibelfest.«

Hunt sollte kurze Zeit später eine zufällige, aber entscheidende Rolle im Leben des Charles Huleatt spielen. Es gibt keinen Beweis dafür, daß die beiden einander kannten. Aus den leider nur spärlichen Quellen zum Leben des Kaplans von Luxor geht nicht hervor, wie er auf diese sensationellen Entdeckungen reagiert hatte. Doch es ist kaum vorstellbar, daß er nicht von ihnen wußte und nicht von ihnen fasziniert war. Das zumindest darf man aus der Tatsache schließen, daß einer seiner engsten Freunde in Luxor Archibald Henry Sayce (1845–1933) war, der berühmte Ägyptologe und Philologe.

Sayce war ein aufsteigender Stern am Oxforder Firmament gewesen, im Alter von fünfundzwanzig Jahren Fellow am Queen's College und mit dreißig eine anerkannte Autorität auf dem Gebiet aller Inschriften. 1890 jedoch trieb ihn seine schlechte Gesundheit und die Neugier eines intellektuellen Pilgers dazu, seine Stellung in Oxford aufzugeben und nach Ägypten zu übersiedeln, wo er viele Winter auf seinem großen Nil-Boot, der *Istar*, verbrachte, die eine neunzehnköpfige Besatzung und eine zweitausendbändige Bibliothek besaß. In Ägypten und England arbeitete er eng mit Petrie zusammen, und zwar über griechische Papyri, eine Erfahrung, die er in seinen *Erinnerungen* als persönliche Renaissance der humanistischen Wiederentdeckung und Interpretation beschreibt.[38] Diese Autobiographie verzeichnet viele Besuche in Luxor und zumindest zwei Abstecher im Sommer nach Varese, wo er Huleatt traf. Der Kaplan nannte seinerseits Sayce später »einen alten Freund«, der ihm »völlig freie Hand gelassen habe«, als er dessen Bücher nachdruckte und sie unter seiner englischsprachigen Gemeinde in Messina verbreitete. Es war Sayce, dem Warren nach Huleatts Tod schrieb, als er des Verstorbenen mit Zuneigung gedachte, und Sayce war es auch, der in der *Times* einen Spendenaufruf für Huleatts Gedenktafel am Luxor Hotel lancierte.

Bei diesem Wissenschaftler hat Huleatt eine grenzenlose und ansteckende Begeisterung für die Möglichkeiten der Papyrologie erlebt. »Unzählige Handschriften von unschätzbarem Wert sind zwar bereits zerstört«, schrieb Sayce 1896, »aber der Boden Ägyptens ist in archäologischer Hinsicht nahezu unerschöpflich, und in dem Land der Septuaginta, der christlichen Schule von Alexandria und der leidenschaftlichen Theologie einer späteren Ära müssen noch andere Dokumente zutage kommen, die sehr viel Licht auf die Frühgeschichte unseres Glaubens werfen werden.«[39] Es ist faszinierend, darüber zu spekulieren, was Sayce wohl von den Papyrusfragmenten gehalten hätte, die Huleatt nur fünf Jahre später an sein altes College schickte, und welchen Rat er seinem jüngeren Freund gegeben haben mochte, als die beiden in der Bibliothek seines Nil-Bootes zusammen den Tee einnahmen. Leider enthält der Sayce-Nachlaß, der nun in der Bodleian Library in Oxford aufbewahrt wird, keinerlei Briefe der beiden. Doch man darf getrost davon ausgehen, daß Huleatt sich ein amateurhaftes Interesse an der aufkommenden Wissenschaft der Papyrologie bewahrt hatte, und sei es nur, um mit seinem Freund, dem Wissenschaftler, mithalten zu können.

Zu irgendeinem Zeitpunkt seines Aufenthaltes in Ägypten stieß Charles Bousfield Huleatt auf drei Papyrusschnipsel, die er für äußerst bedeutsam hielt. Ehe er in Messina sein nächstes Amt antrat, sorgte er dafür, daß seine Mutter sie ans Magdalen College schickte, was sie im Oktober 1901 – zusammen mit ein paar flüchtigen Notizen ihres Sohnes, die nun verloren sind – auch tat. Zwei Monate später schrieb Huleatt selbst an den Bibliothekar des College, H. A. Wilson, um sich zu vergewissern, daß das Päckchen auch angekommen war, und erwähnte dabei beiläufig, wie bedauerlich der jüngste Raub von Mumien und Papyri aus einem der Gräber in Luxor sei. Das ist das einzige erhaltene Zeugnis von Huleatts Entdeckung des Jesus-Papyrus im

Magdalen College – des heute weltweit meistdiskutierten Fragments des Neuen Testaments.

Wo mag er wohl darauf gestoßen sein? Der Markt für solche Schätze war riesig und trotz der Bestrebungen der Altertumsverwaltung, die den ungenehmigten Verkauf von Funden unterbinden wollte, noch kaum Kontrollen unterworfen. 1895 war der Schriftsteller Henry Stanley schockiert über die Mißachtung von Vorschriften in Luxor und den blühenden Handel mit Mumien und anderen Altertümern, von denen viele gefälscht waren. »O gewiß, Theben ist der rechte Ort, um Souvenirs zu kaufen«, schrieb er und beschrieb dann, daß ein einziger Mann eine ganze Sammlung gekauft hatte, bestehend aus »drei Männerköpfen, einem Frauenkopf, einem Kinderkopf, sechs großen und kleinen Händen, zwölf Füßen, einen pummeligen Säuglingsfuß, einem Fuß, an dem ein Zeh fehlte, zwei Ohren, einem Teil eines guterhaltenen Gesichts, zwei Ibismumien und einer Hundemumie.«[40]

Derart bizarre und schaurige Käufe waren natürlich nie nach Huleatts Geschmack gewesen. Aber Stanleys Beispiel veranschaulicht, wie leicht Altertümer erhältlich waren, ob sie nun echt waren oder nicht. Die Antikenläden und Basare von Ägypten waren voll von ungesetzlich erworbenen Waren, und Wissenschaftlern wurden häufig Papyri angeboten – wobei die Einheimischen jene in koptischer und Hieroglyphenschrift im allgemeinen für wertvoller hielten als griechische. Die *Erinnerungen* von Sayce machen deutlich, wie unsicher dieser Markt im Grunde war.[41] Selbst ein so gewissenhafter Mensch wie Huleatt hätte einen absolut rechtmäßigen Verkauf nicht immer von einem dubiosen unterscheiden können, vor allem, wenn der Papyrus ein Geschenk von einem der vielen Bewunderer und Bekannten gewesen wäre, die Huleatt unter den Hotelgästen hatte.

Er fühlte sich anscheinend instinktiv dazu getrieben, den Papyrus irgendwohin zu schicken, wo er sicher sein würde: Das Magdalen College lag da nahe, denn seine alte Alma mater würde die Fragmente bestimmt sicher aufbewahren, sicherer, als sie es jemals in einem Land von Grabschändern, Antikenhändlern und Touristen sein könnten. Doch das mit dem Papyrus beschenkte College reagierte ruhig und gelassen wie ein Antiquar, und nicht wie ein faszinierter Forscher. Huleatts Brief an den Bibliothekar vom Dezember 1901 offenbart, daß das College den Empfang der Fragmente im Oktober noch nicht einmal bestätigt hatte. Arthur Hunt, der vor seiner Wahl zum Fellow am Lincoln College von 1896 bis 1900 ein Stipendiat am Magdalen College war, wurde gebeten, das Datum der Fragmente zu schätzen, und zwar im Hinblick auf Huleatts eigene vorsichtige Annahme, daß sie vielleicht aus dem 3. Jahrhundert stammten. Hunt hielt das offenbar für zu früh und gab an, daß sie mit größerer Wahrscheinlichkeit dem 4. Jahrhundert zugeordnet werden könnten.[42]

Die Fragmente wurden in eine Vitrine der alten College-Bibliothek gelegt, einem prachtvollen, aber nicht für jeden zugänglichen Raum am Ende einer steilen Treppe im Kreuzgang des College, der direkt an die Wohnung des College-Präsidenten grenzt. Gibbon pflegte dort über seinen Büchern zu brüten, und noch heute benutzen Fellows von Magdalen die Bibliothek als ruhiges, von den belebteren Räumlichkeiten des College abgeschirmtes Arbeitsrefugium. Sie ist das innere Heiligtum von Magdalen, auch wenn der Papyrus kaum als sein Allerheiligstes behandelt wurde. Statt dessen lag er neben anderen Erinnerungsstücken des College – dem korrigierten Typoskript von Oscar Wildes *Lady Windermeres Fächer*, einem Ring Oscar Wildes und ähnlichem – und erregte bei den Mitgliedern des College kaum Aufmerksamkeit.

Arthur Hunts Urteil beendete die Debatte über das Alter der Fragmente bis nach dem Zweiten Weltkrieg. Er selbst fand als Gelehrter ein ruhiges Plätzchen am Lincoln College, während Grenfell ans Queen's College zurückkehrte, das mit Edgar Lobel, George Kilpatrick und anderen Papyrologen und Textkritikern das 20. Jahrhundert hindurch eine Hochburg der Forschung geblieben ist. 1953 datierte Colin Roberts den Papyrus ins spätere 2. Jahrhundert und stellte einen Zusammenhang zwischen ihm und zwei Fragmenten in der Fundación San Lucas Evangelista in Barcelona her.[43] Diese Beurteilung sollte bis zu

Carsten Peter Thiedes Neudatierung, mehr als vierzig Jahre später, Bestand haben. Bis dahin hatten nur wenige *Fellows* überhaupt Kenntnis von der Existenz des Papyrus.

Die Tragödie von Messina

Das Schlußkapitel von Charles Huleatts Leben – fast wie ein Nachwort zu seiner Entdeckung des Papyrus – brachte persönliche Erfüllung und endete doch in einer urplötzlichen Tragödie. Das Amt des *Chaplains* in Messina war vielleicht einer der am wenigsten begehrten Posten, die die *Colonial and Continental Church Society* zu vergeben hatte. Vierzig Meilen vom Ätna entfernt und Reggio gegenüber gelegen, eine lärmende, gewalttätige Stadt, in der Verbrechen, Krankheit und Aufruhr zum täglichen Leben gehörten. 1895 beschrieb der britische Konsul sie als »eine der schlimmsten, die Seeleute anlaufen können«. Doch Huleatt scheint seine neue seelsorgerische Aufgabe mit Vergnügen wahrgenommen zu haben. Die geistig-religiöse Armut des Ortes entzündete seinen Missionarsgeist wie nie zuvor.

Seine Berichte an die Gesellschaft wurden häufiger und lebendiger. 1902 schrieb er über »die weite Verbreitung nicht nur einer groben Unmoral, sondern auch eines Spiritismus, der zu einer Art Verehrung böser Geister geworden ist ... Es gibt Familien mit englischen Namen wie Barrett und Hopkins, deren Mitglieder überhaupt kein Englisch können«.[44] Im Mittelpunkt seiner Arbeit stand das Seemannsheim und die anglikanische Kirche im Erdgeschoß eines großen Lagerhauses, das der Bischof von Gibraltar als »das Herz der Kolonie« beschrieb, der 130 Leute englischer Abstammung angehörten.[45] Huleatts Tätigkeit war dort sicher anstrengender, als sie es in Luxor gewesen war. Einmal konfrontierte ihn eine Frau in seinem Wohnzimmer mit der Drohung, sie werde sich umbringen, wenn er den Ehestreit mit ihrem Mann nicht schlichten würde.[46] Ein anderes Mal kümmerte er sich im Krankenhaus um einen Seemann, den ein Sizilianer brutal zusammengeschlagen hatte. Doch solche Widrigkeiten wurden durch die kleinen geistlichen Triumphe seiner Arbeit mehr als ausgeglichen. Zu ihnen zählte nicht zuletzt, daß er Seeleute zum Besuch seiner Gottesdienste überredete, daß er den englischen Kindern der Kolonie die biblischen Geschichten nahebrachte oder einen Jungen von vierzehn Jahren taufte, dessen trunksüchtiger Vater vergessen hatte, ihm dieses Sakrament im Säuglingsalter zukommen zu lassen. Huleatt kümmerte sich auch aus eigenem Antrieb in Reggio um die Konversion interessierter römischer Katholiken zur anglikanischen Kirche und ließ seiner kleinen Gemeinde dort finanzielle und moralische Unterstützung zuteil werden.

Über die schwere Arbeit in Messina half ihm unter anderen die Freundschaft mit Bischof William Collins (1867–1911) hinweg, der für die Kaplansposten in Europa, wie den von Huleatt, verantwortlich war. Auch Collins litt unter einer angeschlagenen Gesundheit, und er war ein Gelehrter: Bereits mit 26 Jahren wurde er Professor für Kirchengeschichte. Als Bischof von Gibraltar reiste er ständig umher und lernte Huleatt gut kennen. Später erinnerte er sich an ihn als an »einen unermüdlichen Arbeiter, großherzig und tolerant, mit echtem pastoralen Gespür«.[47] Collins kam am 20. Dezember 1908 nach Messina, predigte in der Kirche und hoffte, noch vor Ende des Jahres wieder zurückzukehren. Acht Tage später wurde die Stadt ausgelöscht und mit ihr Tausende ihrer Bewohner.[48]

Der Bischof hielt sich in Malta auf, als sich das Erdbeben ereignete, und reiste sofort an Bord der *Minerva* zurück. Das Bild apokalyptischer Verwüstung, das sich ihm am frühen Morgen des 30. Dezember bot, ließ ihn nicht mehr los:

> Ganze Straßen waren mit fast unpassierbaren Trümmermassen derart zugeschüttet, daß es oft schwer war, Stadtteile, die einem früher vertraut waren, wiederzuerkennen. Es war eine wahre Totenstadt ... Die Überlebenden irrten ziellos umher, das Entsetzen stand ihnen in den Augen, sie litten Durst- und Hungerqualen und hatten nur das am Leibe, was sie in der Schnelle greifen konnten.

Ein Überlebender verglich das Grauen mit Dantes *Inferno*. Ohne Hoffnung bahnte sich Collins einen Weg zu den Ruinen der Kirche, wo er Huleatts Talare und die Weihnachtsliederbücher aufgeschlagen fand. Das hohe Haus an der Via Torrente Trapani, in dem der Kaplan in einem Neunpersonenhaushalt gelebt hatte, war in sich zusammengestürzt. Es gab widersprüchliche Geschichten über das Schicksal der Bewohner. Am 1. Januar 1909 berichtete die *Times*, daß die Familie Huleatt gerettet worden sei; aber sie mußte sich fünf Tage später korrigieren:

Die Retter gruben mit verzweifelter Anstrengung, waren sie sich doch sicher, daß Mr. Huleatt mit seiner Frau und den vier Kindern unter den Trümmern lag. Das Stöhnen kam offenbar nur von einer Person. Die Schwierigkeiten, mit denen sie zu kämpfen hatten, waren gewaltig, und am Abend machte ein weiterer Erdstoß die Arbeit noch gefährlicher, denn die wankenden Mauern ringsum drohten einzustürzen. Schließlich wurden Mr. Huleatt und ein Kind im Bett liegend gefunden, zerschmettert, aber erkennbar; der Tod war sofort eingetreten.

Am 12. Januar beerdigte Bischof Collins Percy Huleatt und Mrs. Kirkby, eine Engländerin, die bei den Huleatts gelebt hatte. Am 3. Februar wurden die Leichen von Charles und Caroline in Taormina zur letzten Ruhe gebettet. Es war eine schwere Prüfung, von der sich der kränkelnde Bischof nie wieder richtig erholte. Trost suchte er im Glauben: »Für die, die recht verstehen«, schrieb er wehmütig, »verliert der plötzliche Tod seinen Schrecken, und die Verbundenheit im Schmerz ist ein Gewinn.«

Viele Menschen trauerten aufrichtig um Charles Bousfield Huleatt. Die *C & CCS* berichtete, »die Sympathiebezeugungen für unseren verstorbenen Freund waren zahlreich und kamen von unerwarteter Seite«. Sayce und die Familie Cook veröffentlichten in der *Times* einen Spendenaufruf für eine Messingtafel zum Gedenken an den Chaplain. Das *Oxford Magazine* bezeichnete ihn als »einen wahren Gelehrten und einen höchst liebenswerten und engagierten Menschen«. Schließlich wurde der ganzen Familie in St. Mary's Church, Shalford, mit einer Plakette gedacht, die als Aufschrift trug: »Treu bis in den Tod.«

So endete das Leben eines Gelehrten und Gläubigen. Das Streben nach Wissen und Anstand hatte Huleatt Tausende von Meilen von seiner Heimat weggeführt. Manche mögen ihn vielleicht als einen Durchschnittsmenschen beurteilen, der im Schatten seiner Förderer Rutherford, Warren, Cook, Sayce und Collins gelebt hat. Doch in seiner ruhigen, aber bestimmten Art hatte er einen Feldzug zur Rettung von Seelen und zur Verbreitung des Wortes Gottes geführt. Und dabei war er zufällig auf einen Papyrus gestoßen, der eines Tages helfen sollte, das Alter der Schriften des Neuen Testaments zu bestimmen, und der die von Renan und Strauss übernommenen Irrtümer, die Huleatt so gründlich verachtete, in Zweifel ziehen würde. Aber dieser Tag war noch fern. Huleatt und dem von ihm entdeckten Papyrus standen Jahrzehnte der Vergessenheit bevor.

5

DIE NEUDATIERUNG

Wird diese Datierung akzeptiert, dann wird sie unser Verständnis vom Ursprung der Evangelien und nahezu jeden anderen Aspekt des frühesten Christentums revolutionieren.
Graham Stanton, Gospel Truth? 1995

Es ist ganz klar, daß eine Handschrift, die der Abfassung des Neuen Testaments zeitlich näher steht, bessere Chancen hat, den ursprünglichen Wortlaut erhalten zu haben.
Klaus Haacker, Neutestamentliche Wissenschaft, 1985

Es müßte ein sehr kühner Mann sein, der leugnen wollte, daß ein solcher Text – oder irgendein Text – weitere Verbesserungen zuließe« – die aufschlußreiche Bemerkung eines berühmten Forschers, des Papyrologen Herbert C. Youtie. Doch leider wurde sie in einer praktisch nur an Fachleute gerichteten Vortragsreihe veröffentlicht, und selbst Fachleute können nicht alles lesen.[1] Obwohl Papyrologen in der Tat sehr kühne Männer – und Frauen – sein müssen, zählt manchmal, wie wir im vorhergehenden Kapitel gesehen haben, die »weitere Verbesserung« bestehender Texte und Ausgaben aus naheliegenden Gründen nicht gerade zu den Lieblingsaufgaben der Zunft. Schließlich gibt es neue Papyri, unbekannte Dokumente, die dringend auf die Identifizierung und Veröffentlichung warten – in weltweiten Sammlungen sind es Tausende: mehr als genug für die nächste oder die nächsten zwei Generationen von Papyrologen. Wenn sich jemand entschließt, einen Text neu zu untersuchen, der vor mehr als fünfzig Jahren in durchaus annehmbarer Form veröffentlicht wurde, muß das die Ausnahme von der Regel sein. Aber im Fall des Oxforder Papyrus des Matthäus-Evangeliums lagen die Gründe klar auf der Hand. In Museen und Bibliotheken auf der ganzen Welt liegen heute an die hundert Papyri mit Texten aus dem Neuen Testament. Manche wurden im letzten Jahrhundert entdeckt und herausgegeben, andere erst vor wenigen Jahren, wieder andere warten noch auf den Tag, an dem jemand die Zeit findet, sie zu veröffentlichen, und zudem existieren etliche Fragmente, bei denen noch nicht feststeht, ob sie zum Neuen Testament gehören oder nicht. Die ältesten dieser Papyri sind die frühesten Überreste der Evangelientexte, der Paulus-Briefe und anderer der 27 Schriften des Neuen Testaments. Manche halten sie für den wertvollsten literarischen Schatz der christlichen Welt und damit für ein unschätzbares Erbe der Menschheit. So gesehen hat es jeder einzelne neutestamentliche Papyrus verdient, auf das gründlichste untersucht zu werden, unter sorgfältiger Anwendung sämtlicher Werkzeuge, die dem Papyrologen und dem Historiker zur Verfügung stehen. Und selbstverständlich ist die Kunst des Papyrologen nicht statisch. Neue Einsichten, verbesserte Analysetechniken, Mikroskope auf neuestem Stand – ständig werden Fortschritte erzielt, und so stellt sich die naheliegende Frage: Kann die Arbeit, die vor fünfzig oder hundert Jahren geleistet wurde, angesichts unseres heutigen Wissens noch unverändert bestehen?

Ein römischer Dichter lädt ein

Als Reverend Charles Huleatt die drei Fragmente im ägyptischen Luxor erwarb und sie seinem alten College in Oxford schickte, war ihm klar, daß sie Teile des Matthäus-Evangeliums enthielten. Er hatte sogar eine vage Vorstellung von ihrer Entstehungszeit, begnügte sich aber damit, eine genauere Beurteilung den Fachleuten in Oxford zu überlassen. Tatsächlich lehrten zwei der damals führenden Papyrologen in Oxford. Der eine, Arthur Hunt, war Mitglied des Magdalen College, an dem Huleatt studiert hatte, und der andere, Bernard Grenfell, war Fellow am Queen's College, nur einige hundert Meter entfernt an der High Street. 1898 begannen sie mit der gemeinsamen Edition der »Oxyrhynchus Papyri«, jenen griechischen, lateinischen und koptischen Texten, die sie und andere bei Ausgrabungen der Stadt Oxyrhynchus in Oberägypten gefunden hatten. So überwältigend war die Zahl der Papyri, daß selbst heute, fast hundert Jahre später, noch nicht alle veröffentlicht sind. Der Fund dieser Texte, ihre schiere Menge und Vielfalt, hatte unvorhersehbare Konsequenzen für die Wissenschaft der Papyrologie. Es war eine Entdeckung, die erstmals nicht einfach aus ein oder zwei Texten bestand, sondern aus nahezu unzähligen Briefen, Dokumenten, Verträgen, Gesuchen, Gedichten, Dramen – und Texten aus dem Neuen Testament. Es waren keine isolierten Beispiele, sondern zahlreiche Schriften, die miteinander verglichen, datiert und eingehend analysiert werden konnten. Und mehr noch: Die Funde von Oxyrhynchus stammten aus verschiedenen Jahrhunderten, sie zeugten von einer Kultur, die seit hellenistischer Zeit, als die Stadt eine griechische Kolonie war, bis zu ihrem späteren Status als römische Provinzhauptstadt und schließlich als christliche Diözese andauerte. Langsam schienen sich Analysemuster herauszukristallisieren, die sich bald zu einem modellhaften Rahmen zusammenfügten. Grenfell und Hunt stützten sich auf ein konkretes System festgelegter Kategorien, um Ergebnisse zutage zu fördern – angesichts von Hunderten, ja Tausenden Fragmenten waren grundlegende Kriterien lebensnotwendig. Man konnte unmöglich das Rad jedesmal neu erfinden, wenn ein unbekannter, unerwarteter Papyrus mit potentiell noch nie dagewesenen Merkmalen auftauchte. Und eines dieser Kriterien – ein Rettungsanker gewissermaßen – wurde auf die Datierung der Kodexfragmente angewandt.

In der klassischen Antike war das übliche »Buch«-Format die Schriftrolle. Sie war nur auf der Innenseite beschrieben (mit sehr wenigen Ausnahmen, von denen eine im Neuen Testament erwähnt ist: Offenbarung 5,1). Im zusammengerollten Zustand war der Text also geschützt. Die Länge einer Schriftrolle war maßgefertigt: ein Blatt Papyrus, Pergament oder Leder wurde in gleicher Weise ans andere geklebt oder genäht, bis die gewünschte Länge erreicht war. Das Endprodukt war mit entsprechender Übung leicht zu handhaben – und machte einen stilvollen Eindruck. Noch heute werden Schriftrollen wegen ihrer würdevollen, traditionellen und gleichsam respekteinflößenden Wirkung für wertvolle Dokumente, Verträge oder Zertifikate benutzt. Dagegen bot ein Kodex zwar – wie wir sehen werden – viele praktische Vorteile, wirkte aber vergleichsweise simpel. Papyrusbögen wurden einmal, zweimal oder noch öfter gefaltet, um die erforderliche Größe zu erzielen – ein Verfahren, das selbst in der modernen Buchherstellung noch immer verwendet wird. Es war zwar insofern ökonomisch, als jetzt beide Seiten eines Blattes beschrieben werden konnten, bedeutete aber, daß die Schreiber nicht mehr nur die glatte, schreibfreundliche Innenseite der Schriftrolle benutzen durften, sondern beide Flächen beschreiben mußten, die Vorderseite (*Recto* in der Fachsprache) und die Rückseite (*Verso*). Wenn die Papyrusfaser »gegen den Strich« lief, wurden die Buchstaben oft unregelmäßig, weniger elegant, und manchmal blätterte später die Tinte ab. Kaum jemand hatte anfangs ein Interesse daran, den Kodex zu »erfinden«, obwohl es Vorläufer gab, wie zum Beispiel kleine Notizbücher aus drei, vier oder fünf Wachstafeln, die mit Lederstreifen zusammengebunden waren.

Tatsächlich waren am Ende des 19. Jahrhunderts, als der Jesus-Papyrus auftauchte, und weitgehend auch während des 20. Jahrhunderts die Experten davon überzeugt, der Kodex sei von Christen erfunden, eingeführt und in Schreibstuben vervielfältigt worden. Wann konnte das geschehen sein? Vielleicht während der ›Atempause‹, die nach Decius, in der zweiten Hälfte des 3. Jahrhunderts eintrat, als Christen vor Verfolgungen sicher waren, und dann natürlich mit neuem Elan und offizieller Unterstützung unter dem ersten christlichen Kaiser Konstantin im Anschluß an sein berühmtes Toleranzedikt von Mailand im Jahr 313. Es bestand scheinbar kein Grund zur Annahme, der Kodex sei früher als in der zweiten Hälfte des 3. Jahrhunderts entstanden. Für Datierungszwecke war die Sachlage ideal. Man ging davon aus, daß die frühestmögliche Entstehungszeit das späte 3. oder frühe 4. Jahrhundert war.

Bei solchen Voraussetzungen fiel allerdings ein eiserner Grundsatz angewandter Logik unter den Tisch: Wir müssen zwischen Tatsachen und unserer Vorstellung unterscheiden, zwischen gesichertem Wissen und dem, was wir zu wissen glauben oder uns einreden. Die Annahme, der Kodex sei eine späte christliche Erfindung, war ein reines Phantasieprodukt, dem jede faktische Grundlage fehlte. Sehen wir uns die Vorbedingungen an. Texte und Manuskripte können auf verschiedene Weise datiert werden. Eine Methode ist die zuverlässige Information über dokumentierte historische Ereignisse. Nehmen wir einmal an, Archäologen entdeckten im Jahr 3096 ein Dokument, in dem die Berliner Mauer als bestehende Grenze zwischen Ost und West erwähnt wird. Sie wüßten sofort, daß ihr Dokument nicht vor 1961 geschrieben worden sein kann, denn in dem Jahr wurde die Mauer erbaut. Und es kann auch nicht später als 1989 entstanden sein, denn das war das Jahr, in dem die Mauer fiel und der Wiedervereinigungsprozeß eingeleitet wurde. Das klingt einfach, ist aber entscheidend. Manchmal gibt es nur ein einziges Datum, wie etwa bei den bedeutenden archäologischen Fundstätten Pompeji und Herculaneum: sie wurden durch den Ausbruch des Vesuv im Jahr 79 zerstört. Die dort aufgefundenen Tafeln und Papyri müssen definitionsgemäß vor diesem Zeitpunkt entstanden sein. Umgekehrt kann jedes Evangelienfragment nur aus der Zeit nach dem Jahr 30 stammen, denn in diesem Jahr fand das letzte der aufgeschriebenen Ereignisse statt. Wer sich in der lateinischen Literatur auskennt, müßte wissen – und hätte wissen können –, daß ein ähnliches Bezugsdatum für den Kodex existiert: die Epigramme des römischen Dichters Marcus Valerius Martialis, der im Jahr 102 starb.

Martial, in Spanien geboren, verbrachte den größten Teil seines aktiven Lebens in Rom. Seine Gedichte, insgesamt fünfzehn Bücher, überlebten die Wechselfälle der Zeit; die meisten sind kurze, scharfe Satiren, die erbarmungslos die persönlichen Schwächen seiner Zeitgenossen aufs Korn nehmen. Aber wie sein späterer Kollege, der Satirendichter Juvenal, stellte Martial seine geistreichen Bemerkungen häufig vor den Hintergrund durchaus zutreffender und verläßlicher soziologischer Beobachtungen. Die Lektüre der beiden Dichter vermittelt mehr Einblicke in die römische Gesellschaft des späten 1. und frühen 2. Jahrhunderts als mancher historischer Kommentar. Ein besonders origineller Plan war Martials Versuch, gewissermaßen »Taschenbuchausgaben« der größten Klassiker einzuführen: Homer, Vergil, Cicero, Livius, Ovid und andere. In einem seiner Gedichte, dem Epigramm 1,2, preist er das Vorhaben in der beredten Sprache eines professionellen PR-Managers an und da es damals keine Hausnummern gab, ist seine Ortsangabe ein Muster an Präzision; den Buchladen konnte jeder Kunde finden.

Wenn du meine Bücher, wohin du auch gehst, dabeihaben willst,
Damit sie dir unterwegs Reisebegleiter noch sind,
Dann geh und kauf dir die handlichen Taschenbucheditionen:
Die großen gehör'n ins Regal, meine umfaßt eine Hand.
Doch geh nicht vergeblich und lauf in die Irre beim Suchen
Im unübersichtlichen Rom: Ich sag's dir jetzt ganz genau.
Geh zu Secundus, der einst beim gelehrten Lucensis im Dienst stand,
Hinter dem Tempel der Pax, gleich am Palladischen Markt.

Das Epigramm stammt aus Martials mittlerer Periode, zwischen 84 und 86. Die lateinischen Worte, die er zur Beschreibung seiner Taschenbücher benutzte, beziehen sich eindeutig auf den Kodex, das Buchformat mit gefalteten Bögen und Text auf beiden Seiten eines Blattes. Mit anderen Worten: Schon bevor die Archäologen den ersten eigentlichen Kodex beziehungsweise ein Fragment daraus wiederentdeckten, gab es unmißverständliche Hinweise auf die Existenz von Kodizes, die aus den achtziger Jahren des 1. Jahrhunderts stammen. Das ist die Zeit des Neuen Testaments. War Martial sich seiner christlichen Vorläufer bewußt? Eine solche Schlußfolgerung wäre natürlich reine Spekulation. Was wir uns klarmachen müssen, ist folgendes: Seit Martial konnte niemand mit Recht behaupten, daß die Kodexfragmente definitionsgemäß, eben *weil* sie Kodexfragmente sind, auf das späte 3. oder frühe 4. Jahrhundert zu datieren seien. Aber genau das geschah, und sogar die großen Gelehrten Bernard Grenfell und Arthur Hunt gingen in ihre eigene Falle. 1898 veröffentlichten sie das Fragment eines lateinischen Kodex auf Pergament, das im oberägyptischen Oxyrhynchus gefunden worden war.[2] Es ist ein äußerst spannender Text, der Teile aus einer verlorengegangenen »Geschichte der makedonischen Kriege« enthält. Die Analyse der Handschrift führte Grenfell und Hunt zu einer tatsächlich sehr frühen Datierung, nämlich auf das 1. Jahrhundert n. Chr., vielleicht sogar vor 79, dem Jahr des Vesuvausbruchs – das ist exakt die Zeit, aus der Martials Epigramme stammen. Dennoch datierten sie später das Fragment auf das Ende des 3. oder sogar das 4. Jahrhundert. Warum? Einfach deshalb, *weil* es ein Pergamentkodex war.

Manche Haltungen, wie sie spätere Anhänger von vorgefaßten, schablonisierten Vorstellungen an den Tag legen, sind Karikaturen wissenschaftlicher Redlichkeit. Als zum Beispiel der spanische Papyrologe José O'Callaghan 1972 behauptete, unter den Schriftrollen vom Toten Meer befinde sich ein Fragment des Markus-Evangeliums, wurde seine Identifizierung von vielen Kritikern kurzerhand verworfen, weil sie »wußten«, daß dieses Evangelium niemals die Essener-Gemeinde von Qumran und die siebte Höhle, in der das Fragment gefunden wurde, erreicht haben konnte. Heute wissen wir sehr viel mehr über die Gemeinde von Qumran, den Ursprung der Schriftrollen und die hebräischen, aramäischen und griechischen Fragmente als in den siebziger Jahren. Auch jüdische Gelehrte wie Shemaryahu Talmon, der wohl kaum daran interessiert ist, prochristliche »Propaganda« zu betreiben, vertreten die Meinung, die Entdeckung eines Evangelienfragments in Qumran sei logisch keineswegs unmöglich. Wir brauchten mehr als zwanzig Jahre, um dieses Stadium zu erreichen, und immer noch gibt es Neutestamentler, die sich mit der Vorstellung christlicher Texte in Qumran nicht abfinden können; in Kapitel 3 war mehr darüber zu lesen. Mit anderen Worten: Die Trugschlüsse von Grenfell und Hunt sind alles andere als Relikte einer fernen Vergangenheit. Wir wissen heute, daß Arthur Hunt sich irrte, als er 1901 den Jesus-Papyruskodex prüfte und verkündete, er sei auf das 3., »mit größerer Wahrscheinlichkeit jedoch auf das 4. Jahrhundert« zu datieren.[3] Die Methodik aber, die zu diesem Fehler führte, ist immer noch sehr verbreitet. Natürlich sind Papyrologen und Neutestamentler nicht die einzigen, die für solche Irrtümer anfällig sind. Wir alle stehen in einer selbstkritischen Pflicht vor den alten Texten. Nichts vermag diese Pflicht stärker zu untergraben als die Annahme, die von den Gelehrten früherer Zeit vorgebrachten Argumente dürften nicht in Frage gestellt werden. Auch hier kann ein konkretes Beispiel zur Veranschaulichung dienen.

Als Carsten Peter Thiede den Jesus-Papyrus und seine beiden verwandten Gegenstücke in Barcelona auf das 1. Jahrhundert n. Chr., um das Jahr 70 oder sogar noch früher datierte, traten sofort die Kritiker mit drei stereotypen Reaktionen auf den Plan. Erstens habe es zu einem so frühen Zeitpunkt kein Evangelium nach Matthäus gegeben und deshalb könne auch kein entsprechendes Papyrusfragment existieren. Zweitens sei dem Autor offenbar die Monographie des italienischen Gelehrten Guglielmo Cavallo über die biblische Unzialen entgangen, in der er erklärt, daß es sich um einen späten, nicht um einen frühen Stil handle. Drittens stütze der Autor seine Neudatierung auf Vergleichsmaterial aus Gebieten des Römischen Reichs, die mit der Herkunft des Papyrus nichts zu tun hätten. Es folgten weitere, ähnliche Zirkelschlüsse wie etwa der folgende: Nachdem Charles Huleatt die Fragmente im ägyptischen Luxor erworben habe, müsse der Papyrus ägyptischen Ursprungs sein und wir »wüßten« ja, daß es in Ägypten im 1. Jahrhundert keine christlichen Schreibzentren gegeben habe, folglich könne der Papyrus nicht auf das 1. Jahrhundert datiert werden.

Wie ungereimt diese Kritik ist, wird auch dem Nichtfachmann einleuchten. Nehmen wir zum Beispiel das letzte Argument. Genausogut könnten wir sagen, daß im Jahr 1995 niemand eine Flasche Chianti in London kaufen konnte, denn zu der Zeit habe es im Süden Großbritanniens keine italienischen Weinberge und Kellereien gegeben. Diese Aussage ist natürlich unsinnig, denn man kann in zahlreichen Londoner Läden Chianti kaufen. Selbstverständlich gibt es keine italienischen Weinberge im Süden von England (das ist eine geographische Tatsache), aber selbstverständlich existieren Kellereien in Großbritannien, und wie überall in Europa werden auch etliche italienische Weine außerhalb ihres Erzeugerlandes abgefüllt. Genauso ist es vom Standpunkt des Papyrologen her gesehen einfach nicht möglich zu sagen, daß ein in Luxor erworbener Papyrus auch in Luxor (oder jedenfalls in Ägypten) entstanden sein muß. Er kann praktisch von überall her stammen, aus Gebieten innerhalb und außerhalb des Römischen Reichs, kann importiert, gelesen, aufbewahrt, vergessen oder weggeworfen, wiederentdeckt und fast zweitausend Jahre später noch einmal verkauft worden sein.

Und was hat es dementsprechend mit den Weinkellereien beziehungsweise Schreibstuben auf sich? Woher wissen wir, ob es sie gab oder nicht? Fragt man den Durchschnittsengländer, so wird er antworten, daß er von Weinerzeugung und Weinbergen in England noch nie etwas gehört hat. Aber heißt das, sie existieren nicht? In Wirklichkeit existieren sie sehr wohl und bringen ansehnliche Erträge und einige sehr wohlschmeckende, preisgekrönte Weißweine hervor, im Themsetal, in Kent, in Norfolk, auch anderswo. Der einzige Grund für die Annahme, es habe im 1. Jahrhundert in Ägypten keine christlichen Schreibzentren gegeben, ist doch wohl, daß wir nichts Definitives über sie wissen und keine Quellen besitzen, in denen davon eindeutig die Rede ist. Woher aber wüßten wir von derartigen Zentren? Entweder, weil sie in der zeitgenössischen Literatur erwähnt werden, von Autoren, die sie gesehen oder benutzt haben, oder eben weil ein Dokument erhalten ist, das tatsächlich aus einer solchen Schreibstube stammt.

Nun wissen wir sehr wohl, daß im 1. Jahrhundert in Ägypten Christen lebten, in Alexandria zum Beispiel. Alexandria war eines der wichtigsten jüdischen Zentren im Mittelmeerraum – eine der Synagogen war sogar so groß, daß das gemeinsame »Amen« mit Flaggen signalisiert werden mußte. Die Juden in der Stadt verständigten sich zunehmend auf griechisch – sehr zum Nachteil des kaum noch gebrauchten Hebräischen, so daß im 3. Jahrhundert v. Chr. die jüdische Bibel ins Griechische übersetzt werden mußte. Dieser praktische Zweck war es, der zur Entstehung des griechischen Alten Testaments führte, der sogenannten Septuaginta, die sich bald über das gesamte Römische Reich verbreitete. Mit dem Aufkommen des Neuen Testaments zitierte man sogar in Palästina lieber aus der griechischen Übersetzung statt aus dem hebräischen Original, und viele der alttestamentlichen Zitate im Neuen Testament stammen aus der Septuaginta. Selbst die Gemeinde der alexandrinischen Juden in Jerusalem – erwähnt in Apostelgeschichte 6,9 – sprach griechisch; ihre Bibel muß die griechische Septuaginta gewesen sein.

Aber Alexandria war mehr als lediglich ein Zentrum für Übersetzer und Schreiber. Wohldurchdachte philosophische Schriften entstanden hier, wie zum Beispiel das Buch der Weisheit, das uns in den Apokryphen des Alten Testaments noch erhalten ist. Und Philo, einer der größten jüdischen Theologen und Philosophen, ein Zeitgenosse der ersten Christengeneration – er lebte von 15 v. Chr. bis 50 n. Chr. –, war Alexandriner; seine Werke, ausschließlich auf griechisch geschrieben, verknüpften griechische Philosophie und Kosmologie mit jüdischer Frömmigkeit und beeinflußten viele christliche Denker. Tatsächlich begegnen wir einem dieser frühen Christen bereits im Neuen Testament: Apollos, der brillante Prediger und Missionar, der beschrieben wird als »redekundig und in der Schrift bewandert« (Apostelgeschichte 18,24) und der später die Arbeit des Paulus in Korinth fortsetzte (Apostelgeschichte 18,27–19,1), war ein Jude aus Alexandria. Nach der Überlieferung lebte Markus lange Zeit in Alexandria, und sein Evangelium, verfaßt in Rom, wurde von den Alexandrinern besonders wohlwollend aufgenommen, hier kopiert und an andere christliche Gemeinden weitergeleitet. Einer der herausragenden christlichen Autoren im 2. Jahrhundert war Klemens von Alexandria. Er stammte aus Athen, studierte und lehrte aber in Alexandria – ein Ortswechsel, der auf den Rang und die kulturelle Bedeutung der ägyptischen Stadt hinweist.

Gute Weine, schnelle Post und die Verbreitung des Evangeliums

Vor diesem Hintergrund geht das Argument, die Christen könnten im Ägypten des 1. nachchristlichen Jahrhunderts keine Papyrusdokumente geschrieben, kopiert und verbreitet haben, von falschen Voraussetzungen aus. Natürlich konnten sie das, und sie taten es auch, denn sie waren alles andere als ungebildete

Sonderlinge. Es ist also offenkundig falsch, eine Datierung des Matthäus-Evangeliums auf das 1. Jahrhundert deshalb auszuschließen, weil es damals angeblich keine christlichen Schreibzentren in Ägypten gegeben habe. Und selbst wenn es so wäre, könnten wir eine frühe Datierung damit noch lange nicht zurückweisen, denn der Papyrus hätte ja ebensogut aus Rom oder Korinth oder aus irgendeinem anderen Ort stammen können, an dem reale Menschen in einer realen Welt lebten.

Dies ist tatsächlich eine entscheidende Beobachtung, die uns hilft, Daten, Zeitspannen und ein ganzes kulturelles Umfeld im rechten Licht zu sehen. Wir haben es mit realen und realistischen historischen Situationen und mit realen Menschen zu tun – und wir sollten uns dessen bewußt sein. Die Vervielfältigung und Verbreitung von Briefen, Büchern, Evangelien war keine abstrakte Übung; sie erfolgte im Rahmen alltäglicher Regeln und Bestimmungen. Lukas zum Beispiel machte sich dieses System bildlich zunutze: Er widmete sowohl sein Evangelium als auch dessen Fortsetzung, die Apostelgeschichte, einem hochrangigen römischen Staatsbeamten, dem »hochverehrten Theophilus« (Lukas 1,3; Apostelgeschichte 1,1). Eine Widmung bedeutete damals, daß ihr Empfänger die Abschrift und die Verbreitung des Werkes finanzierte. Ein verarmter Dichter wird sich also nach einem wohlhabenden Mäzen umgesehen haben, und wenn seine Gedichte hinreichend originell oder schmeichelhaft waren, setzte sich die übliche Maschinerie in Gang. Im Fall des Lukas war Theophilus anscheinend selbst darauf aus, das Buch in die Hand zu bekommen – und der Autor liefert ihm einen ausführlichen Bericht, damit er sich »von der Zuverlässigkeit der Lehre überzeugen [könne], in der du unterwiesen wurdest« (Lukas 1,4). Ein Römer vom Rang des Theophilus hatte zu den Schreibstuben der kaiserlichen Verwaltung ohne weiteres Zugang, er konnte nicht nur einzelne Schreiber beschäftigen, sondern, was noch wichtiger war, ihm standen die sogenannten *tabellarii* zur Verfügung, die effizienten Postboten des Reichs. Dank eines zwar unregelmäßigen, aber funktionierenden Kuriernetzes konnte jedermann selbst zu entfernten Bestimmungsorten Post verschicken; die Benutzung des kaiserlichen Postwesens jedoch, das in der Lage war, weite Entfernungen in der kürzestmöglichen Zeit zu überbrücken, war im wesentlichen das Vorrecht des Adels und der Beamten im Staatsdienst. Beide Systeme waren zu erstaunlichen Leistungen imstande. Von Korinth (Griechenland) nach Puteoli (Italien) in fünf Tagen war normal, von Rom nach Alexandria in drei Tagen war bei günstigen Witterungsbedingungen möglich, von Thessaloniki (Nordostgriechenland) nach Aschkelon (Palästina) in zwölf Tagen scheint Routine gewesen zu sein; und es gibt weitere, ähnliche Beispiele. Solche Errungenschaften sind um so beachtlicher, als nicht einmal das moderne Postwesen mit ihnen mithalten kann. Wer würde heute damit rechnen, in Alexandria einen in Rom aufgegebenen Brief binnen drei Tagen zu erhalten oder eine Sendung aus Aschkelon nach zwölf Tagen in Thessaloniki?

Wir müssen die herausragende Effizienz der Kommunikationstechniken in neutestamentlicher Zeit als integralen Bestandteil unserer Suche nach Daten, Kontakten und gegenseitiger Beeinflussung sehen. Nichts geschah je in einem Vakuum, in einer Art »Splendid Isolation« von Völkern, Gemeinden, Stämmen und Städten. Auch hier haben wir noch einiges zu lernen. So nahmen zum Beispiel viele Forscher bis vor kurzem an, die Schriftrollen vom Toten Meer seien von einer elitären jüdischen Sekte, den Essenern, geschrieben und aufbewahrt worden. Den Liberalismus des Jerusalemer Tempels hätten sie abgelehnt und sich in eine Art Kloster in der judäischen Wüste zurückgezogen, wo sie ein enthaltsames, streng diszipliniertes Leben geführt hätten. Ein Nebenerzeugnis dieser Gemeinde seien Hunderte von Schriftrollen mit alttestamentlichen Texten, ausgeklügelten Kommentaren und ihrer eigenen speziellen Theologie gewesen, die sie später in Höhlen verwahrten. Irgendwie sei die essenische Lehre dann zu den Urchristen gelangt, vielleicht über Johannes den Täufer, so daß alle möglichen Elemente aus Qumran letztlich Eingang in den christlichen Glauben und in die liturgische Praxis gefunden hätten. Dieses romantische Bild, das in vielen Lehrbüchern immer noch gern verbreitet wird, mußte einer realistischeren Einschätzung weichen. Jenseits der extremen Auffassungen in manchen versponnenen Veröffentlichungen über Qumran, in denen unter anderem behauptet wird, Jesus sei in Qumran gekreuzigt und in Höhle 7 lebendig begraben worden, oder die Schriftrollen vom Toten Meer enthielten verschlüsselte Botschaften über Paulus als römischen Geheimagenten und Jakob den Gerechten als Lehrer der Gerechtigkeit, oder Qumran selbst sei eine Festung gewesen, bemannt mit schwerbewaffneten Zeloten, wurden inzwischen hilfreiche Erkenntnisse gewonnen, die Qumran, seine Bevölkerung und ihre Höhlen in die reale Welt einordnen, mit der wir uns oben befaßt haben.

Denn die Einwohner von Qumran nahmen auch an dem unkomplizierten, raschen Informationsaustausch teil, der damals möglich war. Sie ließen sich Schriftrollen kommen – aus Jerusalem, vielleicht aus Damaskus und sogar aus Rom: in Höhle 7 wurde ein Krug mit der zweifachen hebräischen Inschrift »Roma« gefunden – ein Hinweis auf die Herkunft seines Inhalts. Erst vor kurzem, 1995, fand man in Masada, dem Palast des Herodes und seiner Festung oberhalb des Toten Meers, die im Jahr 73 von den Römern eingenommen wurde, beschriebene Bruchstücke von Gefäßen. Diese Gefäße enthielten keine Schriftrollen – es waren Weinkrüge. Herodes »der Große« hatte in Italien seinen Lieblingswein bestellt, vielleicht auch den berühmten Falerner Wein aus dem nordwestlichen Kampanien. Und wie es sich gehörte, gab der Absender an – in Latein, einer Sprache, die den Leuten in Masada also geläufig sein mußte –, woher der Wein stammte und für wen er bestimmt war. Diese Scherben sind unser einziges unmittelbares zeitgenössisches Dokument, das Herodes' Namen auf lateinisch erwähnt. Der Weinimport mag ein Privileg der Oberschicht gewesen sein, aber er ist nichtsdestoweniger real. Selbst dort oben, in einer Bergfestung in der Wüste, oberhalb des öden Toten Meers, konnte man seinen Jahrgangswein direkt von seinem bevorzugten Weingut in Italien beziehen, und dies innerhalb weniger Wochen. Wo immer wir hinsehen, finden wir Beweise für die Normalität und die Geschwindigkeit dieses frühzeitlichen »Internets«. Weshalb sollte es uns also überraschen, daß in Qumran christliche Papyri gefunden wurden oder daß ein römischer Offizier unmittelbar nach der Einnahme von Masada ein Papyrusblatt mit dem frühesten existierenden Vergil-Zitat hinterließ?[4] Weshalb sollte es uns überraschen, wenn wir feststellen, daß sich unter Hunderten hebräischer und aramäischer Texte, die in Qumran wiederentdeckt wurden, fünfundzwanzig griechische Dokumente befinden, sechs in Höhle 4 und neunzehn in Höhle 7, als Bestandteil einer kulturell vielfältigen, mehrsprachigen Gesellschaft? Weshalb sollten wir überrascht sein, wenn uns klar wird, daß die nationalistischen Verteidiger von Masada bei ihrem letzten Aufstand gegen die 10. Römische Legion im Griechischen genauso zu Hause waren wie in ihren traditionellen Sprachen Hebräisch und Aramäisch? Alle diese Papyri und Tonscherben mit griechischen Inschriften sowie der griechische Brief, den Abaskantos an seinen Freund Judas in der Oase En Gedi schickte, bezeugen, mit welcher Leichtigkeit und Geläufigkeit sich eine grundsätzlich fremde Sprache – Griechisch war schließlich die Kultursprache der römischen Besatzer – in die Realität des Alltags integrieren ließ. Selbst Latein war – und dafür spricht nicht nur der Weinimport des Herodes – eine geläufige Sprache.

Das Matthäus-Evangelium und die frühesten erhaltenen Papyrusfragmente passen bestens in dieses Szenario. Wir müssen uns klarmachen, daß die Lebensumstände im 1. Jahrhundert die Kontakte zwischen Menschen und die Entwicklung von Texten keineswegs behinderten, sondern sie ganz im Gegenteil sehr förderten.

Nehmen wir an, wie die meisten Forscher es tun würden, daß dieses Evangelium irgendwo in der syrischen Provinz des Römischen Reichs geschrieben wurde, vielleicht in Antiochia. Antiochia – das heutige Antakya in der Südosttürkei – liegt etwa 500 Kilometer nördlich von Jerusalem. Die Straße zwischen den beiden Städten wurde von Christen wie von Nichtchristen regelmäßig benutzt, sie war sozusagen eine alltägliche Strecke für

Einzelreisende ebenso wie für Kaufleute oder Postkuriere. Ein Evangelium – oder jedes andere Buch –, das in Antiochia verfaßt wurde und an die Leser in Jerusalem gerichtet war, konnte seinen Bestimmungsort ohne weiteres innerhalb einer Woche erreichen. Nach Rom oder Alexandria wäre die Sendung per Schiffspost befördert worden und selbst bei größeren Umwegen binnen kurzem bei der örtlichen Gemeinde angelangt. Mit anderen Worten: Es spielte wirklich keine Rolle, woher ein Evangelium ursprünglich stammte, wenn es nur darum ging, es so rasch wie möglich in die Hände zu bekommen. Ein Matthäus-Papyrus in Luxor? Er hätte wenige Wochen nach Fertigstellung des Originals durch Matthäus an Ort und Stelle sein können. Eine Schriftrolle mit dem Markus-Evangelium in Qumran, aus Rom abgeschickt? Binnen vierzehn Tagen konnte sie geliefert werden, entweder über Jerusalem oder direkt aus dem Hafen von Jafo oder Caesarea, wo das Schiff aus Rom angelegt hätte.

Im Licht solcher Alltäglichkeiten verlieren die Überlegungen, was machbar war und was nicht, manches von der Abgehobenheit der Fachsprache, in die wir bei der Beschäftigung mit diesem Thema leicht geraten. Die ersten christlichen Gemeinden nahmen derlei als selbstverständlich hin, eben weil sie mit ihrer Umgebung lebten und an ihrer Umwelt teilnahmen. Paulus zum Beispiel sagt in seinem Brief an die Gemeinde von Kolossä: »Wenn der Brief bei euch vorgelesen worden ist, sorgt dafür, daß er auch in der Gemeinde von Laodizea bekannt wird, und den Brief an die Laodizener lest auch bei euch vor.« (Kolosser 4,16) Mußten sie einen Ausschuß einberufen, um einen Weg zu finden, wie dies zu bewerkstelligen sei? Natürlich nicht; sie verstanden sich sehr wohl darauf, einen Brief zu kopieren – denn das Original wollten sie vermutlich selbst behalten. Und sie wußten, wie die Abschrift nach Laodizea zu befördern war: entweder durch den Boten oder auf dem Postweg, zusammen mit einem Begleitbrief, in dem die Laodizener aufgefordert wurden, eine Kopie ihres eigenen Sendschreibens zu schicken. Eine hochinteressante Detailinformation wurde uns in diesem Zusammenhang von Euseb von Caesarea überliefert, dem berühmten

Kirchenhistoriker, Bibliothekar und Bischof von Caesarea Maritima, der von ca. 260 bis 340 n. Chr. lebte. Er zitiert eine Quelle aus Rom, der zufolge das Markus-Evangelium nach dem Aufbruch des Petrus aus der Stadt geschrieben wurde.[5] »Und sie [die Römer] sagen«, berichtet Euseb, »der Apostel, der durch die ihm zuteil gewordene Offenbarung des Geistes wußte, was geschehen war, freute sich über ihren Eifer und ließ die Schrift zum Studium in den Kirchen zu.«[6] Auch dieses Vorgehen wird keinerlei technische Schwierigkeiten verursacht haben. Selbst jeder Amateurschreiber konnte schnell und effizient Dutzende oder mehr Kopien dieses kurzen Evangeliums anfertigen und an die »Kirchen« im Norden, Westen, Osten oder Süden verschicken, von Athen nach Korinth, Jerusalem oder Alexandria und so weiter, wo ortsansässige Schreiber Abschriften von den Abschriften herstellen und ihrerseits weiterleiten konnten.

Nachdem wir nun wissen, wie es möglich war, Dokumente zu vervielfältigen und binnen kurzer Zeit zu Bestimmungsorten im ganzen Römischen Reich zu befördern, können wir uns der eigentlich entscheidenden Frage nach dem Vergleichsmaterial zuwenden, das zur Datierung (oder vielmehr Neudatierung) eines Manuskripts wie des Jesus-Papyrus verwendbar ist. Insbesondere wollen wir uns mit den Grundvoraussetzungen des Handwerkszeugs der Papyrologen befassen. Wenn wir es mit einem Manuskript unbekannten Datums zu tun haben, beschreiben wir zunächst die handschriftlichen oder, um den Fachbegriff zu benutzen, »paläographischen« Eigenschaften und die vielfältigen Charakteristika, die den Schreiber beinahe wie Fingerabdrücke kennzeichnen – allgemeines Erscheinungsbild, Gestaltung, Typologie der Zeilen wie zum Beispiel mittlere Länge, Höhe, Satzzeichen und so weiter, individuelle, typische Buchstaben und die Art ihrer Verbindung (»Ligatur«) oder aber strikten Trennung. Mit diesem Verfahren gelangt man zu einer recht umfassenden Analyse der Handschrift. Der nächste Schritt hingegen ist riskant, denn nun muß die Schriftart mit der anderer Papyri verglichen werden. Wir suchen nach Ähnlichkeiten, nach weitgehenden oder vollständigen Übereinstimmungen, kurz: wir wenden die Methoden der Vergleichenden Paläographie an, um einen Anhaltspunkt für eine plausible Datierung zu finden. Dabei begeben wir uns allerdings auf gefährliches Terrain.

Die erste Gefahr liegt in der Auswahl und der Menge des herangezogenen Vergleichsmaterials. Als Thiede argumentierte, Manuskripte von drei verschiedenen Herkunftsorten – Qumran, Nahal Hever und Herculaneum – legten eine Datierung des Jesus-Papyrus, der an einem vierten Ort, nämlich Luxor, erworben wurde, auf die zweite Hälfte des 1. Jahrhunderts nahe (und erinnern wir uns, daß die letztmögliche archäologische Datierung für sämtliche Fundstücke aus Qumran das Jahr 68 und für Herculaneum das Jahr 79 ist), warf man ihm sofort vor, er habe fälschlich angenommen, »alle Schreiber der jüdischen Diaspora hätten in derselben Schriftart geschrieben«[7]. Und das war, derart allgemein formuliert, sicher nicht der Fall. Aber Thiede ging keineswegs von dieser Annahme aus. Im Bewußtsein dessen, was wir oben dargestellt haben, nämlich der Leichtigkeit und Geschwindigkeit von Kommunikation, Austausch und Entwicklung, hatte er eine denkwürdige Äußerung von Peter Parsons an der Universität Oxford bestätigt. Parsons, ein Meister der alten Schule und daher nicht leicht von neuen Ideen und Paradigmen zu überzeugen, wurde 1991 gebeten, die erhaltene Inschrift einer Vase zu datieren, die in Italien, an einem Fundort namens Mola di Monte Gelato entdeckt wurde. Er schrieb: »Die Paläographen diskutieren darüber, ob in verschiedenen Gegenden verschiedene Schriftarten angewandt wurden. In dokumentarischen Handschriften bestehen tatsächlich gewisse lokale Besonderheiten … Bei literarischen Schriften hingegen sind die Hinweise minimal. Der Text vom Monte Gelato bestätigt das interessanterweise und spricht damit für Einheitlichkeit: Ich kann in der Schrift nichts entdecken, was in griechisch-ägyptischen Manuskripten aus derselben Zeit außergewöhnlich wäre.«[8] Die nahe-liegende Konsequenz ist daher, daß man nicht nur nach Vergleichsmaterial aus Mittelitalien, sondern auch nach »Parallelen von der anderen Seite des Mittelmeers« sucht.[9] Tatsächlich ist das die Methode, die man anwenden sollte, und so ging denn auch Thiede bei der Neudatierung des Jesus-Papyrus vor.

Die zweite Gefahr beim Umgang mit vergleichbaren Handschriften liegt darin, daß jeder gute Papyrologe Hunderte, wenn nicht Tausende von Papyri kennt, denen bestimmte Daten zugeordnet worden sind. Sie sind ordentlich kategorisiert – eine solche Kategorie ist zum Beispiel die bereits erwähnte »biblische Unziale«. Und häufig erliegt man der Versuchung, eine Schublade zu öffnen und das neue Manuskript unter einer bestimmten Kategorie abzulegen, die mehr oder minder zu passen scheint, ohne sich wenigstens hin und wieder zu fragen, ob die Kategorie als solche korrekt ist.

Auf den Jesus-Papyrus angewandt, klingt die Kategorie »biblische Unziale« gut. Niemand bezweifelt, daß der Papyrus biblisch ist, und die verwendeten Buchstaben auf dem Fragment sind in der Tat »Unzialen«, das heißt, sie sind Großbuchstaben mit bestimmten Krümmungen und Neigungen und so weiter. Die Kritiker, die Thiede (und das Publikum) auf die biblische Unziale und Guglielmo Cavallos Standardlehrbuch über diese Schriftart[10] verwiesen, hatten also anscheinend einen Punkt für sich verbucht. Doch wie jeder Papyrologe war Thiede natürlich mit Cavallo und der biblischen Unziale vertraut; ihm ging es um eine neue, vorurteilsfreie Analyse. Denn die Schwachstelle früherer Einschätzungen lag klar auf der Hand: Man war zu lang von bestimmten Grundannahmen ausgegangen – oft nicht, weil sie logisch vertretbar waren, sondern eher aus Respekt vor der Tradition.[11] Die Frage mußte vielmehr folgendermaßen lauten: Was ist der bestmögliche Zugang – das vorzeigbare Ergebnis angewandter Komparatistik oder die am reizvollsten beschriftete Schublade?

Als der britische Papyrologe Colin H. Roberts 1953 die erste offizielle Ausgabe des Papyrus aus dem Magdalen College veröffentlichte, war ihm natürlich klar, daß schon andere vor ihm die Fragmente untersucht hatten, und er wußte von zwei inoffiziellen Datierungen: dem Vorschlag des Reverend Charles B. Huleatt, der eine Entstehungszeit irgendwo im 3. Jahrhundert angenommen hatte, und die Schätzung von Arthur Hunt, der sich 1901 vor dem Bibliothekar vom Magdalen College mündlich geäußert hatte; sie ist im Bibliothekarsbericht desselben Jahres festgehalten. H.A. Wilson, der Bibliothekar, zitierte Hunts zögernde Übereinstimmung mit Huleatt samt dem Zusatz: »Mit größerer Wahrscheinlichkeit sollten sie wohl dem 4. Jahrhundert zugeschrieben werden.« Diese Vermutung stützte sich, wie wir gesehen haben, auf den irrigen Grundsatz, dem zufolge Kodexhandschriften nicht früher als im 3., eher im 4. Jahrhundert entstanden seien. Schon 1898, als Hunt und Grenfell in ihrer Edition des Fragments der »Makedonischen Kriege« aus dem 1. Jahrhundert es *per definitionem* und wider ihren besseren Instinkt in diesem späten Sammelbecken für Kodizes versenkten, war dieses Prinzip fragwürdig geworden. Colin Roberts hatte sich von diesen Fesseln befreit, und bei seiner Untersuchung von Papyri, die tatsächlich aus dem späten 3. oder frühen 4. Jahrhundert stammten, stellte er bald fest, daß unser Papyrus erheblich älter war.

Zu dieser Einschätzung gelangte er durch Vergleich. Seine Gründe lieferte ihm die Bewertung allgemeiner Kennzeichen und einzelner Buchstaben in anderen Papyri vor allem aus der Berliner und der Oxyrhynchus-Sammlung. Ein gutes Beispiel für dieses Verfahren ist seine Feststellung, daß »das winzige *Omikron* und das flache *Omega*, die in Handschriften aus dem 3. Jahrhundert verbreitet sind, in den Oxforder Fragmenten fehlen«[12]. Die einzige Schwierigkeit bei dieser Methode ist in diesem Fall – trotz ihres nützlichen Beitrags zur Widerlegung des Grenfell-Huntschen Paradigmas – das alte Problem des Relativismus. Die Papyri, die Roberts zum Vergleich heranzog, sind weder präzise datiert noch datierbar, und wenn es überhaupt einen wahrscheinlichen Zeitraum gibt, wie beim Oxyrhynchus-Papyrus 661 (aus den *Iambi* von Callimachus), so ist dies das späte 2. Jahrhundert, das sich freilich im Schreibstil bereits deutlich vom Oxforder Papyrus unterscheidet.

Dennoch hatte der Papyrus mit der von Roberts vorgeschlagenen Datierung auf das späte 2. Jahrhundert bereits eine neue

Qualität gewonnen: Er war nun der älteste bekannte Papyrus des Matthäus-Evangeliums. Aber unter den Papyrologen geriet er nie in die »Schlagzeilen«, denn Roberts selbst hatte 1935 das älteste bekannte Papyrusfragment des Johannes-Evangeliums veröffentlicht und auf das erste Viertel des 2. Jahrhunderts datiert. Seither galt der Johannes-Papyrus »P52« (oder John Rylands Greek 457, nach der Inventarnummer seines Aufbewahrungsortes, der John-Rylands-Universitätsbibliothek in Manchester) als das mit Abstand älteste Manuskript des Neuen Testaments, dessen Vormachtstellung der Oxforder Papyrus sogar nach Roberts' Neudatierung nicht antasten konnte. Diesen Status quo schien drei Jahre später, 1956, der spanische Papyrologe Ramón Roca-Puig zu bestätigen, der zwei weitere Papyrusfragmente des Matthäus-Evangeliums von der Fundación San Lucas Evangelista veröffentlichte. Roberts erkannte sie als Fragmente desselben Kodex, zu dem einst die drei Oxforder Fragmente gehört hatten; zur zweiten Auflage von Roca-Puig schrieb er eine »Ergänzende Anmerkung« und schloß sich den Argumenten unwidersprochen an.[13] Beide Forscher waren sich einig, daß die fünf Fragmente aus dem späten 2. Jahrhundert stammten. Die zwei am weitesten verbreiteten Ausgaben des griechischen Neuen Testaments folgten Roberts und Roca-Puig nahezu uneingeschränkt: »Um 200« lautet das Datum, das die Vereinigten Bibelgesellschaften (United Bible Societies, UBS) in ihrem *Greek New Testament* angeben, und »ungefähr 200« ist das Datum im »Novum Testamentum Graece«, dem sogenannten »Nestle-Aland«.

Thiede ging es bei seiner Neuausgabe des Papyrus nicht in erster Linie um Datierungen und Datierungskorrekturen, sondern vielmehr um eine verbesserte Edition des griechischen Textes auf den Fragmenten; verbesserungsbedürftig waren nur die Oxforder Papyrusteile, nicht ihre Gegenstücke aus Barcelona. So ist der Barcelona-Papyrus »P67« (oder P. Barc inv. 1) in Thiedes Edition kaum erwähnt. Da jedoch bis heute niemand den gemeinsamen Ursprung der fünf Fragmente in diesen beiden weit voneinander entfernten Sammlungen in Frage stellen konnte, mußte jede Aussage über die Oxforder Teile ebenso für die Fragmente von Barcelona gelten. Und da die Diskussion über den Zeitpunkt ein natürlicher, zwangsläufiger Bestandteil jeder Textedition ist, stellte sich die Frage: Hatte Roberts recht? War er zu kühn oder vielmehr nicht mutig genug gewesen, als er Hunts extrem später Datierung widersprach? Tragen unsere verbesserten Techniken und die wachsende Anzahl verfügbarer Papyri in irgendeiner Weise dazu bei, die bis dahin geltende Datierung zu bestätigen oder aber zu korrigieren?

Juden, Griechen und ein ägyptischer Bauer

Die spannendste Sammlung neuer Manuskripte aus der Antike sind wahrscheinlich die Schriftrollen vom Toten Meer. Entdeckt zwischen 1947 und 1956, waren und sind die Schriftrollen und Fragmente aus den Höhlen von Qumran Gegenstand nahezu unzähliger Untersuchungen, und in mehreren Fällen wurde sogar eine Datierung mit Hilfe der Radiokarbon-Methode vorgenommen. Aber die wenigen griechischen Fragmente unter ihnen wurden nicht als Vergleichsmaterial zur Datierung anderer griechischer Literatur herangezogen, obwohl ihr spätestmöglicher Zeitpunkt feststand: das Jahr 68, in dem die Siedlung von Qumran und die Höhlen unmittelbar vor der Ankunft der 10. Römischen Legion »Fretensis« verlassen wurden.[14] Die griechischen Qumran-Texte erfüllten daher eine der Bedingungen der vergleichenden Paläographie: sie waren datierbar und somit ein idealer Ausgangspunkt, um die Entstehungszeit des Jesus-Papyrus neu festzusetzen.

Datierbarkeit ist keine besonders seltene Eigenschaft bei Papyrusmanuskripten – man braucht nichts weiter als bestimmte Hinweise entweder aufgrund der Archäologie des Fundortes oder aufgrund eines Anhaltspunktes im Text selbst. Genauso, wie die Funde von Qumran vor dem Jahr 68 oder die Texte aus Herculaneum und Pompeji vor dem Ausbruch des Vesuv im Jahr 79 entstanden sein müssen, würde zum Beispiel ein Hinweis auf die Herrschaft des Kaisers Domitian einen Papyrus auf den Zeitraum zwischen 81 und 96 n. Chr. datieren. Einen solchen Papyrus – den sogenannten »P. London 2078«, einen Privatbrief – benutzte Colin Roberts, als er für die Datierung des Johannes-Papyrus »P52« den frühestmöglichen Entstehungszeitpunkt suchte. Im Gegensatz zu den archäologischen Datierungen von Qumran oder den vesuvianischen Fundorten hat jener Londoner Papyrus einen zusätzlichen Vorteil: Obwohl die Datierung nicht auf das Jahr genau sein kann, liefert er die obere *und* die untere Grenze des Spektrums, das frühest- und das spätestmögliche Jahr. Einen solchen Papyrus würden wir folglich nicht »datiert«, sondern »datierbar« nennen. Manchmal stimmen Archäologie und »Datierbarkeit« überein. In Pompeji entdeckten Archäologen das Haus des Bankiers L. Caecilius Iucundus und darin ein Archiv von Schreibtafeln mit seinen Rechnungen und Konten. Sie umfassen den Zeitraum von 15 bis 62 n. Chr.

Seltener sind genau datierte Dokumente, das heißt Manuskripte, mit präziser Angabe des Jahres und, idealerweise, sogar des Monats und des Tages. Literarische Texte, Romane, Gedichte, Schauspiele oder historische Schriften sind fast nie datiert. Tatsächlich ist das früheste datierte Manuskript des griechischen Neuen Testaments die Minuskel 461 in Sankt Petersburg, ein Evangelienkodex aus dem Jahr 835. Das früheste datierte Manuskript eines biblischen Textes überhaupt ist eine syrische »Peshitta«-Übersetzung des ersten und zweiten Buchs Mose (Genesis/Exodus) auf Pergament, geschrieben im Jahr 775 griechischer Zeitrechnung, was dem Jahr 463/64 n. Chr. entspricht. Aber auch für das 1. Jahrhundert existieren nichtbiblische datierte Manuskripte, die zum Vergleich mit biblischen Handschriften herangezogen werden können.

Wie gehen wir also vor? Zuerst haben wir den Ausgangspunkt, die zuvor erfolgte Datierung unseres Oxforder Papyrus auf das »späte 2. Jahrhundert«. Zu dieser Datierung gelangte man durch Ausschluß aller Kriterien, die sich – theoretisch – zugunsten einer späteren Datierung hätten anführen lassen. Ein sicherheitshalber unternommener Durchgang durch Handschriften aus dem 3. und dem 4. Jahrhundert bestätigt Roberts und Roca-Puig: Unabhängig vom frühestmöglichen Zeitpunkt können diese Fragmente des Matthäus-Evangeliums nicht später als gegen Ende des 2. Jahrhunderts entstanden sein. Wie steht es also mit dem 2. Jahrhundert selbst? Tatsächlich gibt es eine Reihe von Ähnlichkeiten in Handschriften aus dem 2. Jahrhundert, aber sie sind dürftig und nur entfernt verwandt, als gehörten sie zu den späten, »dekadenten« Überresten eines Stils, der ein Jahrhundert zuvor noch geblüht hatte, ja als seien sie im Grunde bereits Vorboten eines neuen Stils – eben der berühmten »biblischen Unziale«. Und sie sind relativ – mit anderen Worten: Diese Manuskripte aus dem 2. Jahrhundert, die auf den ersten Blick durchaus vergleichbar wirken, sind selbst nur indirekt datiert, sie sind Papyri ohne archäologischen oder inhaltlichen zeitlichen Hinweis. Diese Sachlage könnte dazu verleiten, sich mit einer Art Patt zufriedenzugeben und sich der offenkundig unproblematischen, bislang unumstrittenen Datierung von Roberts anzuschließen. Doch der Anreiz, sich damit nicht zu begnügen, kam von Colin Roberts selbst, wenn auch indirekt.

Wie wir in Kapitel 6 sehen werden, ist eines der besonderen Merkmale des Jesus-Papyrus das Auftreten sogenannter *Nomina Sacra* oder »heiliger Namen« – Abkürzungen der griechischen Wörter für »Herr« (*kyrios*) und »Jesus« (*Iêsous*). Sie wurden im Urchristentum sehr populär und griffen bald auch auf andere Wörter wie »Gott« (*theos*), »(Heiliger) Geist« (*pneuma*) und viele weitere Begriffe mit Bezug auf die Dreifaltigkeit über. In der Regel wurden der erste und der letzte Buchstabe benutzt: *KS* für *kyrios*, *IS* für *Iêsous* und so weiter. Die fast sofortige und allgemeine Akzeptanz dieses neuen Abkürzungssystems war vermutlich ein bewußter Nachahmungsversuch in Anlehnung an den jüdischen Brauch, Gottes unaussprechlichen Namen abzukürzen. Es war eine weitreichende Entscheidung, denn wie wir sehen werden, beinhaltete sie eine theologische Aussage über das Wesen und die Rolle Jesu. Colin Roberts zum Beispiel war bereits 1979 überzeugt, daß ein derart folgenschweres System nicht der spontane Entschluß eines einzelnen Schreibers sein konnte. »Das System war zu komplex, als daß der gewöhnliche Schreiber ohne Regeln oder maßgebliche Vorbilder hätte handeln können«, schrieb er.[15] Er vermutete, daß das System von einer der beiden urchristlichen Gemeinden entwickelt und eingeführt wurde, die dafür genügend Autorität besaßen, der Jerusalemer Kirche oder der Kirche von Antiochia, wo die Anhänger Jesu zum ersten Mal »Christen« genannt wurden (Apostelgeschichte 11,26). Roberts hält Jerusalem für wahrscheinlicher, und zwar wegen der traditionellen Autorität der Stadt – schließlich war es die Gemeinde von Petrus und Jakobus. Und konsequenterweise plädiert er daraufhin für eine Datierung vor dem Jahr 70, als die Stadt und ihr Tempel zerstört wurden. Im Grunde ist bereits das Jahr 66, als die Christen mit dem Beginn des jüdischen Aufstands gegen die Römer Jerusalem verließen, das wahrscheinlichere »Enddatum« für Weisungen aller Art aus Jerusalem.[16] Doch es spricht noch mehr dafür, nach möglichen früheren Datierungen des Papyrus zu suchen: Schließlich ist er das Fragment eines *Kodex*. Und die Entstehung des Kodex wird heutzutage, wie der italienische Papyrologe Italo Gallo uns erinnert, von den Papyrologen auf das 1. Jahrhundert n. Chr. zurückverlegt, »nicht später als 70 n. Chr«[17]. Mit anderen Worten: Viele Theologen und Neutestamentler mögen mit einem derart frühen Ursprung eines Kodexpapyrus des Matthäus-Evangeliums ihre Schwierigkeiten haben – der Papyrologe jedoch hat aus technischen und methodischen Gründen keine andere Wahl; bei Papyri, die Kodexfragmente mit *Nomina Sacra* sind, ist er gezwungen, sich nach Vergleichsmaterial aus dem 1. Jahrhundert umzusehen.

Dies führt uns zurück nach Qumran, denn wie wir gesehen haben, finden sich unter den Schriftrollen aus den Qumran-Höhlen griechische Texte, die möglicherweise sogar noch vor dem 1. vorchristlichen Jahrhundert entstanden sind, keinesfalls aber später als im Jahr 68. Können sie uns einen ersten Hinweis geben? Entsprechend der Regel des »allgemeinen Erscheinungsbilds« prüfen wir die sechs umfangreichen Texte, die in Höhle 4 gefunden wurden: Fragmente von vier Leder- und zwei Papyrusschriftrollen.[18] Und tatsächlich sehen eine der Leder- und eine der Papyrusrollen vielversprechend genug aus, um eine genauere Untersuchung zu rechtfertigen; beide enthalten Textstellen aus dem Buch Levitikus (3. Buch Mose; ihre offiziellen Katalogbezeichnungen lauten »4QLXXLev^{a}« und »pap4QLXXLev^{b}«). Dieser letzte Papyrus umfaßt nicht weniger als 95 Fragmente, er ist in einer keineswegs einheitlichen Schriftart geschrieben, wie Peter Parsons in seinem auf Bitten der Herausgeber verfaßten Kommentar über die Datierung bemerkt[19], könnte aber auf die Mitte des 1. nachchristlichen Jahrhunderts datiert werden. Das allgemeine Erscheinungsbild weist sehr wohl Ähnlichkeiten mit der Schriftart des Oxforder Papyrus auf, insbesondere auf den einheitlichen Fragmenten 24 und 25 (Levitikus 5,8–10), doch besonders eng verwandt sind eher einige einzelne Buchstaben, vor allem *Alpha, Beta, Gamma, Epsilon* und *Omikron*. Ein interessanter Ausgangspunkt, doch an sich noch nicht ausreichend als verläßlicher Datierungshinweis.

Neben dem Papyrus gibt es aber noch das Ledermanuskript mit einer Textstelle aus demselben alttestamentlichen Buch Levitikus. Und hier ist die Ähnlichkeit sowohl im Gesamterscheinungsbild wie auch bei einzelnen Buchstaben in der Tat bemerkenswert. Peter Parsons fertigte Zeichnungen von Buchstaben aus dem Qumran-Fragment an, um ihre besonderen Merkmale hervorzuheben. Und obwohl er sich dessen kaum bewußt sein konnte – was das Ergebnis freilich um so objektiver macht –, unterstreichen seine Zeichnungen die frappierende Ähnlichkeit zwischen dem Qumran-Text und dem Jesus-Papyrus. Allenfalls ist das Ledermanuskript aus Qumran archaischer, als stammte es aus einer etwas früheren Periode desselben Stils. Auffällig ist zum Beispiel, daß hier, regelmäßiger als beim Jesus-Papyrus und seinem Gegenstück aus Barcelona, Buchstaben einander berühren oder jedenfalls in geringem Abstand zueinander stehen. Aber selbst bei den drei kleinen Oxforder Fragmenten ist dieses Phänomen (das in den Bibelmanuskripten des 2. und 3. Jahrhunderts nahezu völlig aufgegeben wurde) überraschend häufig festzustellen: zwischen *Epsilon* und *Tau* (Fragment 2, Zeile 2 *Verso*) oder zwischen *Ypsilon* und *Tau* (Fragment 1, Zeile 4 *Recto* und Zeile 2 *Verso*), *Ny* und *Tau* (Fragment 1, Zeile 3 *Recto* und Zeile 3 *Verso*), zwischen *Alpha* und *Jota* (Fragment 2, Zeile 2 *Recto*) und zwischen *Ny* und *Alpha* (Fragment 2, Zeile 3 *Verso*). Es ist sicher nicht das auffälligste Merkmal des Jesus-Papyrus, doch es ist vorhanden und muß zur Kenntnis genommen werden.

Und noch eine weitere Ähnlichkeit zwischen den Oxforder und den Barcelona-Fragmenten des Matthäus-Evangeliums einerseits und dem Levitikus-Text auf Leder andererseits ist bemerkenswert: Im Unterschied zu typischen Beispielen für »biblische Unzialen« aus dem 2., 3. oder 4. Jahrhundert sind die Buchstaben auf den zwei Papyri gleichmäßig gezeichnet – die horizontalen und die vertikalen Striche sind gleich »dick«. Es ist das Kennzeichen eines frühen Stils, das der sogenannten »biblischen Unziale« vorausgeht.

Peter Parsons datiert die Lederschriftrolle auf das späte 1. Jahrhundert v. Chr., womit sie an die fünfzig Jahre älter wäre als die in der Nähe aufgefundene Papyrusrolle mit dem Levitikus-Text. Das ist plausibel, wenngleich sich die Datierung nur auf indirekte Annahmen stützt, denn das lederne Levitikus-Manuskript ist selbst nicht datiert, sondern – durch den Fundort Qumran – lediglich datierbar, das heißt, es liefert nur den spätest-, nicht zugleich auch den frühestmöglichen Entstehungszeitpunkt. Hilfreich ist die Datierung deshalb, weil im Hinblick auf einen Evangelienpapyrus, mit dem wir den Vergleich ja ziehen, der früheste Entstehungszeitpunkt, der vernünftigerweise in Frage kommt, eben das Jahr ist, in dem die letzten im Evangelium berichteten Ereignisse stattfinden: der Tod, die Auferstehung und die Himmelfahrt Jesu – nach Auffassung der meisten Bibelforscher das Jahr 30.[20] Um es anders auszudrücken: Das Lederfragment »4QLXXLev[a]« aus Höhle 4 liefert uns ein hilfreiches Beispiel einer griechischen Handschrift, die eine Datierung des Jesus-Papyrus auf das 1. nachchristliche Jahrhundert nahelegt.

Immer noch mit Blick auf die Schriftrollen vom Toten Meer führt unsere Untersuchung uns zu Höhle 7, die schräg unterhalb von Höhle 4 liegt, oberhalb des Wadi Qumran. Hier wurden 1995 achtzehn griechische Papyrusfragmente und der spiegelverkehrte Abdruck eines griechischen Papyrus auf dem verhärteten Boden entdeckt.[21] Mit der Bedeutung der *Texte* aus dieser Höhle haben wir uns in Kapitel 3 befaßt – jetzt wollen wir lediglich den Stil der Handschriften betrachten. Es ist nicht überraschend, daß die Fragmente ein ganzes Spektrum verschiedener Stile aufweisen; tatsächlich aber finden wir auch ähnliche Handschriften vor – in Fragment $7Q6_1$ zum Beispiel und, in geringerem Ausmaß, in den Fragmenten 7Q1 und 7Q2. Aber nicht nur in diesen beiden Höhlen wurden griechische Handschriften gefunden. Im Nahal Hever zum Beispiel, südlich von Qumran, kam im August 1952 eine sensationelle Entdeckung ans Licht. Beduinen stießen hier überraschend auf eine Höhle mit einer griechischen Schriftrolle der »Zwölf Propheten«. In späteren Jahren identifizierten israelische Archäologen diese Höhle und fanden weitere neun Fragmente derselben Schriftrolle. Zwei verschiedene Schreiber, jeder mit seinen eigenen typischen Vorlieben, waren bei dieser Rolle am Werk gewesen, und während Schreiber A sowohl im allgemeinen Erscheinungsbild als auch hinsichtlich einzelner Buchstaben dem Oxforder Papyrus am nächsten kommt, weist Schreiber B eine zusätzliche Reihe von Ähnlichkeiten auf – insbesondere und interessanterweise bei den Buchstaben *Eta* und *My*, die in der Handschrift von Schreiber A weniger auffällig sind. Bisweilen benutzen beide Schreiber Merkmale des sogenannten »Zier-« oder »Häkchenstils« und fügen den Buchstaben kleine Punkte oder Häkchen hinzu oder verlängern einen Strich – ein Stil, der im 1. vor- und im 1. nachchristlichen Jahrhundert beliebt war. Solche Verzierungen sind, wenngleich selten, auch im Jesus-Papyrus vorhanden, beispielsweise bei den Buchstaben *Alpha, Gamma, Delta* und *Lambda.* Schreiber B erinnert außerdem an einen Stil, der »herculanisch« genannt wird, denn die meisten Beispiele dafür wurden bei den Ausgrabungen von Herculaneum entdeckt. Ein weiteres, wenn auch winziges Beispiel für diesen Typus außerhalb von Herculaneum ist das Qumran-Fragment 7Q6$_1$. Wie wir bereits wissen, müssen alle Texte aus Herculaneum vor dem Jahr 79 entstanden sein. Und in der Tat wurde die Schriftrolle der »Zwölf Propheten« von Nahal Hever noch ganz ohne Bezugnahme auf Herculaneum auf die Mitte des 1. Jahrhunderts n. Chr. datiert.[22]

Angesichts der Indizien, die uns die Schriftrollen vom Toten Meer liefern, können wir festhalten, daß diese griechischen Texte, die auf die Mitte oder sogar den Anfang des 1. nachchristlichen Jahrhunderts datiert wurden, den Fragmenten des Matthäus-Evangeliums näherstehen als alternative Papyri aus dem 2. oder 3. Jahrhundert. Bereits diese Indizien vom Toten Meer sind zwingend genug, um eine Datierung der Matthäus-Fragmente auf das 1. Jahrhundert, eine Entstehung um das Jahr 70 oder früher, plausibel erscheinen zu lassen. Die Schriftrollen vom Toten Meer aus diesem Blickwinkel zu betrachten, ist ein notwendiger Beitrag zur Diskussion. Immer wieder müssen wir uns klarmachen, wie sehr sogar die Bewohner, die diese Schriftrollen sammelten, ein lebendiger, aktiver Bestandteil der griechischsprachigen Welt waren, zu der auch so ferne Orte wie Rom, Herculaneum, Alexandria und Luxor gehörten.

Und noch eine weitere Fundstätte am Toten Meer dürfen wir nicht außer acht lassen: Masada. Hier fanden viele Menschen, die gerade noch rechtzeitig aus Qumran geflüchtet waren, für kurze Zeit Zuflucht bei den nationalistischen Verteidigern, bis die Festung im Winter 73/74 ihrerseits von den Römern überrannt wurde. Aus irgendeinem Grund nahmen sie manche der Schriftrollen aus Qumran nach Masada mit, die *Sabbatlieder* zum Beispiel, und wie die übrigen Bewohner verständigten sie sich weiterhin in mehreren Sprachen. Unter den zahlreichen hebräischen und aramäischen Texten wurden etliche griechische Dokumente gefunden, so etwa Briefe oder Notizen mit Informationen über die Wasser- und Nahrungsversorgung und -verteilung. Häufig wurden in der Antike auch Tonscherben, sogenannte Ostraka, zu allen möglichen Zwecken benutzt, für Kurzmitteilungen bis hin zu ganzen Gedichten. Unter den griechischen Ostraka aus Masada finden sich mehrere Beispiele, die uns bei unserer Suche bekannt vorkommen, denn sie ähneln dem Stil des Jesus-Papyrus. Ein bemerkenswert stilverwandtes Beispiel ist das fragmentarische Ostrakon Nr. 784 mit den Personennamen »Lea« und »Amm(ias)«. Aus historischen und archäologischen Gründen muß diese Tonscherbe vor dem Jahr 73/74 entstanden sein.[23]

Trotzdem könnten Kritiker dieser komparativen Vorgehensweise – insbesondere jene, die in der Paläographie wenig erfahren sind und deshalb leicht Gefahr laufen, ein übereiltes, oberflächliches Urteil zu fällen[24] – nach wie vor darauf beharren, das Vergleichsmaterial aus den Schriftfunden vom Toten Meer sei zur Bewertung eines Papyrus aus Oberägypten unzulänglich. Die Schwäche dieses Arguments haben wir dargelegt. Sowohl die griechischen Schriftrollen vom Toten Meer als auch der Matthäus-Papyrus können praktisch aus allen Teilen des Römischen Reichs und theoretisch sogar vom selben Ort stammen – beispielsweise aus Alexandria, wo Juden wie Christen aktiv schrieben und kopierten. Allerdings, und auch das muß in diesem Zusammenhang gegen mögliche Einwände betont werden: Schreibschulen, die einen einheitlichen, über Generationen hinweg verbindlichen Stil pflegten, gab es in dieser Frühphase christlicher Textüberlieferung noch nicht. Erst im 4. Jahrhundert, unter Konstantin, als mit kaiserlicher Förderung reichsweite Texte erstellt wurden, kam so etwas wie ein gepflegter »Kanzleistil« zustande. Es ist also nicht möglich, gegen die neue Datierung der Fragmente aus Oxford und Barcelona vorzubringen, daß diese spezifische Schreibform als eine Art Schulstil auch noch lange nach 70 n. Chr. im Gebrauch sein konnte. Und alle Indizien sprechen eben im Gegenteil für ein eher früheres Datum, *vor*, nicht etwa *nach* dem Jahre 70. Doch zusätzlich ist es durchaus nützlich, griechische Papyri zu untersuchen, die wie der Oxforder Papyrus in Ägypten gefunden oder erworben wurden. Dies ist der nächste Schritt bei unserer Suche nach weiteren Indizien.

Wie wir in den Kapiteln 3 und 4 gesehen haben, ist Ägypten der Hauptfundort aller griechischen Manuskripte, die uns aus der Antike erhalten geblieben sind, wobei Oxyrhynchus, etwa 400 Kilometer nördlich von Luxor im oberen Niltal, die berühmteste Fundstätte ist. Papyri aus dem 1. Jahrhundert sind in Oxyrhynchus ziemlich verbreitet, und wenn wir uns die Funde ansehen, die veröffentlicht wurden, stoßen wir bald auf ein auffälliges, herausragendes Beispiel, den ältesten bekannten Papyrus mit einem Werk des griechischen Komödiendichters Aristophanes (ca. 448 bis ca. 380 v. Chr.), *Equites* (»Die Ritter«). Er ist in einer sorgfältigen, gerundeten Handschrift geschrieben, mit mittelgroßen bis kleinen Buchstaben, und eindeutig bilinear (das heißt, die Buchstaben stehen zwischen zwei imaginären Linien), mit Ausnahme nur von *Phi* und *Psi*. Eine technische Beschreibung entspricht dem Jesus-Papyrus ebenso wie das allgemeine Erscheinungsbild sowie einzelne Buchstaben; beim Oxforder Papyrus sind die beiden »Ausnahme«-Buchstaben, die nach unten über die Zeilen hinausgehen, *Rho* und *Tau*. Dieser einzigartige Aristophanes-Papyrus wurde auf das »späte 1. Jahrhundert v. Chr. oder das frühe 1. Jahrhundert n. Chr.« datiert. Und in vielerlei Hinsicht sieht er aus wie der ältere Bruder unserer Fragmente aus dem Matthäus-Evangelium.

An der oberen Grenze des möglichen Entstehungszeitraums sind die Qumran-Texte zuverlässig datierbar. Aber weder die lederne Schriftrolle der »Zwölf Propheten« noch dieser Aristophanes-Papyrus sind datiert oder datierbar, ihre Entstehungszeit mußte durch komparative Methoden ermittelt werden. Hier begegnen wir einer der Gefahren des Datierungsprozesses: Wenn man sich ausschließlich auf solche Manuskripte verläßt, hat man am Ende ein schwankendes Gebäude aus isolierten Daten errichtet, das nur deshalb aufrecht steht, weil sich die unsicheren Einzeldaten wechselseitig stützen. Um es mit den Worten des berühmten britischen Theologen Austin Farrer auszudrücken, die sich nicht auf Papyri, sondern auf die Datierung sämtlicher neutestamentlichen Schriften bezogen: »Die Datierungen gleichen einer Gruppe angetrunkener Nachtschwärmer, die Arm in

Arm nach Hause marschieren; jeder wird nur durch die anderen in seiner Position gehalten, und keiner steht fest auf den Beinen. Aber die ganze Reihe kann fünf Jahre lang auf die eine oder andere Weise dahintorkeln und trotzdem mit keinem massiven Hindernis zusammenstoßen.«[25] Und eine ähnliche Zwangsjacke ziehen wir uns an, wenn wir uns ausschließlich auf die Angaben verlassen, die mit einem bestimmten Stil verbunden sind, mag er »biblische Unziale«, »Zierstil« oder wie auch immer heißen, und uns damit verbieten, Einzelfälle für sich allein zu betrachten. Jeder Versuch, eine präzise Datierung vorzunehmen, so schwierig er ist und immer sein wird, hängt selbstverständlich von der eigenen Bereitschaft ab, die Sache ohne Vorurteile anzugehen und nicht eine Bestätigung der Regel zu erwarten, sondern auf Ausnahmen gefaßt zu sein. Der große Latinist und Dichter A.E. Housman faßte dies in einem Kommentar zur Textkritik zusammen, der auch zu diesen Gebieten der Paläographie vortrefflich paßt:

»Textkritik ... läßt keine unumstößlichen Regeln zu; sie wäre sonst viel einfacher. Aber eben der Wunsch nach Einfachheit ist der Grund, weshalb man so zu tun versucht, als wäre dies der Fall, oder sich zumindest so benimmt, als glaubte man es. Natürlich kann man unumstößliche Regeln aufstellen, wenn man will, aber dann hat man falsche Regeln, die in die Irre führen; denn ihre Einfachheit macht sie untauglich für Probleme, die nicht einfach sind, sondern kompliziert, weil auch Persönlichkeiten eine Rolle spielen. Ein Textkritiker, der seine Aufgabe ernst nimmt, geht ganz anders vor als ein Newton beim Studium der Planetenbewegungen; er ist eher wie ein Hund, der Flöhe jagt. Wenn ein Hund nach mathematischen Grundsätzen Jagd auf Flöhe macht, seine Suche auf Gebiets- und Populationsstatistiken stützt, wird er nie einen Floh erwischen, es sei denn durch Zufall. Flöhe wollen als Individuen behandelt werden; und jedes Problem, das sich dem Textkritiker stellt, muß als möglicherweise einzigartig betrachtet werden.«[26]

Was wir an diesem Punkt also brauchen, ist ein präzise datiertes und möglicherweise einzigartiges Manuskript, das die bisher erzielten Ergebnisse erhärtet. Und ein solches Manuskript existiert tatsächlich: ein datierter Papyrus, der dem Jesus-Papyrus beinahe wie ein Zwilling gleicht – im allgemeinen Erscheinungsbild sowie in Form und Gestaltung der einzelnen Buchstaben. Auch er stammt aus Oxyrhynchus, wurde als P. Oxy. II 246 registriert und 1899 im zweiten Band der Oxyrhynchus-Papyri veröffentlicht – in gewisser Weise ein amüsanter Zufall: Zwei Jahre bevor der Matthäus-Papyrus nach Oxford gelangte, wurde der eine datierte Papyrus, der uns heute bei der Datierung der Oxford-Fragmente hilft, von Bernard Grenfell und Arthur Hunt für den Egypt Exploration Fund in London herausgegeben. Dieser Papyrus ist schon für sich allein ein faszinierendes Dokument: es ist ein Brief, der von dem (oder im Namen des) ägyptischen Bauern Harmiysis an den Staatsbeamten Papiskos und seine Kollegen in Oxyrhynchus geschrieben wurde. In einer bemerkenswert klaren, sorgfältigen Unzialschrift berichtet er den entsprechenden Behörden, er habe vor einiger Zeit zwölf Lämmer gehabt und wolle dieser Zahl nun sieben weitere Lämmer hinzufügen. Drei Beamte in Oxyrhynchus versahen den Brief in ihrer jeweils eigenen, charakteristischen, eiligen Schreibschrift mit ihren Bestätigungsvermerken. Alle vier, der Bauer und die drei Beamten, datierten das Dokument. Harmiysis schreibt in dem damals üblichen blumigen Stil:

»Im gegenwärtigen zwölften Jahr von Nero Klaudios Kaisar Sebastos Germanikos Autokrator erklärte ich in dem oben genannten [Dorf] Phthochis, daß ich in meinem Viehbestand ... zwölf Lämmer habe.« Übersetzt in die moderne Zeitrechnung entspricht dieses zwölfte Jahr von Neros Herrschaft dem Zeitraum 65/66 n. Chr. Die drei Beamten gehen bei ihrer Bestätigung der sieben neuen Lämmer ein wenig bürokratischer vor und versehen ihre Vermerke ebenfalls mit einem Datum: »Im Jahr Zwölf Neros, des Herrn, Epeiph 30.« Und das entspricht nach unserem Kalender dem 24. Juli 66. Hier haben wir es – ein präzises Datum und zudem noch einen Hinweis auf Nero als »Herrn«, *kyrios* auf griechisch, was im griechischen Alten Testament eine Anrede Gottes ist und im Neuen Testament die Anrede für Gott und Jesus. Dieser offizielle kaiserliche Titel – und offiziell muß er gewesen sein, denn die drei Beamten benutzten ihn dreimal – war sowohl den Juden als auch den Christen ein Greuel. Was dies bedeutet, wird jedem, der den Oxforder Papyrus liest, klar, wenn er sich die Vorderseite von Fragment 3 ansieht (Matthäus 26,22-23): dort sprechen die Jünger Jesus mit »Herr«, *kyrios*, an, und dieses Wort ist als »heiliger Name«, als *Nomen Sacrum*, abgekürzt. Aufschlußreich ist in diesem Zusammenhang, wie der große Adolf Deissmann in seinem Klassiker *Licht vom Osten. Das Neue Testament und die neuentdeckten Texte der hellenistisch-römischen Welt* den Papyrus beschreibt. Er bezeichnet die Handschrift als klar und fast literarisch, nennt sie »eine kräftige, steife Handwerker-Unziale« und meint, so ähnlich dürfe man sich auch die Handschrift des Apostels Paulus am Ende seines Briefes an die Galater vorstellen (Galater 6,11: »Seht, mit wie großen Buchstaben ich euch schreibe mit eigener Hand!«[27]). Deissmanns Hinweis ist in unserem Zusammenhang noch aus einem anderen Grund nützlich: Wir erkennen, daß eine literarisch wirkende Handschrift durchaus auch einem Menschen zuzutrauen ist, der weder eine Schreiberausbildung hat noch als Berufssekretär oder Mitarbeiter eines Schreibbüros bezeichnet werden kann. Ein »einfacher« Bauer wie Harmiysis oder ein Zeltmacher wie Paulus konnten so schreiben. Auf den in allen Punkten so eng verwandten Oxforder Jesus-Papyrus angewandt, heißt das aber auch: Einmal mehr wird deutlich, wie wenig für eine solche Handschrift die späte »biblische Unziale« oder »Majuskel« vorausgesetzt werden muß. Schon in den sechziger Jahren des 1. Jahrhunderts und früher konnte überall und gleichsam von jedermann so geschrieben werden. Das Vergleichsmaterial, mit dem wir uns eingangs beschäftigten, läßt ferner darauf schließen, daß der Brief des Harmiysis am Ende dieses Handschriftenstils steht. Sein Datum, der 24. Juli 66 n. Chr., ist damit ein weiteres Indiz für eine Art Schlußpunkt. Die Aussage über das Entstehen des Oxforder Papyrus um das Jahr 70 oder früher ist dadurch weiter abgesichert.

Kurz, unser Durchgang durch indirekt datierte, datierbare und präzise datierte Papyri aus der Zeitspanne, die aufgrund der technischen Überlegungen von Colin Roberts und Italo Gallo in Frage kommt, hat uns zu einem schlüssigen Ergebnis geführt. Das Vergleichsmaterial ergibt eine Datierung um das Jahr 66 n. Chr., mit einem gewissen Spielraum für ein noch früheres Datum, keinesfalls aber für ein späteres. Die Fragmente in Oxford und in Barcelona gehören zu einem bestimmten Typus der Unzialschrift, der um die Mitte des 1. nachchristlichen Jahrhunderts florierte und Vorläufer bereits zu Beginn des Jahrhunderts hatte. Nachdem der Text auf den Fragmenten, wie wir in Kapitel 3 gesehen haben, nicht zu einer früheren Sammlung von Jesussprüchen oder Passionsgeschichten gehört, sondern zu einem vollständigen Evangelium, wissen wir außerdem, daß wir kein früheres Datum als das Jahr 30 ansetzen können. Anders ausgedrückt – und wie wir auch bei dem Vergleich mit der Lederrolle aus Qumran und dem Aristophanes-Papyrus festgestellt haben: Die Matthäus-Fragmente sind ein charakteristisches Beispiel für die spätere Periode dieses Handschriftentypus.

Die Datierung der Papyri und Aufgaben, die bleiben

Die Fragmente aus Oxford und Barcelona stammen aus einem Kodex. Wie wir in Kapitel 3 gesehen haben, muß dem christlichen Kodex eine christliche Schriftrolle vorausgegangen sein. Das Original des Matthäus, die verlorengegangene »erste Schriftrolle« sozusagen, muß daher eine bestimmte Anzahl von Jahren vor dem ungefähren Datum 66 n. Chr. verfaßt worden sein. Kein Wunder also, daß jenen Neutestamentlern, die das Matthäus-Evangelium für eine sehr späte Schöpfung der Gemeinde halten, mit einem maßgeschneiderten Jesus als Wundertäter, Weisheitslehrer und Propheten, erfunden in den achtziger Jahren des 1. Jahrhunderts, ein solches Ergebnis mißfällt. Genausowenig überraschend ist aber auch die Reaktion der anderen, progressiveren Forscher und der vielen christlichen Laien, denen die Evangelien seit jeher als die Berichte vertrauenswürdiger Augenzeugen aus apostolischen Zeiten galten. Der Papyrologe kann nur seine Ergebnisse vorlegen – in diese Auseinandersetzung einmischen kann er sich nicht. Die papyrologische Analyse, die Herausgabe und Datierung alter Manuskripte muß streng getrennt von Hintergedanken aller Art erfolgen. Aber auf die Konsequenzen der papyrologischen und paläographischen Ergebnisse für andere Fachgebiete hinzuweisen ist natürlich legitim. Das weltweite Aufsehen, das die Neudatierung des Matthäus-Papyrus hervorrief, wirkt sich auf ein weites Feld orthodoxer Überzeugungen hinsichtlich der Urkirche, des historischen Jesus und des Ursprungs der Evangelien aus. In unserem letzten Kapitel werden wir diese Auswirkungen untersuchen.

Denn unsere Suche endet nicht an dieser Stelle. Stellen wir zwei simple Fragen: Wenn zwei Papyri des Matthäus-Evangeliums, ein Papyrus mit dem Lukas-Evangelium und, entsprechend den Datierungen, die Herbert Hunger und Young-Kyu Kim vorschlugen, je ein Papyruskodex des Johannes und der Paulus-Briefe auf das 1. beziehungsweise das frühe 2. Jahrhundert zurückdatiert werden können, müssen wir dann nicht unsere Untersuchungen fortsetzen und auch auf andere Papyri ausdehnen? Wenn, wie wir gezeigt haben, die Schublade »biblische Unziale« falsch beschriftet worden ist, sollten wir dann nicht unsere Lehrmeinungen und unsere bisher nicht hinterfragten Annahmen überprüfen, um festzustellen, ob es nicht andere alte Papyri gibt, die möglicherweise auch aus viel früheren Zeiten stammen als bislang angenommen? Das müssen wir in der Tat. An Kandidaten hierfür herrscht kein Mangel.

Der erste ist, um beim Matthäus-Evangelium zu bleiben, der »P77« aus Oxyrhynchus (P. Oxy. 2683), ein kleines Fragment eines Papyruskodex, auf dem die Verse Matthäus 23,30-39 erhalten sind. Seine Herausgeber, darunter John Rea und Peter Parsons, datierten das Fragment auf das späte 2. oder frühe 3. Jahrhundert; Philip W. Comfort schlug das Jahr 150 n. Chr. vor.[28]

Das Fragment stammt aus einer eindeutig späteren Zeit als der Oxford/Barcelona-Papyrus, es ist weniger sorgfältig geschrieben, gehört aber unbestreitbar in dieselbe Kategorie wie zum Beispiel der Johannes-Papyrus in Manchester, der »P52« oder Gr. P. 457, der auf das erste Viertel des 2. Jahrhunderts datiert wurde, jedoch, wie wir gesehen haben, durchaus älter sein könnte. Oder nehmen wir einen anderen Matthäus-Papyrus, die »Nummer eins« auf der Liste aller Papyri des Neuen Testaments. Auf »P1« oder P. Oxy. 2, der sich jetzt in Philadelphia an der University of Pennsylvania befindet, sind die Verse Matthäus 1,1–9, 12 und 14–20 zu lesen. Er ist ein prachtvolles Beispiel für eine präzise, fast ausgefeilte Handschrift, und die Entstehungszeit, die ihm üblicherweise zugeschrieben wird, nämlich das dritte Jahrhundert, ist eindeutig viel zu spät angesetzt. Man kann ihn zwar nicht in dieselbe frühe Kategorie wie die Fragmente von Oxford und Barcelona oder auch den Pariser Lukas-Papyrus einordnen, aber er folgt nicht viel später.[29]

Auch weitere Papyrusfragmente anderer Evangelien deuten auf frühere Entstehungszeiten hin. Ein Beispiel ist der »P5« oder P. Oxy. 208 mit Textstellen aus dem Johannes-Evangelium, Kapitel 1, 16 und 20, der sich jetzt in der British Library in London befindet. Seine bisherige Datierung auf das 3. Jahrhundert wird allgemein akzeptiert, ist aber irreführend und zu spät angesetzt.[30] Oder sehen wir uns den »P69« oder P. Oxy. 2383 im Ashmolean Museum, Oxford, an, der die Verse Lukas 22,41, 45–48 und 58–61 enthält. Wenn wir nicht mehr auf die »biblische Unziale« fixiert sind, können wir ihn unmöglich so spät datieren, wie es derzeit üblich ist – nämlich auf das 3. Jahrhundert. Als Edgar Lobel, Colin Roberts und andere ihn 1957 erstmals herausgaben[31], standen sie unter dem Zwang der orthodoxen Gelehrtenmeinung ihrer Zeit, die Roberts zwar in die Lage versetzte zu erkennen, daß Arthur Hunts Kodex-Datierung auf das 4. Jahrhundert falsch war, die ihn aber auch daran hinderte, eingehender nachzuforschen – wie er es dann bei seiner Arbeit über den Ursprung des Kodex letztlich dann doch noch tat. Eine erneute, gründliche Erforschung des »P69« würde vermutlich zeigen, daß er dem Lukas-Papyrus der Bibliothèque Nationale in Paris nahesteht, der jetzt auf den Anfang des 2. oder sogar das Ende des 1. Jahrhunderts zurückdatiert wurde.

Und so könnten wir fortfahren. Da ist der »P70« oder P. Oxy. 2384, von dem Teile im Ashmolean Museum in Oxford und weitere im Istituto Papirologico G. Vitelli in Florenz liegen. Er enthält Fragmente aus den Kapiteln 2, 3, 11, 12 und 24 des Matthäus-Evangeliums. 3. Jahrhundert? Nur wenn die Orthodoxie über die neue Sicht der Dinge weiter die Oberhand behält. Eine neuere Edition eines anderen neutestamentlichen Papyrus wagte allerdings eine vergleichsweise frühe Datierung: T.C. Skeat datierte das Kodexfragment »P90« oder P. Oxy. 3523 mit den Textstellen Johannes 18,36–19,7, das jetzt im Ashmolean Museum in Oxford liegt, auf das (späte) 2. Jahrhundert.[32] Er wurde wegen seines Mutes angegriffen, doch er hat recht, wenngleich er vielleicht sogar noch ein wenig zu vorsichtig war. Angesichts der neuen Vergleichsmöglichkeiten ist eine Datierung auf die Mitte oder sogar den Anfang des 2. Jahrhunderts wahrscheinlicher. Skeat hat jedenfalls gezeigt, daß selbst innerhalb des traditionellen Paradigmas, zu dessen großen und unangefochtenen Vertretern er zweifellos selbst zählt, ein Fortschritt möglich ist. Vielleicht ist Skeat auf anderen Gebieten weniger mutig, doch dieses eine Mal hat er uns einen weiteren guten Grund geliefert, den Prozeß paläographischer Neubewertung fortzusetzen. Denn eines ist gewiß – wenn der »P90« aus dem 2. Jahrhundert stammt, wie Skeat versichert, dann ist die erheblich frühere Datierung des Oxforder Matthäus-Papyrus aufgrund seiner eindeutig älteren paläographischen Merkmale über jeden vernünftigen Zweifel erhaben.

Dies sind nur ein paar Beispiele für das, was bereits getan wurde und noch zu tun ist, um den Ursprung des Neuen Testaments in ein neues Licht zu rücken. Und das weltweite Aufsehen um die Neudatierung des Jesus-Papyrus im Magdalen College von Oxford ist dabei kein Selbstzweck, sondern erst der Anfang eines Weges.

6

CHRISTENTUM UND ANTIKE SCHRIFTKULTUR

Welch glückliche Hingabe, welch löblicher Fleiß, den Menschen zu predigen, mit Hilfe der Hand, die Zunge zu lösen durch die Finger, den Sterblichen Ruhe und Heil zu bringen und des Teufels heimtückische Ränke mit Tinte und Feder zu bekämpfen! Denn jedes Wort des Herrn, das der Schreiber zu Papier bringt, ist eine Wunde im Fleisch des Satans. Und so bereist der Schreiber, obwohl er an einer Stelle sitzt, verschiedene Länder durch die Verbreitung dessen, was er geschrieben hat.
Cassiodor, Institutiones, 536 n. Chr.

Es kommt auch vor, daß wertvolle Tatsachen verleugnet werden, weil sie der Überzeugung der Kenner nicht gelegen kommen.
Gary Schwartz, »Rembrandt oder nicht Rembrandt?«, Frankfurter Allgemeine Zeitung, 14. Dezember 1995

Was wissen wir über die Männer und Frauen, die vor über 1900 Jahren als erste den Jesus-Papyrus benutzten? Wie gebildet waren sie, welche Kenntnisse hatten sie? Und was sagen uns diese winzigen Fragmente über die Entwicklung der frühchristlichen Glaubenslehre? Wie wir in Kapitel 5 sahen und wie Archäologen, Historiker und historisch geschulte Neutestamentler immer wieder gezeigt haben, war die jüdische Gesellschaft in Palästina im 1. Jahrhundert dreisprachig. Hebräisch (die Sprache der Synagoge und des Tempels), Aramäisch (die traditionelle Umgangssprache) und Griechisch (die Kultursprache des östlichen Mittelmeerraums seit der Eroberung durch die Griechen) waren jedermann zugänglich, auf jeden Fall in der gesprochenen und, wie sich nachweisen läßt, auch in schriftlicher Form. Manche, insbesondere jene, die mit der römischen Verwaltung zu tun hatten, erwarben sich vermutlich auch ausreichende Lateinkenntnisse. Denn daß die Römer in Palästina trotz ihrer Geübtheit im Griechischen auch Latein benutzten, wissen wir unter anderem aus der lateinischen »Pontius-Pilatus-Inschrift«, die in Caesarea Maritima gefunden wurde, der einzigen vorhandenen Inschrift, die den Namen des Präfekten erwähnt; sie bezeugt die Schenkung eines bestimmten Gebäudes durch Pilatus, eines sogenannten Tiberieum zu Ehren des Kaisers Tiberius. Wir wissen es außerdem aus Johannes 19,20, wo von der Inschrift die Rede ist, die Pontius Pilatus an Jesu Kreuz befestigen ließ: »Dieses Schild lasen viele Juden, weil der Platz, wo Jesus gekreuzigt wurde, nahe bei der Stadt war. Die Inschrift war hebräisch, lateinisch und griechisch abgefaßt.«

Eine vielsprachige Gesellschaft

Natürlich waren nicht alle gleichermaßen begabt. Selbst ein ansonsten intelligenter Mann wie der jüdische Geschichtsschreiber Flavius Josephus gab zu, daß es ihm schwerfiel, flüssig griechisch zu schreiben und beim Sprechen seinen Akzent abzulegen (obwohl die Selbstkritik zum Teil auf die sogenannte *captatio benevolentiae* zurückzuführen sein mag, den beliebten rhetorischen Versuch, den Protest der Zuhörer und Leser heraufzubeschwören: »Aber nein, im Gegenteil, Sie sind ganz brillant!«). Auch das Neue Testament ist voller Beispiele, die eine hervorragende Kenntnis des Griechischen und der griechischen (oder »hellenistischen«) Kultur verraten. Betsaida, die Stadt, in der Simon, der später Petrus genannt wurde, und sein Bruder Andreas aufwuchsen, gehörte zum Reich des Vierfürsten Philippus, der viel getan hatte, um das Gebiet zu »hellenisieren«. Personennamen deuten darauf hin, wie beliebt diese Maßnahmen waren: Andreas zum Beispiel ist ein rein griechischer Name, und selbst Simon ist »bikulturell«: Er taucht erstmals nicht in einem hebräischen Text auf, sondern in einem griechischen Drama, in Aristophanes' Komödie *Die Wolken*, Vers 351, verfaßt 423 v. Chr. Noch ein dritter Jünger trägt einen griechischen Namen: Philippus, der ebenfalls aus Betsaida stammte (Johannes 1,44). Betsaida, wiederentdeckt von dem Benediktinermönch und Archäologen Bargil Pixner, wurde kürzlich von der amerikanischen Theologin Elizabeth McNamer als die aus christlicher Sicht »wichtigste Stadt nach Jerusalem« bezeichnet.[1] Zu den Funden von Betsaida gehören das Haus eines Fischers mit Ankern, Fischerhaken und einer Nadel zur Reparatur von Netzen. Ferner stieß man auf einen Weinkeller, einen Ofen und zwei aufeinanderliegende Basaltplatten, mit denen Korn gemahlen wurde. Elizabeth McNamer berichtete, was nach der Entdeckung geschah: »Eine meiner Studentinnen versuchte, den oberen Stein zu bewegen, aber sie schaffte es nicht. Daraufhin ließ ich sie es zu zweit versuchen. Denn Jesus hat ja gesagt: »Und von zwei Frauen, die mit derselben Mühle mahlen ... (Matthäus 24,41). Tatsächlich läßt sich die Mühle nur von zweien bewegen.«

Jesus selbst wuchs in Nazareth auf, sechs Kilometer oder eineinhalb Stunden Fußmarsch von Sepphoris entfernt, das in seiner Jugend als Hauptstadt von Galiläa wiederaufgebaut wurde. Manche Forscher vertreten die Meinung, Jesus und Joseph, beide Bauhandwerker von Beruf, hätten aktiv an der Erbauung von

Sepphoris mitgewirkt: Das griechische Wort *tékton* in Matthäus 13,55 bedeutet nicht eigentlich »Zimmermann«, wie es in den meisten Bibelübersetzungen mißverständlich heißt, sondern »Bauhandwerker« – wir erkennen das Wort noch in unserem »Architekten«, dem *architékton*, dem Erzbauhandwerker sozusagen, ein Begriff, bei dem im Griechischen auch ›Urheber‹, ›Schöpfer‹ mitschwingt. Auch Sepphoris war ein eindeutig hellenisierter Ort. Das beweisen zeitgenössische Inschriften genauso wie das prachtvolle Theater, das erbaut wurde, als Jesus ein junger Mann war. Sogar in Palästina wurden Theaterstücke ausschließlich auf griechisch für ein griechisch sprechendes Publikum aufgeführt; das Theater von Sepphoris bot Sitzplätze für 5000 Zuschauer bei einer Bevölkerung von 25000 Einwohnern. Dieses Verhältnis läßt darauf schließen, daß im 1. Jahrhundert in Galiläa, der Heimat von Jesus und seinen Jüngern, eine gewisse Kenntnis des Griechischen, die jedenfalls zum Verständnis von Dramen ausreichte, auch über die Elite der jüdischen Gesellschaft hinaus verbreitet war.

Und was hat es mit den Geschichten auf sich, die das Neue Testament selbst erzählt? Niemand würde ernsthaft bezweifeln, daß Jesu »Muttersprache« Aramäisch war und daß er Hebräisch zu lesen verstand – ein überzeugender Beweis dafür findet sich zum Beispiel in Lukas 4,16–30, wo er eine Schriftrolle mit den Worten des Propheten Jesaja aufrollt, daraus vorliest und den Text deutet. Aber zumindest eine Stelle beweist direkt – und eine weitere Reihe von Textstellen indirekt –, daß er auch griechisch zu sprechen verstand. Zunächst die Begegnung mit einer Syrophönizierin im »Gebiet von Tyrus« (Markus 7,24-30). Markus, der häufig mehr Sinn für sprachliche Feinheiten hat als die anderen Evangelisten – bisweilen benutzt er lateinische, griechische und aramäische Fachausdrücke und übersetzt sie –, liefert uns einen erhellenden Hinweis in 7,26. »*Hê de gynê ên Hellênís*«, schreibt er, und das bedeutet wörtlich: »Die Frau war griechischsprachig.«[2] Damit teilt Markus uns fast beiläufig mit, daß ihr darauffolgendes Gespräch mit Jesus auf griechisch geführt wurde. Ein weiteres Beispiel ist die Diskussion zwischen Jesus und den Pharisäern über die Frage, ob dem Kaiser Steuern zu zahlen seien (Markus 12,13-17). Der deutsche Archäologe und Neutestamentler Benedikt Schwank zeigte vor einiger Zeit, daß dieses Gespräch wohl auf griechisch geführt wurde.[3] Zwischen 37 v. Chr. und 67 n. Chr. war in Palästina keine einzige Münze mit hebräischer oder aramäischer Aufschrift geprägt oder in Umlauf gebracht worden. Der Text auf den Münzen war griechisch und gelegentlich auch lateinisch – wenn das Geld zum Beispiel aus der Münzstätte von Lyon ins Land gekommen war. In dieser Szene aber hängt alles von der Inschrift der Münze ab, bis hin zu dem schlagenden Argument Jesu: »So gebt dem Kaiser, was dem Kaiser gehört, und Gott, was Gott gehört.« Tatsächlich war eine solche Münze, ein Denar mit dem Konterfei des Kaisers Tiberius, für orthodoxe Juden ein Greuel – nicht nur verstieß das Porträt gegen das zweite Gebot, sondern die Aufschrift betitelte zudem den Kaiser als Sohn des »Divus Augustus«, des Gottes (oder vergöttlichten) Augustus. Reinste Blasphemie also, wie allen, die mit solchen Münzen zu tun hatten, vollkommen klar war – wodurch Jesu Schlußfolgerung natürlich noch vielsagender wird. Und vollkommen klar waren seine Worte, obwohl – oder vielmehr, wie wir jetzt sagen sollten: *nur* weil sie griechisch waren.

Im übrigen verwendet Jesus in derselben Auseinandersetzung einen aus der Sprache des griechischen Dramas entlehnten Ausdruck: In Markus 12,15 wirft er den Pharisäern *hypókrisis*, Heuchelei, vor, und in der parallelen Textstelle bei Matthäus beschuldigt er sie direkt: »*Hypokritai!*« (Matthäus 22,18). Das griechische Wort bezeichnet »Schauspieler«, also Menschen, die vorgeben, etwas anderes zu sein. Es mag spekulativ sein, aber Jesus könnte das Wort, das vor dieser Zeit nur selten im übertragenen Sinn verwendet wurde, von seinen Theaterbesuchen in Sepphoris mitgenommen haben. Es wurden auch andere, indirekte Hinweise auf solche Situationen untersucht, bei denen er sich des Griechischen bedient haben könnte: das Verhör durch Pilatus und die Szene im Garten, nach der Auferstehung, als Jesus Maria Magdalena begegnet (Johannes 20,11–18). Allem Anschein nach wurde das Gespräch zwischen den beiden auf griechisch geführt, was nicht unangemessen war für einen kurzen Wortwechsel mit dem Gärtner, für den Maria den Herrn fälschlich hielt, bis er sie bei ihrem Namen nannte. Erst in diesem Moment wendet sie sich zu ihm um und sagt auf aramäisch[4]: *Rabbuni!*, »Meister« – ein unvermittelter, bewußter Wechsel der Sprache. Johannes' präzise Schilderung dieser dramatischen Szene könnte durchaus auch eine soziologische Aussage über den Gebrauch der verschiedenen Sprachen im 1. Jahrhundert in Palästina enthalten. Ein unstrittiges Beispiel, das uns direkt in die Komplexität dieser vielsprachigen und multikulturellen Gesellschaft einführt, in der die Urchristen zu Hause waren, taucht in der Apostelgeschichte auf:

Paulus, selbst ein gebildeter Jude pharisäischer Herkunft und in der Lage, griechische Dichter zu zitieren, wann immer er es für passend hielt (Arat in Apostelgeschichte 17,28, Menander in 1. Korinther 15,33, Epimenides in Titus 1,12, um nur drei zu nennen), hatte auf seinem Weg nach Damaskus ein Erlebnis, das sein Leben veränderte; es ist eines der einschneidenden Ereignisse, von denen die Apostelgeschichte berichtet. In dem »Licht vom Himmel« begegnet er Jesus und bekehrt sich. Lukas hält die Begebenheit für derart zentral, daß er sie dreimal erzählt, an drei wichtigen Wendepunkten seines Buches. Die erste Version ist seine eigene (Apostelgeschichte 9,1-9), die schlichte Erzählung einer Geschichte zu einem chronologisch passenden Zeitpunkt. Die zweite Version stammt von Paulus: In der Apostelgeschichte 22,5–11 wendet er sich an die Juden von Jerusalem, nachdem römische Soldaten ihn in Schutzhaft genommen haben. Schon der Hintergrund der Geschichte ist aufschlußreich: Nach seiner Verhaftung durch die Römer verblüfft er den Obersten – der ihn für einen Ägypter gehalten hat –, indem er ihn auf griechisch anredet (»Du verstehst Griechisch?« Apostelgeschichte 21,37), und erhält daraufhin die Erlaubnis, zu den Juden zu sprechen, was er auf aramäisch tut. Sie reagieren ebenfalls erfreut, wenn auch leicht überrascht (»Als sie hörten, daß er in aramäischer Sprache zu ihnen redete, waren sie noch ruhiger.« Apostelgeschichte 22,2). Seine Version des Bekehrungserlebnisses richtet sich an ein jüdisches Publikum, die Sprache und die Erklärungen beruhen auf einem ihnen gemeinsamen Fundament, »dem Gesetz der Väter« (Apostelgeschichte 22,3).

In der Apostelgeschichte 26,12–20 erzählt Paulus die Geschichte ein zweites Mal. Er wird in Caesarea Maritima verhört. Wieder ist er in römischem Gewahrsam. König Herodes Agrippa II. und der kurz zuvor eingetroffene Statthalter Festus befragen ihn; beide Männer sind innerhalb des römischen Erziehungssystems aufgewachsen, waren bewandert in der Literatur, der Philosophie und selbstverständlich in den Sprachen des Reichs. Als gebildeter römischer Bürger spricht Paulus sie deshalb auf griechisch an. Aber zudem paßt er seine Geschichte den speziellen Interessen seiner Zuhörer an und verweist diesmal nicht auf das »Gesetz der Väter«. Hier und nur hier fügt Paulus einen Ausspruch von Jesus hinzu – mit vielsagenden Bezügen:

»Saul, Saul, warum verfolgst du mich? Es wird dir schwer sein, wider den Stachel zu löcken.« (Apostelgeschichte 26,14) Jesus sagte dies auf aramäisch, wie Paulus eigens erwähnt, er hingegen zitiert die Worte gegenüber Festus und Agrippa natürlich auf griechisch. Und in ihren Ohren muß der griechische Text recht bekannt geklungen haben: »*Sklerón soi pros kéntra laktízein*« – fast ein wörtliches Zitat, jedenfalls aber eine unmißverständliche Anspielung auf eine äußerst beliebte griechische Dichtung, die Trilogie *Orestie* des Aischylos, die heute noch häufig aufgeführt wird. In der ersten der drei Tragödien, *Agamemnon*, spricht Aigisthos zum Chor und sagt (Verse 1623 – 1624): »Du hast Augen und verstehst doch nicht? Löcke nicht wider den Stachel, sonst triffst du nur dir selbst zum Schmerz.« Für Feinschmecker unter den griechisch gebildeten Hörern und Lesern dieser Szene war die Anspielung auf die *Agamemnon*-Stelle, die eingangs vom Unverständnis der Menschen trotz sehender Augen spricht, auch deswegen so wirkungsvoll, weil Jesus hier gleich anschließend ankündigt, daß er mit Hilfe des Paulus den Völkern die Augen öffnen will (Apostelgeschichte 26,17–18).

Die zentrale Aussage dieser Passage, das Ausschlagen wider den Stachel (*pròs kéntra mê láktíze*), taucht bei Aischylos noch einmal in einem weniger leicht erkennbaren Kontext auf, nämlich in seiner Tragödie *Prometheus* (Vers 325), und wurde in ähnlicher Form, wenn auch in völlig anderem Zusammenhang, von Euripides, dem (nach Sophokles) dritten großen griechischen Tragöden, in den *Bakchen*, 795, verwendet. Sogar ein römischer Lustspieldichter, Terenz, greift in seinem Stück *Phormio* (77–78) darauf zurück: »*Nam quae inscitia est? Adversum stimulum calces.*« (»Was anders ist Unverstand als gegen den Stachel zu löcken.«) Kurz, diese Worte in Jesu Mund müssen auf wache Ohren gestoßen sein. Die Verbindung mit dem *Agamemnon* war natürlich besonders auffällig, aber Agrippa und Festus hätten auf jeden Fall einen gemeinsamen Bezugsrahmen erkannt, gleichgültig, welches Stück ihnen zuerst in den Sinn kam, und vor allem mußten sie zur Kenntnis nehmen, daß dieser sonderbare Mann Jesus aus Nazareth, der gekreuzigte Galiläer, mit solchen Redewendungen vertraut war und daß sein Apostel Paulus ihn mühelos auf griechisch zitieren konnte. Jesus, Paulus und die Urchristen waren offenbar alles andere als ungebildetes Volk. Sie verstanden es, sich auf jede Situation einzustellen. Das Christentum stand allen offen – den jüdischen Massen im Tempel von Jerusalem genauso wie einem hellenisierten jüdischen König oder einem römischen Statthalter. Dies jedenfalls ist die Botschaft, die wir den zwei Versionen von Sauls Bekehrungserlebnis entnehmen. Agrippas Antwort in der Apostelgeschichte 26,28 verrät in gewisser Weise, wie wirkungsvoll diese Strategie war: »Fast überredest du mich dazu, mich als Christ auszugeben.«[5]

Sekretäre und Stenographen

Wir haben gesehen, daß die nationalistischen Verteidiger der Feste Masada bei ihrem letzten Aufstand gegen die Römer nichts dabei fanden, sich untereinander auch griechisch zu verständigen, daß griechische Dokumente sogar bis in die orthodoxe Gemeinde von Qumran gelangten, daß Lukas die Dienste eines hochrangigen Römers in Anspruch nahm, um sein Evangelium abschreiben und verbreiten zu lassen, und daß der Schülerkreis um Paulus Notizbücher benutzte, die mit dem lateinischen Namen *membranae* benannt wurden. Auch auf eine weitere Gepflogenheit, die sowohl bei Griechen als auch bei Römern verbreitet war, griffen die christlichen Verfasser und ihre Schreiber zurück: den Einsatz von Sekretären oder *amanuenses*, vertrauenswürdigen Helfern, die technisch und stilistisch versiert waren. Manche von ihnen werden im Neuen Testament namentlich erwähnt, andere sind anonym geblieben. In einem sehr weiten Sinn erwähnt Lukas sie zu Beginn seines Evangeliums: »Schon viele haben es unternommen, einen Bericht über all das abzufassen, was sich unter uns ereignet und erfüllt hat. Dabei hielten sie sich an die Überlieferung derer, die von Anfang an Augenzeugen und Diener des Wortes waren.« (Lukas 1,1–2) Man beachte, wieviel Bedeutung Lukas den Augenzeugen beimißt, auf die sich die schriftlichen Aufzeichnungen berufen (auch jene, die seinen eigenen vorausgingen); und auffällig sind auch die »Diener des Wortes«, griechisch *hyperêtai*, »Helfer«. Zu Zeiten des Neuen Testaments wurde das Wort oft für das Tempelpersonal, die Diener in den Synagogen, oder für die Bediensteten von Königen und Richtern benutzt. Aber hier bezieht es sich eindeutig auf jene, die bei der schriftlichen Verbreitung des Evangeliums, der Frohen Botschaft Jesu, mitwirkten. Interessanterweise taucht der Begriff auch in der Fortsetzung des Lukas-Evangeliums, in der Apostelgeschichte 13,5, wieder auf. Der Neutestamentler R.O.P. Taylor bemerkte als erster, daß Markus, der nach der Überlieferung als der Urheber des ältesten Evangeliums gilt, *hypêretês* genannt wird, und zwar in seiner Eigenschaft als Mitglied der missionarischen Gruppe, die Paulus und Barnabas um 46 gemeinsam ins Leben riefen, nicht als »Helfer« des einen oder des anderen. Er wird schlicht »der *hypêretês*« genannt, als wäre dies ein Titel oder eine Qualifikation. Könnte damit angedeutet sein, daß Markus zu der Zeit sein Evangelium bereits geschrieben hatte, zumindest einen ersten Entwurf, daß er also ein wahrer »Diener des Wortes« war?[6]

Weniger zurückhaltend werden hochqualifizierte Mitarbeiter

an anderen Stellen des Neuen Testaments erwähnt, und zwei auffällige Beispiele liefern der erste Brief des Petrus und der Brief des Paulus an die Römer.[7] »Durch den Bruder Silvanus, den ich für treu halte, habe ich euch kurz geschrieben; ich habe euch ermahnt und habe bezeugt, daß dies die wahre Gnade Gottes ist, in der ihr stehen sollt.« (1 Petrus 5,12) Und im Brief an die Römer heißt es: » Ich, Tertius, der Schreiber dieses Briefes, grüße euch im Namen des Herrn.« (Römer 16,22: »*Egô Tértios ho grápsas tên epistolên.*«) Aufgrund der letzten Bemerkung betitelte der amerikanische Neutestamentler Gary Burg seinen kürzlich erschienenen Aufsatz über Tertius »The Real Writer of Romans«, »der wahre Schreiber des Römer-Briefs«.[8] Männer wie Silvanus (oder Silas, wie er auch genannt wird) und Tertius waren in der Tat mehr als lediglich Schreiberlinge. Damals hätte niemand Paulus als den wahren Verfasser des Römer-Briefs in Frage gestellt (siehe Römer 1,1) oder bezweifelt, daß Petrus der Urheber seines ersten Briefes ist (1 Petrus 1,11); trotzdem konnte die Rolle der Sekretäre zuweilen sehr wichtig sein. So können wir uns der Meinung vieler Forscher anschließen und davon ausgehen, daß das geschliffene Griechisch des ersten Petrus-Briefs – im Vergleich zu dem deftigen, stark hebräisch gefärbten Stil des zweiten Briefs – ganz und gar Silvanus zu verdanken ist, einem erfahrenen Sekretär, der sein Können bereits im ersten und zweiten Brief an die Thessalonicher unter Beweis gestellt hatte. Und Tertius war im Brief an die Römer gewiß mehr als ein gedankenloser Chronist, der aufschrieb, was man ihm diktierte.

Paulus muß seinen Einfluß auf das Endprodukt wohl geschätzt haben – wie sonst wäre zu erklären, daß er ihm eine derart stolze Bemerkung durchgehen ließ wie: »Ich, Tertius, der Schreiber dieses Briefes«? Sekretäre verfaßten oft ganze Briefe anhand bloßer Notizen, oder sie vervollständigten sie aufgrund von Entwürfen einzelner Abschnitte und so weiter. Dennoch bestand nie ein Zweifel an der Autorität der Person, deren Gedanken und Lehrsätze weitergegeben werden mußten. Die modernen Verfasser politischer Reden und die »Ghostwriter« mancher

Memoirenschreiber könnten einiges über diese Gepflogenheit berichten, die auch heute noch verbreitet ist. Paulus jedenfalls war sich durchaus der Notwendigkeit bewußt, am Ende eines fertiggestellten Textes eine Echtheitserklärung abzugeben. Auch damals gab es Menschen, die – wie heute – angesichts der offenkundigen und naturgemäßen Unterschiede in Stil und Wortschatz Zweifel hegten, ob er wirklich der Urheber sei. Und so setzte er gelegentlich ganz zum Schluß seine persönliche Signatur hinzu: »Den Gruß schreibe ich, Paulus, eigenhändig« (1. Korinther 16,21); »Seht, ich schreibe euch jetzt mit eigener Hand; das ist meine Schrift« (Galater 6,11); »Den Gruß schreibe ich, Paulus, eigenhändig« (Kolosser 4,18; »Den Gruß schreibe ich, Paulus, eigenhändig. Das ist mein Zeichen in jedem Brief; so schreibe ich« (2. Thessalonicher 3,17); »Ich, Paulus, schreibe mit eigener Hand« (Philemon 19).

Sein Sekretär Tertius besaß vielleicht noch ein weiteres Talent, das unter Christen in den höheren Berufsständen in diesem Teil der griechisch-römischen Welt nicht ungewöhnlich war: Möglicherweise beherrschte er das Kurzschriftsystem, war also ein *tachygráphos,* wie der Fachausdruck lautet.[9] Kurzschrift war für einen ausgebildeten Schreiber eine fast unverzichtbare Fertigkeit. Einer der Gründe, weshalb Tertius, der ansonsten im Kreis um Paulus nicht erwähnt wird, für diese außergewöhnlich verantwortungsvolle Mitarbeit am Römer-Brief ausgesucht wurde, könnte daher durchaus seine Fähigkeit gewesen sein, die recht ausführlichen Vorträge des Apostels festzuhalten und in lesbare Worte zu fassen. Ein typisches Beispiel für den Wortreichtum des Paulus findet sich in der Apostelgeschichte: »Als wir am ersten Wochentag versammelt waren, um das Brot zu brechen, redete Paulus zu ihnen, denn er wollte am folgenden Tag abreisen; und er dehnte seine Rede bis Mitternacht aus. ... Ein junger Mann namens Eutychus saß im offenen Fenster und sank, als die Predigt des Paulus sich länger hinzog, in tiefen Schlaf. Und er fiel im Schlaf aus dem dritten Stock hinunter.« (Apostelgeschichte 20,7 - 9)

Unter den Jüngern Jesu könnte Levi-Matthäus, der vormalige

Zöllner an einer der wichtigsten Land-See-Grenzen in Galiläa, derjenige gewesen sein, der über ausreichende Kenntnisse der Tachygraphie verfügte. So vermuteten einige Forscher, er sei ohne weiteres in der Lage gewesen, die lange Bergpredigt wortwörtlich mitzuschreiben, so wie Tertius dazu befähigt war, die Vorträge des Paulus festzuhalten. Natürlich ist die Vorstellung einer originalen Bergpredigt jenen neutestamentlichen Kritikern unangenehm, die der Ansicht sind, Matthäus selbst habe sein Evangelium nie geschrieben, und die Bergpredigt sei nicht die Zusammenfassung der realen Predigt eines realen Jesus, sondern eine Erfindung der späteren Gemeinde, ein Stückwerk, zusammengetragen aus ganz verschiedenen einzelnen Aussprüchen. Doch der historische Hintergrund verlangt auf jeden Fall eine unvoreingenommene Analyse.[10]

Kurzschrift zu Zeiten des Neuen Testaments wird darüber hinaus zweifach gestützt, einmal durch eine Bibelstelle aus dem 3. vorchristlichen Jahrhundert und zweitens durch ein Ledermanuskript aus dem frühen 2. Jahrhundert n. Chr. Die griechische Übersetzung der hebräischen Bibel, die sogenannte Septuaginta aus dem 3. Jahrhundert v. Chr., ist, jedenfalls stellenweise, eine freie Wiedergabe des hebräischen Textes. Sie geht von dem aus, was dem griechischsprechenden Leser verständlich und vertraut ist, und benutzt die Ausdrücke, die er aufgrund seiner eigenen Kultur auch erwartet. Moderne Bibelübersetzungen versuchen dasselbe. In Psalm 45,2 ist der »flinke Schreiber« (Einheitsübersetzung), der »gute Schreiber« (Martin Luther), der »gewandte Schreiber« (in der Zürcher Bibel) ein *oxygráphos* – ein Synonym für den Schnellschreiber, den *tachygráphos*.[11] Der Übersetzer, der diesen Vers vom Hebräischen ins Griechische übertrug, wußte sehr wohl, was er tat, als er diesen Fachausdruck für das hebräische *sofer macher* wählte; in Esra 7,6 zog er hingegen *grammateùs tachys* vor, um die Talente des Esra zu beschreiben (einen »geschickten Schriftgelehrten« nennt ihn Martin Luther; die Einheitsübersetzung begnügt sich mit »Schriftgelehrter« und interpretiert seine Schnelligkeit als »kundig«, nämlich im Gesetz des Mose). Wir schließen daraus, daß der Fachausdruck *oxygráphos* unter den griechischsprechenden Juden weit verbreitet gewesen sein muß. Andernfalls wäre sein Gebrauch in einer Übersetzung, deren Hauptzweck darin bestand, eine leicht verständliche Version des hebräischen Originals zu liefern, ziemlich sinnlos gewesen.

Zum anderen gibt es den auf Leder geschriebenen Text, der in einer Höhle des Wadi Murabba'at nahe dem Toten Meer gefunden wurde und die Inventar- und Bildtafelnummer 164 trägt.[12] Er wurde nie gründlich untersucht, seit die ersten Herausgeber zwar erkannten, daß er in griechischer Kurzschrift geschrieben war, aber nicht in der Lage waren, ihn zu entziffern, und er bedarf dringend der Restauration. Der archäologische Kontext, in dem er entdeckt wurde, legt eine Datierung allerspätestens auf den Anfang des 2. Jahrhunderts nahe. Und es ist wahrscheinlich ein *christlicher* Text: Unabhängig davon, was ein Entzifferungsversuch eines Tages ergeben wird, steht jedenfalls in der Mitte des größeren der beiden Fragmente deutlich sichtbar das sogenannte »Chi-Rho«, das Monogramm Christi, bestehend aus den ersten beiden Buchstaben seines griechischen Namens (»*Christos*«), nämlich *Chi* und *Rho*, die zu einem Symbol zusammengefügt sind: das *Rho* (ϱ), das Ähnlichkeiten mit dem lateinischen *P* hat, steht über dem *Chi* (χ), das dem lateinischen *X* ähnelt.[13] Griechische Kurzschrift war unter Juden und Christen ein normaler, alltäglicher Bestandteil der Welt, in der das Neue Testament entstand.

Dieser Rahmen, griechische Bildung und Kenntnis eines Kurzschriftsystems, hilft uns beim Verständnis der Rolle, die der Jesus-Papyrus innerhalb seiner Gesellschaft spielte. Die Fragmente stammen aus einem sozialen Umfeld, in dem von normalen Bürgern ebenso wie von den wohlhabenderen Klassen und der Bildungselite ein ungeschöntes Griechisch gesprochen und geschrieben wurde. Die schriftliche Niederlegung besorgten meist Schreiber, denen das griechische Kurzschriftsystem geläufig war – und die Beherrschung der Kurzschrift war eine Kunst, die sich vielleicht sogar der Apostel Matthäus selbst zunutze machte. Aber was sagen uns diese winzigen Fragmente über den Glauben der Urchristen? Wir bekommen es hier mit einem weiteren literarischen Sachverhalt zu tun, dem wir nachgehen müssen, einer besonderen, bewußten, zweckgerichteten und strategischen Neuerung. Als solche gehörte sie zu den umfassenden Möglichkeiten des Umgangs mit Worten, Buchstaben, Zeichen und Symbolen in mehr als einer der Sprachen, denen wir hier begegnet sind: Es sind die »heiligen Namen« oder *Nomina Sacra.*

Jesus wird abgekürzt – Die Bedeutung der »Heiligen Namen«

Wir haben die »heiligen Namen« bereits in den Kapiteln 3 und 5 als ein auffälliges Merkmal des Jesus-Papyrus kennengelernt. Es sind zwei fragmentarische, aber sichtbare Beispiele dafür vorhanden, das eine auf Fragment 3, Zeile 2 *Recto* (*KE* für *kyrie,* »Herr«, in Matthäus 26,22), und das andere auf Fragment 1, Zeile 1 *Recto* (*IS* für *Iêsous,* »Jesus«, in Matthäus 26,31). Im Fragment sind die waagerechten Striche über den Abkürzungen verlorengegangen, aber sie müssen existiert haben, wie wir späteren, vollständig erkennbaren Beispielen entnehmen können. Und ein drittes Beispiel läßt sich aufgrund der Stichometrie von Fragment 2, Zeile 1 *Verso* rekonstruieren (*IS* für *Iêsous,* »Jesus«, in Matthäus 26,10). Schon vor der Neudatierung des Jesus-Papyrus auf die zweite Hälfte des 1. Jahrhunderts und ohne Kenntnis der Neudatierungen anderer Papyri, die am Ende von Kapitel 3 erwähnt sind, wurden die ersten beiden Fälle als die frühesten Beispiele heiliger Namen genannt.[14] Denn der berühmte »P52« mit Johannes 18,31–33/37–38, der traditionell um das Jahr 120 datiert wird und im allgemeinen bis vor kurzem als der früheste bekannte Papyrus des Neuen Testaments galt, enthält kein sichtbares *Nomen Sacrum;* nach der rekonstruierten Länge der einst vollständigen Zeilen kann man jedoch mit Recht annehmen, daß *Iêsou, Iêsoun* und *Iêsous* als *IU, IN* und *IS* in Zeile 2 *Recto* (Johannes 18,32), Zeile 5 *Recto* (Johannes 18,33) und Zeile 7 *Recto* (Johannes 18,34) abgekürzt wurden.

Auf dieselbe indirekte Weise lassen sich heilige Namen im Schwesterkodex des Jesus-Papyrus nachweisen, den Fragmenten aus Barcelona, mit denen wir uns in Kapitel 3 befaßt haben. Tatsächlich kommen sichtbare Abkürzungen heiliger Namen im nahezu vollständigen Kodex P66 des Johannes-Evangeliums vor, der im allgemeinen ungefähr auf das Jahr 200 datiert wird, aber vermutlich etwa 75 Jahre älter ist[15], und ebenso in einem umstrittenen urchristlichen Text unbekannter Herkunft, dem sogenannten Papyrus Egerton 2 in der British Library in London, der auf ca. 100 bis 130 datiert wurde.[16] Der Egerton-Papyrus, eine Kombination aus Evangelientexten mit unabhängigen Überlieferungen und Sprüchen, die nicht in den Evangelien stehen (man denke an Johannes 21,25: »Es gibt aber noch vieles andere, was Jesus getan hat. Wenn man alles aufschreiben wollte, so könnte, wie ich glaube, die ganze Welt die Bücher nicht fassen, die man schreiben müßte«), ist besonders wichtig: Er bestätigt den weitverbreiteten und selbstverständlichen Gebrauch solcher Abkürzungen im Urchristentum, auch außerhalb der Texte, die später den »autorisierten«, kanonischen Status erhielten.

Warum sind diese heiligen Namen so wichtig für unser Verständnis vom Ursprung des Neuen Testaments? Erstens, weil sie kein Zufall sind. Selbst die ältesten Manuskripte zeigen, wie regelmäßig sie vorkamen. Von Anfang an stand ein System dahinter. Insgesamt war die Verwendung von Abkürzungen in den klassischen (wie überhaupt in alten) Manuskripten üblicher als in den modernen Maschinenschriftsätzen: Ein Beispiel haben wir im Jesus-Papyrus, Fragment 3 *Verso* (Matthäus 26,14), kennengelernt, wo die Zahl Zwölf, griechisch *dôdeka*, ιβ abgekürzt wird. Die Griechen und Römer hatten ein genau festgelegtes System für die Abkürzung von Zahlwörtern – die römischen Zahlen sind bekanntlich heute noch in Gebrauch. Außer den Zahlen wurden, in Manuskripten wie in Inschriften, auch geläufige Personennamen oder Titel, Monatsnamen und feststehende Begriffe abgekürzt.[17] So wird der Gedanke, wohlbekannte Kurzformen zu verwenden und neue zu erfinden, den ersten christlichen Schreibern und Sekretären, die in den Schreibtechniken ihrer Zeit ja versiert waren, wohl kaum revolutionär erschienen sein. Doch was sie dann daraus machten, war in der Tat innovativ und gab den Kommentatoren seit jeher Rätsel auf.

Sie erfanden ein System zur Abkürzung oder Zusammenziehung von Namen und Worten, die mit Jesus, Gott und dem Heiligen Geist in Verbindung standen, wobei sie mit Jesus selbst begannen: Aus JESUS, *Iêsous,* wurde *IS,* griechisch *IΣ* (*Jota* und *Sigma*); und dies wie bei allen anderen »heiligen Namen« für alle griechischen Deklinationsformen, wie wir oben in dem Beispiel aus dem Papyruskodex P66 gesehen haben. Gott, *theos,* wurde zu *THS,* griechisch *ΘΣ* (*Theta* und *Sigma*); und der (Heilige) Geist, *pneuma,* wurde *PNA,* griechisch *ΠΝΑ* (*Pi, Ny* und *Alpha*). Verwandte Worte erhielten ihren heiligen Status durch solche Abkürzungen. Denn ein Wort wie zum Beispiel »Herr«, *kyrios,* ließ sich auch auf Personen anwenden, die von der Heiligen Dreifaltigkeit weit entfernt waren – Nero wurde *kyrios* genannt, wie wir in Kapitel 5 gesehen haben. Aber sobald das Wort mit *KS* abgekürzt war, bezog es sich auf den biblischen Herrn und wurde damit zum göttlichen Namen. Der Jesus-Papyrus liefert uns dafür das früheste Beispiel: *kyrie,* »Herr«, in Matthäus 26,22 wird *KE* geschrieben.

Der deutsche Wissenschaftler Ludwig Traube war es, der den Begriff »heilige Namen«, *Nomina Sacra,* für diese neue Kategorie erfand.[18] Er wies nach, daß es wahrscheinlich fünfzehn Worte gibt, die das Recht auf den Status als *Nomen Sacrum* hatten. Nicht alle von ihnen wurden grundsätzlich abgekürzt, aber wenn es der Fall war, dann nach folgendem System: Fünf wurden auf den ersten und den letzten Buchstaben zusammengezogen (*theos,* Gott; *Iêsous,* Jesus; *Christos,* Christus; *kyrios,* Herr; *hyios,* Sohn – letzteres selbstverständlich nur, wenn es sich auf den Sohn Gottes bezog). Die übrigen zehn konnten entweder mit den ersten beiden und dem letzten oder mit dem ersten und den letzten beiden Buchstaben abgekürzt werden: *pneuma,* Geist; *David,* König David als Vorfahre Jesu; *stauros,* Kreuz; *sotêr,* Erlöser; *patêr,* Vater, in bezug auf Jesu Vater; *mêtêr,* Mutter, in bezug auf Maria; *anthropos,* Mensch wie in Menschensohn und ähnlichen

Beinamen Jesu; *Israêl* und *Ierousalem; ouranos*, Himmel oder Himmelreich.

Natürlich kommt diesen heiligen Namen auch eine theologische Bedeutung zu. Den griechisch-römischen und jüdischen Brauch des Abkürzens führten die Schreiber nicht zum Spaß in die Schriften des Christentums ein oder auch nur, um auf dem Papyrusblatt Platz zu sparen, sondern sie sagten damit etwas aus. Nachdem der Jesus-Papyrus unser ältestes überliefertes Beispiel für diese Praxis in der christlichen Literatur ist, können wir mit C.H. Roberts sagen[19], daß die Einführung von Abkürzungen vor dem Jahr 70 erfolgte. Dennoch stellen sich die Fragen: Wann, warum und zu welchem Nutzen?

Die Frage »Wann?« ließe sich natürlich umgehen, wenn wir uns mit der ungefähren Angabe »vor dem Jahr 70« begnügten – das wäre zunächst genug. Aber erinnern wir uns daran, daß der Oxforder Papyrus ein *Kodex* ist und daß, wie wir in den Kapiteln 3 und 5 festgestellt haben, die christliche *Schriftrolle* dem Kodex vorausging. Wir wissen auch bereits, daß die Papyrusrolle 7Q5 von Qumran mit der Textstelle Matthäus 6,52–53 kein *Nomen Sacrum* aufweist. Wie steht es hingegen mit anderen Bruchstücken aus Höhle 7? Angesichts der anhaltenden Debatte über die Funde aus dieser Höhle und den Papyrus 7Q5 übersieht man leicht die Tatsache, daß es ein Fragment einer Papyrusrolle aus Höhle 7 gibt (7Q4), das José O'Callaghan als eine Textstelle aus dem ersten Brief an Timotheus (1. Timotheus 3,16–4,3) identifizierte. Diese Entzifferung erwies sich als widerstandsfähig gegenüber aller Kritik, und zwar aus guten Gründen.[20] Tatsächlich hielten selbst Forscher, die hinsichtlich der Identifizierung von 7Q5 skeptisch blieben, die Identifizierung von 7Q4 als Verse aus dem ersten Brief an Timotheus für plausibel.[21] Für geschulte Papyrologen ist der Umstand, daß das erste der beiden Fragmente von Papyrus 7Q4 mit dem rechten oberen Rand erhalten ist – was bedeutet, daß wir genau wissen, wie die Zeilen enden –, natürlich äußerst hilfreich. Da dieses Fragment aus Qumran-Höhle 7 stammt, gilt dieselbe archäologische Enddatierung wie bei allen anderen Manuskripten aus Qumran: Es wurde spätestens im

Jahr 68 deponiert und muß folglich vor diesem Zeitpunkt geschrieben worden sein. Und paläographisch gehört es derselben Epoche an wie der in Kapitel 3 vorgestellte Papyrus 7Q5. Nun hat sich gezeigt, daß auf 7Q4 zwei Worte erhalten sind, für die die Bezeichnung *Nomen Sacrum* zutreffen würde: *pneuma* (Geist) und *theos* (Gott). Aber sie sind nicht abgekürzt.

Aus Kapitel 3, der technischen Einführung in das Verfahren, wissen wir, daß wir zunächst die Stichometrie betrachten müssen. Dabei stellen wir fest, daß in Zeile 2 des größeren der beiden Fragmente die Zählung der Buchstaben pro Zeile, wie José O'Callaghan sie in seiner Edition durchgeführt hat[22], eine Abkürzung für *pneuma* (»Geist«) in 4,1 offensichtlich ausschließt (»Der Geist sagt ausdrücklich: ...«). Die Lücke oder der »Zwischenraum« vor 4,1 hat eine rekonstruierte Länge von neun Buchstaben – die keineswegs außergewöhnlich ist; aber bei einem abgekürzten *pneuma* (PNA) hätte sie zwölf Buchstaben: das ist sehr viel, aber noch nicht unmöglich. Ein scheinbar hilfreiches zweites Beispiel in Zeile 4 erweist sich indessen als die wichtige Ausnahme, die die Regel bestätigt: Am Ende der Zeile lesen wir *pneu*, aber die Silbe gehört zu einem Wort, das sich in Zeile 5 fortsetzt, *pneumasin*. Und hier spricht der Text von den »betrügerischen Geistern und den Lehren von Dämonen« (1. Timotheus 4,1). Diese Geister sind selbstverständlich alles andere als »heilige Namen« und wären deshalb ohnehin nie abgekürzt worden. Also wenden wir uns dem zweiten Fragment des Papyrus 7Q4 zu, einem winzigen Bruchstück, nur zwei Zeilen mit einem Tintenfleck in Zeile 1 und nur drei deutlich lesbaren Buchstaben in Zeile 2: *Omikron / Theta / Epsilon* (οθε). Wenn O'Callaghans Neuordnung der Fragmente 1 und 2 korrekt ist, dann stammt die Stelle aus 1. Timotheus 4,3: »(... Speisen, die) Gott (dazu geschaffen hat ...)« Die ersten beiden Buchstaben von »Gott«, *Theta* und *Epsilon*, könnten ein schlüssiger Beweis sein, daß dies kein Beispiel für ein abgekürztes *Nomen Sacrum* ist – denn wie wir oben gesehen haben, müßte das Wort »Gott« andernfalls aus dem ersten und dem letzten Buchstaben bestehen, also *THS* – *Theta* und *Sigma*.

Leider müssen wir uns jedoch auch bei sicherer Identifizierung von 7Q4 als 1. Timotheus 3,16–4,3, damit abfinden, daß die Beweise für oder gegen abgekürzte »heilige Namen« in beiden Fällen nicht absolut schlüssig sind. Die Identifizierung von 7Q4 als Fragment des 1. Timotheus-Briefs stützt sich auf das größere Papyrusstück, während das kleinere, losgelöste, das eine Bestätigung zu sein scheint, zumindest hypothetisch auch aus einer anderen, späteren Textstelle des ersten Briefs an Timotheus stammen könnte, in der diese Buchstabenkombination ebenfalls denkbar ist. Allerdings gibt es außer in Kapitel 4,3 keine derartige Stelle, die sowohl die drei Buchstaben in der richtigen Reihenfolge aufweist als auch der Stichometrie entspricht. Deshalb dürfen wir vielleicht eine Schlußfolgerung wagen, die gestützt ist auf das kumulative Beweismaterial aus diesem einzigen vorhandenen neutestamentlichen Rollenfragment, in dem wir Worte finden, die theoretisch den Status eines *Nomen Sacrum* verdient hätten:

Im frühesten Stadium der Textüberlieferung, also zur Zeit der Schriftrollen, waren Abkürzungen in Form von »heiligen Namen« noch nicht üblich. Offenbar wurden sie zur selben Zeit eingeführt, in der man mit der Abschrift der Rollentexte auf das neue Format, den Kodex, begann, möglicherweise im dramatischen Wendejahr 62, mit dem wir uns in Kapitel 3 befaßten. Demnach wäre der Jesus-Papyrus mit seinen drei »heiligen Namen« tatsächlich auch in dieser Hinsicht ein Erstling. Gibt es vielleicht sogar »theologische« oder soziologische Gründe irgendeiner Art, weshalb der Wendepunkt, der Wechsel von der Schriftrolle zum Kodex, auch der Augenblick gewesen sein könnte, in dem die *Nomina Sacra* eingeführt wurden? Es gibt sie in der Tat.

Im 1. Jahrhundert lasen die meisten Juden – und übrigens auch die Nichtjuden – die jüdische Bibel, von Christen Altes Testament genannt, eher auf griechisch als auf hebräisch. In diesen jüdischen Schriften galt der Name Gottes als so heilig, daß es verboten war, ihn auszusprechen; und im geschriebenen Text wurde er abgekürzt. In hebräischen Manuskripten war eine Abkürzung meist nicht feststellbar, denn das klassische Hebräisch benutzte keine Vokalzeichen oder Punkte, unabhängig davon, ob das Wort heilig oder profan war. Der Name Gottes wurde JHWH geschrieben – das sogenannte Tetragrammaton. Nachdem niemand wissen konnte, welche Vokale zwischen den Konsonanten eingefügt werden mußten, damit der Name Gottes verständlich war, ersetzte man ihn in der Regel durch andere Wörter, wenn der Text laut vorgelesen wurde: zum Beispiel durch *adonai* (»Herr«). Heute hält man »Jahwe« für die korrekte Aussprache von JHWH. Aber man versuchte auch andere Vokalkombinationen, fügte etwa die hebräischen Vokale aus dem Wort *adonai* ein und gelangte so zu allen möglichen Verbindungen: insbesondere eine Vokalisierung übte einen anhaltenden Einfluß auf die Geschichte aus: »Jehova«. Mit den ersten griechischen Manuskripten des Alten Testaments erhielt JHWH die äußere Form einer Abkürzung: ursprünglich deshalb, weil überall dort, wo »Gott« auftauchte, die hebräischen Konsonanten in den griechischen Text eingefügt wurden. Diese Gepflogenheit setzte sich bis ins Mittelalter fort und erfuhr dabei einige Variationen, die den Zweck der Übung nur noch offensichtlicher machten – zum Beispiel beschränkte man sich auf den ersten Buchstaben des hebräischen Wortes, *Jod*, verdoppelte ihn aber, so daß er wie ein zweifaches Z aussah, und zog einen waagerechten Strich durch die Mitte beider Buchstaben. Und dann, etwa um die Zeit kurz vor der Entstehung der ersten christlichen Texte, wurden, wie ein Fund in Qumran dokumentiert, in griechischen Schriftrollen statt hebräischer griechische Buchstaben benutzt, um Gottes unaussprechlichen Namen abzukürzen.

Auf einer fragmentarischen griechischen Papyrusrolle aus Höhle 4, genannt pap4QLXXLev^{b}, auf der Teile des Buches Levitikus (3. Mose) zu lesen sind, ist »Gott« weder mit dem vollständigen griechischen Wort *theos* bezeichnet noch mit der griechischen Übersetzung von »adonai«, nämlich *kyrios* (»Herr«), sondern ausschließlich mit den griechischen Vokalen *Jota / Alpha / Omega (ιαω)*, was etwa klingt wie »jaoh« oder »jaho«.[23] Kurz, als die ersten Christen nicht mehr die Texte aus dem Alten Testament abschrieben, sondern ihre eigenen griechischen Manuskripte verfaßten, hatten sie Vorbilder dafür, den Namen und die Anrede Gottes zusammenzuziehen. Wir wissen leider nicht, ob *kyrios* in diesem frühesten Stadium, der Periode der Schriftrollen, bereits gekürzt wurde; dazu hätten die griechischen Konsonanten *KS*, das hebräische Tetragrammaton oder die griechischen Vokale »IAO« benutzt werden können; doch in keinem vorhandenen christlichen Manuskript aus dieser Zeit taucht eine Stelle mit diesem Wort auf. Wenn uns aber die Identifikation und Rekonstruktion von 7Q4 als 1. Timotheus 3,16–4,3 als Hinweis dienen darf, dann können wir jedenfalls sagen, daß anfangs, in der Schriftrollenphase, das Wort »Gott« selbst, *theos*, offensichtlich nicht abgekürzt wurde, ebensowenig wie ein anderes vorhandenes *Nomen Sacrum*, nämlich *pneuma*, »(Heiliger) Geist«. Wir können also annehmen, daß die ersten (jüdisch-)christlichen Schreiber anfänglich taten, was sie als Juden immer getan hatten, und der Versuchung widerstanden – sofern es eine Versuchung war –, den Rahmen der überlieferten Praxis zu überschreiten. Dennoch änderte sich plötzlich alles.

Fast aus heiterem Himmel wurden zu Anfang der zweiten Überlieferungsphase, der Phase der Kodizes, in den christlichen Papyri »heilige Namen« abgekürzt. Wie wir in Kapitel 3 gesehen haben, war dies auch die Zeit, in der Juden und Christen sich allmählich voneinander trennten, angefangen mit der Tötung von Jakobus, dem Bruder des Herrn, im Jahr 62. Für die Schreiber war damit der Augenblick gekommen, ein sichtbares Zeichen zu setzen – ein Zeichen ihres Glaubens. Diplomatische oder missionarische Rücksichten auf jüdische Empfindlichkeiten waren nicht länger erforderlich. Die christlichen Dokumente konnten nun unmißverständlich Jesu Göttlichkeit bezeugen. Es war ein letzter Schritt, von der mündlichen Predigt über die zurückhaltenden Schriftrollen hin zu den kühnen und unzweideutigen handschriftlichen Signalen im ältesten Kodex und seinen Nachfolgern: Jesus Christus ist *Herr* und *Gott*.

»Mit anderen Worten«, kommentiert der amerikanische

Neutestamentler und Ägyptologe Schuyler Brown, »die vier Hauptworte, die in den frühen Papyri des Neuen Testaments generell eine besondere Behandlung erfahren, sind nicht einfach *Nomina Sacra,* sondern vielmehr *Nomina Divina.*«[24] Die abgekürzt geschriebenen Worte *theos,* Gott, *kyrios,* Herr, *Jesous* und *Christos* wurden damit zum Rückgrat des frühchristlichen Selbstbewußtseins und Selbstverständnisses. Den nachprüfbaren Beweis, daß dies tatsächlich der Fall war, liefert der Jesus-Papyrus, der zwei dieser Worte enthält, eben *kyrios* und *Jesous,* und vermutlich weitere auf den Seiten, die unserem Kodex inzwischen fehlen. Im verwandten Papyrus aus Barcelona sind, wie wir in Kapitel 3 gesehen haben, keine sichtbaren »heiligen« (oder »göttlichen«) Namen erhalten. Aber der Pariser Papyrus des Lukas-Evangeliums, P. Supplementum Graecum 1120/5 in der Bibliothèque Nationale, dessen Datierung wir in Kapitel 3 kurz erörtert haben, ist mit dem Jesus-Papyrus nicht nur verwandt, gewissermaßen seine jüngere Schwester, sondern bestätigt auch die bei den Oxforder Fragmenten angewandte Praxis und liefert uns überdies Beispiele für weitere *Nomina Sacra: Theta / Sigma* und *Theta / Ypsilon* für *Theos / Theou* (Lukas 1,68; 3,38; 4,34; 6,4.12), *Chi / Sigma* für *Christos* (Lukas 3,15) und *PNA* für *pneuma,* »Geist« (Lukas 3,22; *pneumatos* = *PNOS* in Lukas 1,67; *pneumati* = *PNI* in Lukas 1,80).[25]

Colin Roberts war der erste Papyrologe, der erkannte, daß eine derart folgenschwere Entwicklung nicht die isolierte Erfindung und Entscheidung eines einzelnen Schreibers gewesen sein konnte. Ihre Tragweite war zu groß, und sie wurde zu rasch von anderen Schreibern aufgegriffen und kopiert, um bloß ein Versuchsballon zu sein, ohne offizielle Legitimation, gestartet von einem kleinen lokalen Schreiber. Tatsächlich war, wie Roberts bereits 1979 feststellte, »das System zu komplex, als daß der gewöhnliche Schreiber ohne Regeln oder maßgebliche Vorbilder hätte handeln können«.[26] Und damit kehren wir noch einmal zurück zu der entscheidenden Zeitspanne, in der sich die Situation für die Christen radikal änderte, insbesondere in der »Mutterkirche« in Jerusalem. Denn Roberts zog den Schluß, daß die

Nomina Sacra von der Jerusalemer Gemeinde eingeführt wurden: vor ihrer Zerstreuung – oder vielmehr freiwilligen Flucht –, die dem jüdischen Aufstand gegen die Römer, beginnend mit dem Jahr 66, vorausging. Wie wir gesehen haben, hat er recht, und wir können sogar seiner Schlußfolgerung zustimmen – der Schlußfolgerung nicht eines Theologen, sondern bemerkenswerterweise eines Papyrologen: Die »heiligen Namen« waren »das rudimentäre Glaubensbekenntnis der Urkirche«[27].

Dieses Glaubensbekenntnis festigte sich bald immer mehr. Einer der ältesten vorhandenen Papyri der Apostelgeschichte, der aus dem frühen 3. oder späten 2. Jahrhundert stammende »P29« (P. Oxyr. 1597) in der Bodleian Library Oxford, weist ein hochinteressantes Merkmal auf. So klein das Fragment auch ist – es enthält Teile aus der Apostelgeschichte 26,7–8 und 26,20 –, sind doch zwei *Nomina Sacra* enthalten. Beide sind eine Abkürzung des Wortes »Gott«, *theos:* einmal auf der Vorderseite, in Zeile 5 *Recto,* wo *theos* zu *Theta* und *Sigma* wird; und ein zweites Mal auf der Rückseite, in Zeile 4 *Verso: theon* wird mit *Theta* und *Ny* abgekürzt. Daran ist an sich noch nichts Außergewöhnliches. Aber der erste Buchstabe, *Theta,* hat keinerlei Ähnlichkeit mehr mit dem griechischen θ. Er ist kein hübsch gerundeter oder ovaler Kreis mit einem waagerechten Strich in der Mitte, wie er sein sollte, sondern ein Dreieck mit Querbalken. Vielleicht ein Fehler? Wahrscheinlich nicht, denn das Zeichen ist an beiden Stellen identisch geschrieben. War der Schreiber ein Römer, der lateinisch dachte – *deus* statt *theos* – und deshalb statt des Kreises Δ schrieb: ein griechisches *Delta,* das in der Tat aussieht wie ein Dreieck? Nach dem, was wir über Schreibgewohnheiten und Fehlergrenzen wissen, ist das ebensowenig plausibel. Was hat es damit also auf sich? Aller Wahrscheinlichkeit nach machte dieser besondere Schreiber eine dogmatische Aussage. Er benutzte das Dreieck als Anfangsbuchstaben des »heiligen Namens« Gottes, weil es das Symbol der Dreifaltigkeit war.[28]

Lesen und Schreiben, das Verstehen der Worte, Zeichen und Symbole war keineswegs nur ein Zeitvertreib der Elite und ihrer

Dienerschaft. Zwar war es üblich, daß eine Person einen Text laut vorlas und die übrigen zuhörten, doch geschah dies nicht deshalb, weil die anderen nicht lesen konnten, sondern weil es nicht genügend Abschriften gab. In einem modernen Bibelkreis haben alle Teilnehmer ihr eigenes Exemplar, doch diese Entwicklung ist vergleichsweise neu in der Tradition der Lektüre aus heiligen Schriften. Die Benediktiner zum Beispiel pflegen diesen alten Brauch immer noch: Bei den Mahlzeiten liest einer aus ihrer Mitte aus einem ausgewählten Text vor, während die anderen schweigend zuhören. Natürlich muß der zu dieser Aufgabe bestimmte Mönch – der regelmäßig wechselt – sich an den Stil des Verfassers gewöhnen, an die Eigenarten des Drucks und so weiter, einfach um Fehler beim Lesen zu vermeiden. In gleicher Weise mußte im Altertum ein Vorleser das Lesen des Textes erst einüben. Er mußte zum Beispiel das System der »heiligen Namen« begreifen, wobei der waagerechte Strich über dem abgekürzten Wort ihm hilfreich war. Oder er mußte am Ende eines Kapitels die Stimmhöhe ändern, worauf ihn wiederum der waagerechte Strich unter dem Zeilenanfang hinwies (die *paragraphus,* gefolgt von einem Zwischenraum an der exakten Stelle) oder aber, wie in den Papyri von Oxford und Barcelona, ein Buchstabe im linken Rand der nächsten Zeile. Es gibt zahlreiche Beispiele für solche nützlichen kleinen Hinweise, deren Verständnis kein jahrelanges Studium erforderte. Tatsächlich sagt uns allein die Vielzahl der Textstellen im Neuen Testament, in denen von Vorlesern oder Rezitatoren die Rede ist, einiges über die literarischen Techniken und den Kultus der Urchristen.

Jesus selbst gibt ein Beispiel dafür: in Lukas 4,16–19 entfaltet er eine Schriftrolle und liest Kapitel 61,1–2 aus dem Buch Jesaja. Interessanterweise ist dies ein Text, in dem das Tetragrammaton für den heiligen Namen Gottes sogar zweimal auftaucht: »Der Geist von JHWH ruht auf mir, denn er hat mich gesalbt« und »... damit ich ein Gnadenjahr des JHWH ausrufe«. Es kann durchaus sein, daß diese vier Buchstaben, wie in vielen noch existierenden hebräischen Manuskripten, in der alten, paläohebräischen Schrift geschrieben waren. Und Jesus nimmt an, daß jene, die ihm zuhören, die Thora und die Propheten selbst gelesen haben: »Habt ihr nicht gelesen, was David getan hat ...?« fragt er die Pharisäer (Matthäus 12,3), und: »Habt ihr nicht im Gesetz gelesen?« (Matthäus 12,5 und an zahlreichen weiteren Stellen des Evangeliums). Und der Evangelist Johannes sagt über die am Kreuz befestigte Inschrift: »Dieses Schild lasen viele Juden« (Johannes 19,20).

Vom äthiopischen Finanzminister, dem »Hofbeamten der Königin der Äthiopier, der ihren ganzen Schatz verwaltete«, erfahren wir, daß er auf dem Heimweg von einer Reise nach Jerusalem auf seinem Wagen saß »und den Propheten Jesaia las« (Apostelgeschichte 8,28). Und er las laut; als Philippus, der Apostel, ihn in der Nähe von Gaza traf, »hörte er ihn den Propheten Jesaja lesen« und fragte ihn: »Verstehst du auch, was du liest?« (Apostelgeschichte 8,30) Die verneinende Antwort des Äthiopiers sagte nichts über seine mangelnde Kenntnis der Schriftzeichen, sondern war der Ausdruck seines Wunsches nach einer Deutung des Textes: »Wie könnte ich es, wenn mich niemand anleitet?« Diese Schriftrolle mit den Worten Jesajas in der Hand des Finanzministers aus einem Land, das nicht einmal zum Römischen Reich gehörte, war vermutlich griechisch, nicht hebräisch geschrieben; aber das spielt keine Rolle, denn er wie auch Philippus hatten eine gemeinsame Sprache, in der sie ohne Mühe Jesaja lesen und erörtern konnten.

Es gibt weitere Beispiele. »Man verabschiedete die Abgesandten, und sie zogen hinab nach Antiochia, riefen die Gemeinde zusammen und übergaben ihr den Brief. Die Brüder *lasen* ihn [sie hörten nicht einfach nur zu] und freuten sich über die Ermunterung«, heißt es in der Apostelgeschichte 15,31. Und im zweiten Brief an die Korinther steht: »Wenn wir euch schreiben, meinen wir nichts anderes, als was ihr lest und versteht.« (2. Korinther 1,13) Die Predigten des Paulus wurden durch sorgfältigen Vergleich mit den alten Texten nachgeprüft: »Mit großer Bereitschaft nahmen sie das Wort auf und forschten Tag für Tag in den Schriften nach, ob sich dies wirklich so verhielte.« (Apostelgeschichte 17,11) Dementsprechend konnte Paulus diese alltäglichen Ereignisse sogar im übertragenen Sinn verwenden:

»Unser Empfehlungsschreiben seid ihr; es ist eingeschrieben in unser Herz, und alle Menschen können es lesen und verstehen. Unverkennbar seid ihr ein Brief Christi, ausgefertigt durch unseren Dienst, geschrieben nicht mit Tinte, sondern mit dem Geist des lebendigen Gottes, nicht auf Tafeln aus Stein, sondern – wie auf Tafeln – in Herzen von Fleisch.« (2. Korinther 3,2–3)

Im gesamten Neuen Testament gilt die Kunst des Schreibens gleichfalls als eine durchaus normale, alltägliche Fähigkeit. Sogar Jesus selbst, der sich sonst mit Predigten und mündlichen Lehren begnügte, schreibt einmal (und der griechische Text des Evangeliums ist hier sehr präzise: es war nicht nur ein gedankenloses Gekritzel): »Jesus aber bückte sich und schrieb mit dem Finger auf die Erde. ... Und er bückte sich wieder und schrieb auf die Erde.« (Johannes 8,6–8)[29] Wer könnte den ergreifenden Vorfall vergessen, den Lukas 1,63 beschreibt, als Zacharias, der vorübergehend verstummte Vater des Johannes, der zum Täufer werden sollte, nach einem Schreibtäfelchen verlangt und den Namen aufschreibt, den sein Sohn tragen soll. Man denke auch an den Nachtrag des Johannes-Evangeliums: »Dieser Jünger ist es, der all das bezeugt und der es aufgeschrieben hat« (Johannes 21,24).[30] In der Offenbarung erhält Johannes von »einer Stimme, laut wie eine Posaune« den Befehl, mit eigener Feder und mit Tinte auf Schriftrollen die sieben Briefe an die Gemeinden in Asien zu schreiben (Offenbarung 1,9–13). Es war in diesem Buch schon davon die Rede, daß Matthäus möglicherweise die Kurzschrift beherrschte, und wir haben gesehen, daß Paulus in manchen seiner Briefe deren Echtheit bezeugte, indem er die letzten Grußworte und seinen Namen eigenhändig darunter setzte. Mit anderen Worten: selbst ohne professionelle Schreiber und Sekretäre wie Tertius und Silvanus und ohne Rückgriff auf das von Theophilus gelegentlich zur Verfügung gestellte römische Abschrift- und Verteilungssystem waren die Angehörigen des inneren Kreises von Jüngern und Aposteln gebildet genug, um zu lesen und zu schreiben und zum Erhalt, zur Vervielfältigung und Ausbreitung der Frohen Botschaft in schriftlicher Form beizutragen. Daher ist es kaum überraschend, wenn wir erfahren, daß die

Gemeinde der Urchristen in Jerusalem und vielleicht auch in Antiochia den Übergang von der Schriftrolle zum Kodex und die Einführung der »heiligen Namen« spätestens in den sechziger Jahren des 1. Jahrhunderts vollzog und genehmigte. Sie alle besaßen die Fähigkeiten und die Mittel, die sie brauchten, um einen für die Glaubenslehre derart folgenschweren Schritt zu tun.

Die Petrusakten – Ein Roman informiert

Eine unterhaltsame Geschichte soll den Abschluß des Kapitels bilden – sie stammt aus einem frühchristlichen Roman. Um das Jahr 180 schrieb ein unbekannter Autor, der wahrscheinlich in Rom lebte, über Petrus das, was wir heute einen »historischen Roman« nennen würden. Nur Teile sind davon erhalten geblieben, manche auf griechisch, andere in lateinischer Übersetzung und in koptischer Sprache. Sie berichten von den »Taten des Petrus« – seinem Aufenthalt in Rom, seinen Wundern, seinem Disput mit Simon dem Magier, seinen Predigten, seiner Begegnung mit Christus auf der Via Appia und schließlich von seinem Tod. Szenen aus diesem Roman sind vielen bekannt durch einen anderen, jüngeren Roman mit dem Titel *Quo Vadis?*, der seinem Autor Henryk Sienkiewicz den Nobelpreis eintrug, und den gleichnamigen »Film zum Buch«, in dem Peter Ustinov als Kaiser Nero auftrat. Ihren Titel und Teile der Handlung verdanken sie diesen »Petrusakten« aus dem 2. Jahrhundert, die zu den Apokryphen des Neuen Testaments gehören: In Kapitel 35,6 flieht Petrus aus Rom, nachdem er von der Christengemeinde in der Stadt dazu überredet wurde, um dem sicheren Tod zu entgehen. Auf der Via Appia außerhalb der Stadtmauern begegnet ihm der Herr. *Kyrie, pou hóde?*, »Herr, wohin gehst du?« fragt ihn Petrus, oder lateinisch: *Domine, quo vadis?* Und der Herr antwortet: »Ich gehe nach Rom, um ein zweites Mal gekreuzigt zu werden.« Der Apostel begreift die Botschaft. Er macht auf der Stelle kehrt und geht zurück in die Stadt, um selbst den Märtyrertod zu sterben.[31]

Eine kleine Kirche steht an der Stelle, an der sich der Vorfall angeblich zutrug, und darin ist Jesu Fußabdruck erhalten – eine interessante Herausforderung für die vergleichende Wissenschaft, denn in der Auferstehungskapelle auf dem Ölberg in Jerusalem gibt es noch einen zweiten Fußabdruck. Hat man je gewagt, Schuhgrößen zu vergleichen? Derlei konkrete Spuren scheinen die Menschen in weniger »aufgeklärten« Zeiten fasziniert zu haben – die Szene, in der Petrus glühend (und erfolgreich) um den Sturz seines Gegners Simon des Magiers betet, wurde unsterblich dank des Abdrucks seiner Knie auf einem Stein, der heute an der Wand der Kirche Santa Francesca Romana nahe dem römischen Forum zu sehen ist – dem Ort, an dem sich alles ereignet haben soll.

In den *Petrusakten* sind derlei sichtbare Überreste nicht erwähnt. Sie begnügen sich damit, ihr Garn zu spinnen, und bieten in der Tat eine unterhaltsame Mischung aus Spannung, Erheiterung und Frömmigkeit. Wir können uns leicht vorstellen, wie die Leser im 2. Jahrhundert mit angehaltenem Atem der Zuspitzung des Wettstreits zwischen Simon und Petrus folgten, über den Ausgang lachten (Simon versucht, seinen Konkurrenten zu übertreffen, indem er zeigt, daß er fliegen kann, hebt ab, fällt zu Boden und bricht sich das Bein) und wie dieselben Leser in nachdenklicher Stimmung zurückblieben, nachdem sie von Petri Begegnung mit dem Herrn und ihren Folgen gelesen hatten. Wie bei einem modernen historischen Roman muß der überschwengliche Erfindungsreichtum des Autors eine erkennbare Grundlage in nachvollziehbaren Tatsachen haben. Solche »harten Fakten« ziehen sich wie ein roter Faden auch durch die *Petrusakten*: Petri Aufenthalt in Rom, seine Kreuzigung dortselbst, Orte und Ortsnamen und so weiter. Es ist Sache des Historikers, zwischen Dichtung und Wahrheit zu unterscheiden. Eine Szene, deren sachlichen Hintergrund die jüngste Forschung zunehmend greifbar werden ließ, findet in Kapitel 20 des Romans statt.

Petrus besucht das Haus des römischen Senators Marcellus.[32] In einem eigenen Raum des Hauses findet ein Gottesdienst statt –

ein Szenario, das archäologische Funde bestätigen: Sie ergaben, daß die Versammlungsorte der Christen in den ersten drei Jahrhunderten vorwiegend Räume in Privathäusern waren; gesonderte Gebäude waren nicht erlaubt. Der Apostel öffnet die Tür und stellt fest, daß das Evangelium verlesen wird (*videt evangelium legi*). Er betritt den Raum, nimmt dem Vorleser die Schriftrolle (!) aus der Hand, rollt sie zusammen und beginnt zu predigen (*involvens eum dixit ...*). Der versammelten Gemeinde erklärt er, wie »die Heilige Schrift unseres Herrn« zu verkünden sei (*qualiter debeat Sancta Scriptura Domini nostri pronuntiari*). Und – ein interessantes Detail – er spricht im Plural von der Autorität, die hinter dieser Schrift steht: »Was wir durch Seine Gnade begannen, haben wir aufgeschrieben« (*quae gratia ipsius quod coepimus scripsimus*). Ausdrücklich befaßt er sich mit der Textstelle, die bei seinem Eintreten verlesen wurde: mit der Geschichte der Verklärung Jesu (Markus 9,2–13; 2. Petrus 1,16–19).

Die historischen Details in dieser Passage sind folgende: Petrus war in Rom; die mündliche Überlieferung hatte Vorrang gegenüber der schriftlichen, sofern Gelegenheit dazu bestand, aber die schriftliche Tradition – ein vollständiges Evangelium – existierte bereits zu Petri Lebzeiten; sie existierte in Form einer Schriftrolle (sogar im Jahr 180, als der Kodex längst die Schriftrolle ersetzt hatte, war das Wissen von ihrer Existenz offensichtlich immer noch Allgemeingut, wie in den ungefähr aus derselben Zeit stammenden Wandmalereien der Katakombe der Flavia Domitilla zu sehen ist); der Apostel war die Autorität, auf die das Markus-Evangelium sich beruft (»Wir ...«). Und wir finden sogar die Spur eines indirekten Verweises auf den zweiten Brief des Petrus: Der Plural »wir« (»denn wir sind nicht irgendwelchen ... Geschichten gefolgt«) könnte als Anspielung auf den einen Vorfall verstanden werden, der sowohl im Evangelium als auch in diesem Brief erwähnt wird: Jesu Verklärung.[33]

Abgesehen von diesem letzten Aspekt bieten uns die *Petrusakten* eine Reihe verläßlicher Daten, die erst durch die neuere archäologische, historische und papyrologische Forschung bestätigt werden konnten. Die Menschen am Ende des 2.Jahrhunderts wußten noch, was wir erst wiederzuentdecken beginnen. Vieles lag unter Schichten phantastischer Ausschmückungen verborgen, genauso wie Papyri unter einer Bruchsteinhalde in Ägypten, der Lava des Vesuv oder Sand und Schutt einer Höhle in Qumran verborgen sein können. Die Schichten der Phantasie lassen sich abtragen; das ist zum Teil auch schon geschehen. Aber die Aufgabe ist damit nicht beendet. Um den Papyrus und ähnliche Manuskripte als das zu sehen, was sie wirklich sind, müssen wir einen anderen Nebelschleier beseitigen: den Nebel der kulturellen Vorurteile und wissenschaftlichen Voranname vieler Gelehrten, unter denen die Bibelforschung in diesem Jahrhundert erheblich gelitten hat. Diesem Thema werden wir uns in unserem Schlußkapitel zuwenden.

7

FRAGMENTE UND PERSPEKTIVEN – DER JESUS-PAPYRUS UND SEINE FOLGEN

Darauf ging einer der Zwölf namens Judas
Iskariot zu den Hohenpriestern und sagte:
Was wollt ihr mir geben, wenn ich euch Jesus
ausliefere?
Matthäus 26, 14–15 (Fragment 3, Verso)

wenn die rett
es wird bal
übermor
bis die atombo
ja herr pfa
Ernst Jandl,
Fragment, 1966

Es verwundert nicht, daß der wissenschaftliche Streit um Wesen und Entstehung der Evangelien so heftig ist wie eh und je, denn die frühesten christlichen Texte nehmen weiterhin einen zentralen Platz in der Gedankenwelt des Abendlands ein. Die Dinge, über die sich Bibelwissenschaftler in Seminaren und Publikationen streiten, sind noch immer von grundlegender Bedeutung im Alltag von Millionen Menschen, doch ihre Bedürfnisse haben sich verschoben. Wo Menschen neu zum christlichen Glauben finden, wollen sie, wie einst Theophilus, der Widmungsempfänger des Lukas-Evangeliums und der Apostelgeschichte, die Grundlage ihres Glaubens erklärt bekommen. Dort, wo dagegen längst Übersättigung, Gleichgültigkeit oder Kritik an die Stelle der einst zum guten Ton gehörenden Sonntagsfrömmigkeit getreten sind, reizen oft nur noch jene Neuigkeiten, die Überkommenes in Frage stellen. Es ist daher nicht erstaunlich, daß Gegner der Neudatierung der Oxforder Matthäus-Fragmente immer wieder den Verdacht äußerten, Matthew d'Ancona in seinem Artikel in der Londoner *Times* zu Weihnachten 1994 und erst recht Carsten Peter Thiede in seinem fachwissenschaftlichen Aufsatz hätten insgeheim ganz andere Ziele gehabt. Es sei ihnen eigentlich darum gegangen, längst abgetane Vorstellungen fröhliche Urständ feiern zu lassen: Fundamentalismus, konservative Positionen statt etablierter Selbstverständlichkeiten heutiger Lehrmeinung, naive Gläubigkeit gegen aufgeklärtes Denken – propagiert unter dem Deckmantel der Wissenschaft. Rechtzeitig zu Weihnachten 1995 konnte die *Süddeutsche Zeitung* noch einmal zusammenfassen, was die herrschende Meinung ist: »Weitaus die meisten Schriften des Neuen Testaments sind erst von Christen der zweiten, dritten oder sogar der vierten Generation verfaßt worden. Auch die Evangelien. Sie sind in einem Prozeß von ungefähr 50 bis 60 Jahren entstanden.«[1] Vor einem solchen Hintergrund muß die Neudatierung des Jesus-Papyrus auf die apostolische Zeit, auf die Epoche der Augenzeugen, Gegnerschaft und Polemik geradezu herausfordern. Und doch gab es immer auch nüchterne Stimmen, wie etwa die des jüdischen Gelehrten Jakob Neusner, der gewissermaßen unparteiisch eine Grundwahrheit aussprechen konnte: »Der Christus der Theologie beginnt mit dem historischen Jesus.«[2] Und das heißt natürlich: Die Forschung hat die Aufgabe, so nahe wie möglich an die Ursprünge heranzukommen – auch mit Hilfe der ältesten Handschriften. Denn andernfalls müßten wir uns früher oder später dem mahnenden Wort des britischen Papyrologen E.G. Turner stellen: »Es ist klar, daß die Nemesis in Gestalt der harten papyrologischen Fakten alle ereilen wird, die ohne guten Grund ausdrückliche Zeugnisse der Antike verwerfen.«[3]

In diesem Schlußkapitel wollen wir einige der Verbindungen und Perspektiven aufzeigen, die Thiedes Forschungsergebnisse für Wissenschaftler und interessierte Laien haben werden. Wir fragen nach der Rolle, die die Evangelien in der Wissenschaft, der Kultur und der Geschichte des 20. Jahrhunderts gespielt haben, und wir fragen folgerichtig auch, in welchem Ausmaß die Neudatierung herkömmliche Ansichten über die Entstehung und das Wesen dieser Bücher verändern könnte. Dazu gehört das Nachdenken darüber, welche Bedeutung diese Ergebnisse für Bereiche haben könnten, die – gewollt oder ungewollt – jeden angehen, der in unsere Kultur hineingeboren wird.

Das Christentum, schrieb der anglo-amerikanische Schriftsteller T.S. Eliot (1888–1965), paßt sich immerzu an und verwandelt sich in etwas, das geglaubt werden kann. Aber die Anpassung an die Welt der Postmoderne mit ihren Zweifeln und ihrem Kulturrelativismus hatte besonders traumatische Folgen für das Christentum. Gegner und Befürworter sind sich darin einig, daß der christliche Glaube an den eigenen historischen Überzeugungen zweifelt, unsicher geworden ist und nach Orientierung sucht. Heute kann ein Bischof die Realität der Auferstehung ebensogut leugnen, wie sie ein anderer verkünden kann. Als der amerikanische Bischof John Spong 1992 schrieb, ein wörtlich verstandener Mythos sei ein zum Untergang verdammter Mythos, und jene angriff, die sich an ein »labiles religiöses Sicherheitssystem« klammerten, fand er erstaunlich viel Zustimmung auch unter seinen Kollegen. In der Kirche von

England ist David Jenkins, bis 1994 Bischof von Durham, nicht etwa der einzige, sondern nur der prominenteste Kritiker traditioneller christlicher Glaubensgrundsätze. Für ihn ist beispielsweise die Auferstehung ein »Zaubertrick mit Knochen«, und sein besonderes Geschick bestand darin, solche und ähnliche Erkenntnisse stets zu den christlichen Hochfesten von der Kanzel zu verkündigen. In Deutschland findet die dezidierte Ablehnung biblischer Aussagen meist auf anderen Ebenen statt. Einschlägige, von den Medien aufmerksam begleitete »Skandale« sind auch deswegen seltener, weil Kirche und Christentum hier eine geringere öffentliche Rolle spielen als etwa in England mit seiner Nationalkirche. Einem an der Universität Göttingen lehrenden Neutestamentler, Gerd Lüdemann, war es 1994 vorbehalten, mit seiner Ablehnung der historischen Auferstehung Jesu und der zeitgenössischen Berichterstattung über dieses Ereignis für jene öffentliche Aufregung zu sorgen, die zuvor nur die in freier, von jeder Sachkenntnis unbefleckter Phantasie zusammengeschusterte *Verschlußsache Jesus* von Michael Baigent und Richard Leigh fertiggebracht hatte. Lüdemanns Buch *Die Auferstehung Jesu* wurde von der gesamten Zunft so einmütig abgelehnt wie kaum je zuvor das Buch eines Kollegen. Unbeeindruckt von der begründeten Widerlegung seiner Thesen, legte Lüdemann nach und brachte 1995 das Buch *Ketzer. Die andere Seite des frühen Christentums* heraus, das mit den Quellen auf geradezu abenteuerliche Weise umspringt.[4]

Warum ist das Christentum im 20. Jahrhundert in diese Situation geraten? Angesichts der Herausforderung durch den totalen Skeptizismus und den latenten Atheismus unserer Zeit hat das Christentum viele Kompromisse gemacht. Wir sahen bereits zu Beginn dieses Buches am Gegenbeispiel der Entwicklungen in der Homer-Forschung, die längst aufgeklärter und nüchterner geworden ist, daß in den theologischen Wissenschaften häufig noch auf den letzten Wagen eines Zuges aufgesprungen wurde, der von vielen unbemerkt längst in eine andere Richtung abgefahren war. Im 18. und 19. Jahrhundert hatte sich der Dichter Homer gleichsam in Atome aufgelöst, im 20. Jahrhundert ist er als Schöpfer seiner Werke wiederauferstanden. Uvo Hölscher ist einer der Altphilologen, die für diesen Prozeß des klarsichtigen Realismus im Umgang mit antiken Texten stehen, den Wolfgang Schadewaldt und andere gefordert hatten. In der neutestamentlichen Forschung sollte etwas Ähnliches geschehen.

Die Evangelien – Objekte des Mißtrauens?

Viele Bücher haben die Geschichte und Zivilisation der westlichen Welt verändert; seit dem 19. Jahrhundert gehören Darwins *Entstehung der Arten, Das Kapital* von Marx und die Werke Sigmund Freuds zu den folgenreichsten. Dennoch sind die Evangelien die Basis unserer Kultur. Ohne sie hätte Giotto nie seine Fresken in der Arena-Kapelle gemalt; ohne sie hätte Dante nicht seine *Göttliche Komödie* geschrieben; ohne sie hätte Mozart nicht sein *Requiem* komponiert und Wren nicht die St. Paul's Cathedral gebaut, ohne sie gäbe es nicht den *Messias* Händels oder Bachs *h-Moll-Messe,* es gäbe nicht die Philosophie Kierkegaards und die Skulpturen Riemenschneiders – die Liste ist, wie jeder weiß, endlos. Erzählung und Botschaft dieser vier Bücher beherrschen – zusammen mit der jüdischen Überlieferung des Alten Testaments und den Briefen des Paulus – nicht nur die Moralbegriffe der westlichen Welt, sondern auch unsere Gesellschaftsordnung, unser wissenschaftliches Vokabular, unsere Architektur, Literatur und Bildung sowie die Rituale bei Geburt, Hochzeit und Tod, die unserem Leben Gestalt verleihen. Obwohl der christliche Glaube mittlerweile in das Belieben des einzelnen gestellt ist, bleibt der Schlüsseltext, auf dem er beruht, ein Handbuch des Lebens für Christen und Nichtchristen. Die Frage nach dem Alter der Evangelien berührt die tiefsten Grundlagen der Gesellschaftsordnung, in der wir leben, und geht nicht nur die Theologen etwas an.

Trotz dieser außergewöhnlichen Bedeutung – oder vielleicht gerade deshalb – ist das Neue Testament zu einem Objekt des kulturellen Mißtrauens geworden. Hat man früher instinktiv seine Wahrheit als selbstverständlich vorausgesetzt, so neigt man nun instinktiv dazu, sie in Frage zu stellen. Heutzutage unternehmen manche Wissenschaftler und Autoren beinahe alles, um dem Vorwurf der Leichtgläubigkeit zu entgehen, ebenso wie ihre fernen Vorgänger beinahe alles unternommen hatten, um nicht den gegenteiligen Vorwurf des Skeptizismus auf sich zu ziehen. In der Welt der Nach-Aufklärung gibt es erfreulicherweise keine Scheiterhaufen mehr, auf denen die Häretiker verbrannt werden, die es wagen, die Orthodoxie in Frage zu stellen. Statt dessen gibt es den Druck der Universität, der Medienmeinung und einer kritischen Kulturelite, der wirkungsvoll auf Wissenschaftler ausgeübt werden kann, die aus der Reihe tanzen. Das Neue Testament ist selbstverständlich immer wieder neu einer detaillierten und unbefangenen Analyse wert – doch darf diese nicht verwechselt werden mit dem reflexartigen Mißtrauen, das sein Inhalt inzwischen in vielen Kreisen hervorruft.

In seiner äußersten Form kann dieses Mißtrauen absurd sein. In der frühen Kirche gab es eine Gruppe von Häretikern, die sogenannten Doketisten, die leugneten, daß Christus je einen realen Körper oder eine eng umrissene »historische« Existenz hatte. Die Doketisten haben in der heutigen Zeit in jener kleinen Schar von Wissenschaftlern Nachfolger gefunden, die dem Zweifel bis in seine letzten möglichen Verästelungen nachgehen und das Neue Testament als eindeutig unhistorisch deuten. Hier müssen wir allerdings differenzieren zwischen jenen, die den historischen Texten des Neuen Testaments keine Glaubwürdigkeit zubilligen, und jenen, die den historischen Jesus selbst für eine Erfindung halten. Diese letzte Auffassung war eine Zeitlang Mode, vor allem zu Beginn unseres Jahrhunderts, als die sogenannte »Christus-Mythe« im Schwange war. Heute hält sich das nur noch in winzigen Reservaten, wie etwa bei dem britischen Germanisten G.A. Wells mit seinen Büchern *The Jesus of the Early Christians* (1971) und *Did Jesus Exist?* (1975), in denen er behauptet, daß der historische Jesus eine Erfindung des 2. Jahrhunderts sei. Bis dahin hätten die Christen nur einen legendären Messias oder eine Erlösergestalt angebetet. Derartige von liberalen, konservativen und allen anderen Theologen und Historikern längst als unhaltbar entlarvte Ideen wären nicht der Rede wert, wenn sie nicht doch immer wieder auch in den Medien hochgespielt würden; Spuren davon zeigte noch zu Weihnachten 1995 die Illustrierte *Bunte* mit ihrer Frage »Hat Jesus wirklich gelebt oder ist er erfunden?« und der dem dafür sicher nicht verantwortlichen konservativen Bibelforscher R.T. France zugeschriebenen Antwort, der Name Jesu sei erst 70 Jahre nach seinem Tod zum ersten Mal schriftlich aufgetaucht und es gebe »Zweifel an seiner leiblichen Existenz«[5]. Nichteingeweihte Leser, das Mehrheitspublikum auch einer Illustrierten also, können solchen Irreführungen leicht zum Opfer fallen.

Daneben ist es allerdings nach wie vor hoffähig, die Handlungen, Worte und gegebenenfalls auch die Schriften neutestamentlicher, frühchristlicher Personen in Frage zu stellen. Die internationalen Beispiele sind zahlreich; man braucht hier nur an den evangelischen Berliner Theologen und Pfarrer Hermann Detering zu erinnern, der 1995 in einem katholischen Verlagshaus sein Buch *Der gefälschte Paulus* herausbringen konnte, in dem er behauptet, kein einziger der Paulus-Briefe sei von Paulus, sondern sie seien statt dessen im 2. Jahrhundert von dem Häretiker Markion verfaßt worden; der Paulus des Neuen Testaments sei eine Erfindung der frühen katholischen Kirche. In ihrem Bestseller *Verschlußsache Jesus* hatten Michael Baigent und Richard Leigh schon 1991 die Irrlehre ihres Ziehvaters Robert Eisenman popularisiert, Paulus sei in Wirklichkeit ein römischer Geheimagent gewesen. Immerhin – da gesteht man ihm wenigstens zu, daß er gelebt hatte. »Es fällt schwer, hier keine Satire zu schreiben«, wußte schon Horaz, obwohl er weder Robert Eisenman noch Gerd Lüdemann, Hermann Detering oder Barbara Thiering kannte – jene australische Theologin, die mit Taschenspielertricks statt mit wissenschaftlichen Methoden aus den Schriftrollen von Qumran herauslesen will, daß Jesus nicht am Kreuz starb, sondern in einer Qumran-Höhle nur scheingekreuzigt wurde, zweimal verheiratet war und drei Kinder hatte.[6] Solche Thesen scheitern nicht nur daran, daß alle historischen Tatsachen ihnen entgegenstehen; sie scheitern auch an der Entstehungszeit der Qumran-Handschriften – womit wir einmal mehr bei der Bedeutung von Daten und Datierungen sind. Die herangezogenen Qumran-Texte in hebräischer und aramäischer Sprache waren nun einmal zweifelsfrei bereits geschrieben, ehe Jesus öffentlich auftrat. Weder er noch seine Jünger, Apostel und frühchristlichen Anhänger, Paulus und all die anderen, können überhaupt darin vorkommen.[7]

Ein anderer Aspekt kommt noch hinzu: Häufig neigt die Populärkultur des 20. Jahrhunderts dazu, den historischen Jesus nicht nur als Gegenstand der Evangelien zu porträtieren, sondern auch als Opfer ihrer Verzerrung. In einem Teil der populären Literatur und in vielen populärwissenschaftlichen Werken über Jesus wird suggeriert, daß die Evangelien sich einer Art Verrat schuldig gemacht hätten: daß sie den wahren Jesus verbergen und jene täuschen, die die Wahrheit über ihn erfahren wollen. Das Neue Testament sei so irreführend, daß sogar die eigene Phantasie ein besserer Wegweiser auf der Suche nach der Wahrheit über Jesus sei als die Evangelien selbst. Ein Autor meinte erst kürzlich, daß es an der Zeit sei, sich bei der Suche nach dem wahren Jesus der Lyrik und Belletristik zu bedienen; er dachte dabei an eine »Suche nach dem postmodernen Jesus« und gestand die »heimliche Hoffnung« ein, daß dieser »sich als sanfter linker Revolutionär entpuppen möge, der sich in puncto Frauen und Umwelt korrekt verhalte«[8].

Dieser Wunsch ist längst in Erfüllung gegangen: Bei der modernen Einstellung zu den Evangelien hat die Dichtung immer eine bedeutende Rolle gespielt, häufig mit beeindruckenden literarischen Resultaten. In seinem auch verfilmten Roman *Die letzte Versuchung* (1953) zeichnet Nikos Kazantzakis Jesus als eine unschlüssige und verzagte Figur, die bei weitem nicht dem charismatischen Heiler und spirituellen Führer aus dem Neuen Testament entspricht, sondern vielmehr das Produkt einer postfreudianischen Welt ist. Kazantzakis fragte sich, was wohl passiert wäre, wenn Christus den ebenen, leichten Weg der Menschen eingeschlagen hätte. Er hätte geheiratet und Kinder gezeugt. Die Leute hätten ihn geliebt und respektiert. Jetzt säße er als alter Mann auf der Schwelle seines Hauses und lächelte zufrieden bei dem Gedanken an seine jugendlichen Sehnsüchte.

Ähnliches wie Kazantzakis versucht der amerikanische Schriftsteller Gore Vidal in seinem Roman *Golgatha Live* (1993). Darin schildert er einen Computerhacker, der die Evangelien aus dem Gedächtnis der Menschheit löscht, es wird von Zeitreisen ins Frühchristentum erzählt und von der Möglichkeit, daß nicht Jesus, sondern Judas am Kreuz gestorben sei. Der Roman endet mit einer Travestie der Kreuzigung, die das Fernsehen live aus Golgatha überträgt und bei der schließlich Jesus von einer japanischen Sonnengöttin vom Kreuz gerissen wird. Auch der letzte Rest der neutestamentlichen Lehre wird hier dem Geschmack des modernen Fernsehpublikums geopfert. Vidals sarkastischer und mitunter amüsanter Roman ist nur das jüngste Beispiel für ein etabliertes Science-fiction-Genre, in dem zumeist unter Aufbietung fortgeschrittener Technologien versucht wird, einen »wahren Jesus« den vermeintlichen Mythen des Neuen Testaments zu entreißen oder ihn gar völlig neu zu erfinden. In Deutschland hatte Günter Herburger mit seinem »Zukunftsroman« *Jesus in Osaka* dafür bereits 1971 einen originellen Vorläufer geliefert. Nicht mit den Mitteln der Science-fiction, sondern auf verquerer, pseudowissenschaftlicher Grundlage gelang dem Franzosen Gerald Messadié mit seinem Roman *Ein Mensch namens Jesus* (1989) ein Bestseller-Erfolg, dem er dann gleich noch ein ebenso unbedarftes wie erfolgreiches Buch über Paulus nachschob. In Nachworten versucht er, seinen Erfindungen ein wissenschaftliches Deckmäntelchen umzuhängen und vermischt damit die Genres von Dichtung und Wissenschaft auf problematische, aber offenbar erfolgreiche Weise.

Der gemeinsame Nenner all dieser Bücher ist die Auffassung, daß die Evangelien eine höchst verdächtige und damit jeglicher Willkür frei verfügbare Quelle sind. Dieses Postulat teilen sie mit vielen populärwissenschaftlichen Geschichtsbüchern der letzten Jahre. Michael Baigent, Richard Leigh und Henry Lincoln behaupten beispielsweise in ihrem international höchst erfolgreichen Buch *Der Heilige Gral und seine Erben* (1982, dt. 1987), daß Jesus nicht am Kreuz gestorben sei, sondern ein königliches Herrscherhaus gegründet habe, dessen Geheimnisse seit Jahrhunderten durch eine europaweite Verschwörung geschützt würden. Der sagenumwobene Heilige Gral sei in Wirklichkeit das geweihte Blut dieser Heiligen Familie gewesen.

Solche und ähnliche kuriosen Behauptungen sind an sich nicht besonders neu. Selbst ein Franz Alt war in seinem Erfolgsbuch *Jesus – der erste neue Mann* (1989) gewollt oder ungewollt auf diesen Bahnen gewandelt und mußte sich vorwerfen lassen, daß er Texte wie ein von Edmond B. Székely frei erfundenes »Friedensevangelium der Essener« historisch über die Evangelien und die Bergpredigt des Matthäus-Evangeliums gestellt hatte und zu allem Überfluß auch noch latent antisemitisch argumentierte.[9]

Sie alle stehen in einer langen Reihe von Sachbüchern und Erzählungen. Schon 1916 hatte der Ire George Moore mit seinem Roman *The Brook Kerith. A Syrian Story* einen größeren Skandal in der englischsprachigen Welt ausgelöst, indem er Jesus als das Produkt von Ideen der Essener darstellte. Nachdem Jesus die Kreuzigung überlebt habe, sei er in einer Gemeinde der Essener als Hirte ansässig geworden. Als Paulus ihn dort zwanzig Jahre später findet, erklärt ihm dieser seltsame Jesus, seine eigene frühere Idee, Sohn Gottes zu sein, sei eine blasphemische Wahnvorstellung gewesen; Gott sei nicht durch ihn, sondern nur durch Liebe und Meditation erreichbar. Ob es da ein Zufall ist, daß 1988 ein Buch über Moore erschien, das ihn mit dem »deutschen Pessimismus« in Verbindung bringt?[10] Nach dem Shakespeare-Motto »Ist es auch Wahnsinn, so hat es doch Methode« (*Hamlet* II,2,211) sind Erfindungsgeist der Dichter und Denker, aber auch der Spinner und Phantasten keine Grenzen gesetzt. Jesus in Qumran, Jesus in Indien (oder Kaschmir, Srinagar und so weiter) – es gibt kaum einen Ort, wo ihn Literaten, Esoteriker und Verfasser sogenannter Sachbücher nicht schon gesichtet hätten.

Nur im Heiligen Land selbst können sie ihn anscheinend nicht sehen. Und meist wird dabei vorausgesetzt, daß die Evangelien nur mittels einer separaten Orientierungshilfe verstanden werden könnten. Für sich allein genommen, so wird suggeriert, sei das Neue Testament äußerst unzuverlässig.

Symptomatisch für diese Schwierigkeit, die Spuren Jesu da zu finden, wo er tatsächlich lebte und wirkte, ist schon der Titel eines der ansonsten sachlichsten und sorgfältigsten Jesus-Bücher der letzten Jahre: die Erzählung *Der Schatten des Galiläers* von Gerd Theißen, Professor für Neues Testament an der Universität Heidelberg, die 1986 ein aufsehenerregender Erfolg war. Der Titel spielt darauf an, daß auch jene, die des historischen Jesus habhaft werden wollen, stets nur seinen Schatten zu sehen bekommen. In der Erzählung tritt Jesus selbst kein einziges Mal auf: Ein Jesus-Buch ohne Jesus, das dennoch, wie der Untertitel verspricht, »historische Jesus-Forschung« – in erzählender Form – bieten will.[11] Mit größerem Vertrauen in die dichterische Einbildungskraft und die Zuverlässigkeit der Quellen hatte vor Theißen schon die österreichische Autorin Gertrud Fussenegger den indirekten Zugang versucht – den Zugang über die Zeitzeugen, die Beobachter, die Betroffenen und auch jene, die von dem historischen Geschehen überhaupt nichts mitbekommen hatten. Ihr Roman *Sie waren Zeitgenossen* (1983, neu 1995) ist in der neueren Literatur das bedeutendste Beispiel für die Möglichkeit, über Jesus zu schreiben, ohne zu Extremen zu greifen.[12]

Die Beziehungen zwischen Kultur und Wissenschaft sind komplex, und so nimmt es nicht wunder, daß dieses große Mißtrauen, das den Evangelien in einigen Formen der populären Kultur entgegenschlägt, in der Welt der seriösen Wissenschaft seine Parallelen hat. Die Phantasieprodukte aus dem Reich der Literatur und die Merkwürdigkeiten, von denen die *Süddeutsche Zeitung*, der *Stern* und die *Bunte* – neben anderen – aus dem Bereich der Theologie zu berichten wissen, lassen sich aber nicht einfach nur mit Gegenthesen korrigieren. Im visuellen Zeitalter will man mit eigenen Augen sehen, sich – im wahrsten

Sinn des Wortes – ein eigenes Bild machen. Es ist, als lebten wir in einer neuen Epoche des »ungläubigen Thomas«, jenes Jüngers, dem der auferstandene Jesus gestattet, seine Wundmale zu berühren, damit er seine Skepsis überwindet (Johannes 20, 24–29), und dem er anschließend sagt: »Selig sind, die nicht sehen und doch glauben.« Das greifbare Material, über das wir heute verfügen – und hierzu gehören die Papyri allemal –, könnte auch in diesem Sinne zu einer Versachlichung unseres Jesus-Bildes beitragen. Die Debatte über den Jesus-Papyrus und seine Hintergründe wäre damit ein wichtiger Beitrag zu einer Diskussion, die allzuoft von Emotionen beherrscht wird.

Die Evangelien und die Wissenschaft

Es gab einmal eine Zeit, als jeder, der die buchstäbliche Wahrheit der Bibel in Frage stellte, mit seinem Leben spielte. 1697 wurde ein junger schottischer Student namens Thomas Aikenhead in Edinburgh gehängt, weil er Baruch Spinozas rebellische Behauptung wiederholt hatte, daß nicht Moses der Verfasser des Pentateuch gewesen sei, sondern Ezra, der beinahe tausend Jahre später gelebt hatte. Thomas Paines Leugnung der orthodoxen Vorstellung von der Wahrhaftigkeit der Bibel im späten 18. Jahrhundert führte zur Verhaftung seines englischen Verlegers. In der vormodernen westlichen Welt wurde die Authentizität und Wahrhaftigkeit der Heiligen Schrift – ihre »verbale Unfehlbarkeit« – als selbstverständlich vorausgesetzt.[13]

Doch die Lehre von der wörtlichen Unfehlbarkeit als Folge einer wörtlichen Eingabe der Texte durch Gott, der sogenannten »Verbalinspiration«, wurde im Laufe der Zeit und mit dem Sieg der von der Aufklärung bestimmten Weltsicht allmählich ausgehöhlt. Zum Teil lag dies an der Abneigung, den viele Gelehrte gegenüber jenen Evangelikalen empfanden, die Charles Huleatt inspiriert hatten. In einem weiteren Sinne spiegelte die neuere, skeptischere Haltung gegenüber der Heiligen Schrift die Entwicklung der modernen historisch-kritischen Methoden wider, die für die Wissenschaft von heute charakteristisch sind.[14] Gelehrte, die dem Göttinger Professor Johann David Michaelis (1717–91) folgten, begannen sich ernsthaft mit der Möglichkeit auseinanderzusetzen, daß es in der Bibel Widersprüche geben könnte. Sie wagten außerdem die Frage, ob der historische Jesus mit dem Christus des althergebrachten Glaubens völlig identisch sei.

Einer der ersten, der diese Frage stellte, war der Hamburger Professor Hermann Samuel Reimarus (1694–1768). Sein bahnbrechendes Buch über die von Jesus und seinen Jüngern verfolgten Ziele stellte die Göttlichkeit Christi in Frage und initiierte letztlich die historische Leben-Jesu-Forschung. Vielleicht der einflußreichste unter den Forschern, die Reimarus nachfolgten, war David Friedrich Strauss (1808–74), dessen zweibändige Lebensbeschreibung Jesu die These aufstellte, daß die in den Evangelien beschriebenen übernatürlichen Ereignisse mythisch seien – eine These, die, wie wir gesehen haben, Evangelikale wie Huleatt schockierte.

1860 läutete der englische Sammelband *Essays and Reviews* von sieben, zumeist aus Oxford stammenden Gelehrten die Totenglocke für die alte Einstellung zur Heiligen Schrift. Gegen das Buch wurden rechtliche Schritte eingeleitet; zehntausend anglikanische Geistliche unterschrieben eine Petition, in der es verdammt wurde. Doch die in dem Sammelband propagierten historisch-kritischen Methoden der wissenschaftlichen Forschung setzten sich durch. Die Unfehlbarkeit der Bibel als ein von Gott inspiriertes Werk konnte nicht mehr als selbstverständlich vorausgesetzt werden. Eine neue Ära der Religionsgeschichte und der theologischen Wissenschaft hatte begonnen.

Dieser Sieg zählt zu den folgenreichsten in der abendländischen Ideengeschichte. In gewisser Hinsicht vollendete er das Werk, das die Humanisten der Renaissance, die ersten protestantischen Reformer und die frühesten Drucker, die das Wort Gottes aus der Kontrolle der Kirche befreiten, begonnen hatten. In der nächsten Phase, die von den Denkern der Aufklärung und deren Nachfolgern bestimmt wurde, fragte man sich, was die

Bibel als Wort Gottes eigentlich *sei*, man diskutierte, ob sie tatsächlich von Gott inspiriert sei, und stellte Vermutungen darüber an, wie seine Textgeschichte verlaufen sein könnte. Die Grundfesten unserer Zivilisation wurden endlich analysiert, ihre Strukturen untersucht, die Identität und die Intention ihrer Erbauer erforscht.

Doch dieser große Sprung nach vorn hat ein schwieriges Vermächtnis hinterlassen. Der wohl einflußreichste Bibelwissenschaftler des 20. Jahrhunderts, Rudolf Bultmann (1884–1976), veränderte die moderne Einstellung zu den Evangelien völlig. Er war der Meinung, daß wir praktisch gar nichts über Jesu Leben und Person wissen können, da die christlichen Quellen sich für derartige Dinge nicht interessierten. Bultmann und andere Wissenschaftler der »formgeschichtlichen« Schule argumentierten, daß die Evangelien keine historischen Schilderungen seien, sondern äußerst stilisierte Sammlungen überlieferter »Formen«. Diese Sammlungen seien im Lauf der Zeit entstanden und hätten sich aus dem Leben, dem Kult und den mündlichen Überlieferungen der frühchristlichen Gemeinden entwickelt. Sie spiegelten eher die Bedürfnisse der nachösterlichen Kirche – Predigt, Unterweisung und Gebet – als die historische Realität des vorösterlichen Jesus. Sie verkündeten eher ein Kerygma, eine Glaubenswahrheit, als eine Reihe historischer Ereignisse.[15] Bultmann verwarf die von Justin Martyr im 2. Jahrhundert nach Christus vertretene These, diese Bücher seien »Erinnerungen der Apostel«, und glaubte vielmehr, die Evangelisten seien vom historischen Jesus so weit entfernt gewesen, daß sie nur das leiseste Flüstern seiner Stimme gehört haben könnten.

Bultmanns Arbeit unterstützte die Ansicht, daß die Evangelien eher später als früher geschrieben worden seien und daß man sie als frühchristliche oder kirchliche Handbücher lesen sollte, nicht als Biographien oder Augenzeugenberichte. Er lenkte die Aufmerksamkeit auf den Christus des Glaubens, weg vom Jesus der Geschichte. Aus der Perspektive Bultmanns spielte die bloße Existenz Jesu eine weitaus größere Rolle als seine Lebensweise; daß es ihn gegeben hatte, war wichtiger als das, was er getan und wie er gelebt hatte. Warum also sollte man die Suche nach dem historischen Jesus fortsetzen?

Einer der führenden Neutestamentler und Judaisten unserer Zeit, der Tübinger Otto Betz, faßte die Position Rudolf Bultmanns und seiner Schule so zusammen: »Bultmann behauptet, viel mehr als das bloße ›Daß‹ der Existenz, die Tatsache, daß ein Mann Jesus von Nazareth wirklich gelebt habe, sei für den historisch Fragenden auch diesen ausführlichen Quellen [den Evangelien] nicht zu entnehmen.« Doch Betz betont: »Zweifellos hat Bultmann die Eigenart der Evangelien und das Wesen des christlichen Glaubens richtig gesehen. ›Evangelium‹ meint Frohbotschaft, ein vom Glauben durchglühtes und den Glauben forderndes Zeugnis, das den Menschen in Frage stellen, ihn in eine neue Richtung weisen und nicht etwa zu einer wissenschaftlich-kühlen Nachprüfung und Wiedergabe herausfordern will. Dennoch befriedigt Bultmanns ›Nein‹ zum historischen Jesus nicht. Zwar kann der Glaube an Christus nicht durch historische Fakten begründet werden. Ist er aber an eine Person gewandt, die in der Geschichte, in Zeit und Raum, erschienen ist, so dürfen die geschichtlichen Tatsachen nicht gleichgültig sein. Dafür ist schon die bloße Existenz der Evangelien ein Beweis.«[16]

Die formgeschichtliche Schule der neutestamentlichen Forschung – das heißt jene von Bultmann herkommende Forschungsrichtung, die nach literarischen Formen in der Bibel sucht, die alte Überlieferung von späteren Eingriffen trennen will und den Werdegang der Überlieferung von der mündlichen Phase bis zur schriftlichen Festlegung ermitteln möchte, wobei alle Textformen bestimmten Gattungen zugeordnet werden und einen »Sitz im Leben« (zum Beispiel Predigt, Lehre, Gottesdienst usw.) angewiesen bekommen –, die Formgeschichte also lenkte die Aufmerksamkeit auf die lange vernachlässigte theologische und frühkirchliche Rolle der Evangelien. Trotzdem ist sie seit dem Zweiten Weltkrieg stark angegriffen worden. Vor allem wurde ihre Behauptung, daß die Suche nach dem historischen Jesus sinnlos sei, von fast allen angesehenen Wissenschaftlern und Theologen zurückgewiesen. In den fünfziger Jahren kam eine zweite Phase der Leben-Jesu-Forschung in Gang, die von den klügsten Köpfen dieser Generation angeführt wurde: von Ernst Käsemann mit seinem bahnbrechenden Aufsatz »Das Problem des historischen Jesus«[17], von Günter Bornkamm und James Robinson, um nur drei von ihnen zu nennen. Eine dritte Phase der Leben-Jesu-Forschung lief in den späten siebziger und achtziger Jahren an, zunächst mit den Arbeiten von anglo-amerikanischen Wissenschaftlern wie E.P. Sanders, Burton Mack, Marcus J. Borg und – vielleicht am augenfälligsten – John Dominic Crossan mit seinem »Jesus-Seminar«. Vor allem für den Kreis um Crossan gilt eine Feststellung, die Otto Betz noch ganz allgemein auf den Begriff des sogenannten »Neuen Fragens nach dem historischen Jesus«[18] gemünzt hatte: »Die von Bultmann eingeimpfte Scheu vor den historisch-objektiven Tatsachen ist durchaus nicht geschwunden. Den Daten der Archäologie wie Inschriften, Münzen oder Bauten oder auch den Texten vom Toten Meer wird nur begrenzte Beachtung geschenkt. Das Hauptinteresse gilt der Botschaft Jesu und dem Glauben, den sie bezeugt und entbindet; alles andere wird als ›Milieu‹ abgestempelt, das nur in zweiter Linie in Betracht kommen darf. Aber«, setzt Betz seine Kritik fort, »solch eine – von Heidegger oder Collingwoods Philosophie beeinflußte – Trennung läßt zu leicht vergessen, daß das Forschen nach dem historischen Jesus nicht auf theologische oder philosophische Fragestellungen eingeschränkt werden darf. Den Historiker interessiert alles, nicht nur die Welt der Gedanken, in denen sich ein bestimmtes Selbstverständnis erschließt, sondern auch jede Einzelheit des ›Milieus‹.«[19]

Das »Jesus-Seminar« um Crossan brachte die Suche nach dem historischen Jesus wieder in die Schlagzeilen, und Crossan selbst kam mit seinem mittlerweile auch auf deutsch erhältlichen Buch *The Historical Jesus: The Life of a Jewish Mediterranean Peasant* sogar in die Bestsellerlisten.[20] Dieser neue Wissenschaftstrend geht dahin, Jesus als einen Lehrer subversiver Weisheiten darzustellen; seine Botschaft habe für die Gesellschaftsordnung, in der er lebte, ebenso tiefgreifende Folgen gehabt wie für die Seelen derer, zu denen er predigte. Und – man möchte fast sagen: natürlich – sind die Evangelien für diese Kreise fast ohne irgendwelche Quellenbedeutung. Crossan ist davon überzeugt, daß das späte, unter gnostischen Texten im ägyptischen Nag Hammadi aufgefundene Thomas-Evangelium besser über Jesus informiert als das Neue Testament.[21]

Diese ganze Debatte geht durchaus jeden an, der auch nur das leiseste Interesse an den Ursprüngen des Christentums verspürt. Die Suche nach der historischen Wahrheit über Jesus hat auch den Angriff Crossans überstanden, vielleicht auch, weil es mittlerweile eine Reihe von Wissenschaftlern gibt, die mit Überzeugung und Kompetenz gegensteuern. Im zweiten Kapitel dieses Buchs wurde Martin Hengel als Beispiel genannt; auch andere Namen wurden bereits erwähnt, unter ihnen der Schwede Harald Riesenfeld und der Deutsche Rainer Riesner. Riesenfeld hatte bereits 1957 die Grenzen methodischer Selbstüberschätzung aufgezeigt und ist diesen Weg seitdem beharrlich weitergegangen.[22] Riesners Dissertation *Jesus als Lehrer* regt dazu an, jede historische Quelle für sich sprechen zu lassen und in ihrem Eigenwert zu untersuchen – nicht die Unterordnung unter ein methodisches Dogma, sondern die Prüfung des konkret Vorliegenden wird zum Prinzip erhoben.[23] Auch Riesner hat seitdem in einer großen Zahl von Veröffentlichungen das Spektrum der Erforschung neutestamentlicher Ursprünge ungemein bereichert. Der Wuppertaler Neutestamentler Klaus Haacker schließlich, der in den deutschsprachigen Ländern zu den führenden Vertretern einer detailgenauen Einbeziehung des historischen Umfelds des Neuen Testaments gehört, legte schon 1981 ein Handbuch zur Neutestamentlichen Wissenschaft vor, das mittlerweile in einer verbesserten und erweiterten Auflage erhältlich ist und in der »nichts mehr als selbstverständlich betrachtet wird« – vor allem keine methodologischen Einengungen.[24]

Wer einen der hier Genannten aufmerksam liest, kann nicht mehr annehmen, daß ein dichter Schleier der Überlieferung den Mann, der durch Galiläa zog, von den Gemeinden, die ihn später anbeteten, getrennt habe. Es ist heute nicht mehr möglich, die Evangelien schlicht als den Ausdruck einer religiösen Tradition darzustellen, die sich über viele Jahre hinweg entwickelt haben soll, ehe sie niedergeschrieben wurde. Die Behauptung, daß Jesus von Nazareth völlig anders gewesen sei, als Evangelien und Credo der Kirche ihn darstellen, wurde kürzlich im Umfeld der Crossan-Schule als »grundlegende Annahme« der modernen Leben-Jesu-Forschung postuliert.[25] Doch ganz so einfach ist das nicht mehr zu haben – es sei denn, man möchte sich aus der ernsthaften und ernstzunehmenden Wissenschaft verabschieden.

Die Arbeit des amerikanischen »Jesus-Seminars« deutet allerdings an, daß es auch weiterhin Kreise geben wird, die sich um solche Warnsignale kaum kümmern werden. Diese lose Gruppierung von etwa hundert – zumeist nordamerikanischen – Wissenschaftlern hatte sich 1985 in der *Pacific School of Religion* in Berkeley, Kalifornien, zum erstenmal getroffen. Das von dem Jesus-Forscher Robert Funk organisierte Seminar wollte mittels eines komplizierten Abstimmungsverfahrens feststellen, in welchen der vielen Jesus zugeschriebenen Sprüche seine authentische Stimme zu hören sei. Jeder Ausspruch wurde den versammelten Experten vorgelegt, die dann gemeinsam beurteilten, wie hoch die Wahrscheinlichkeit sei, daß er den wahren Jesus wiedergebe – seine *ipsissima vox* (höchsteigene Stimme). Die Ergebnisse dieses seltsamen Wahlmännerkollegiums wurden 1993 in New York unter dem Titel *The Five Gospels: The Search for the Authentic Words of Jesus* unter großem Medienwirbel veröffentlicht; die erste Auflage war innerhalb weniger Wochen vergriffen. Das Buch enthüllt auf drastische Weise, für wie unzuverlässig viele Wissenschaftler das Neue Testament noch immer halten. Nach Ansicht des Seminars sind nur zwanzig Prozent der Sprüche in den Evangelien ganz oder zumindest annähernd authentisch. Fast das gesamte Johannes-Evangelium sei nicht authentisch. Jesus habe von sich nie als »Sohn Gottes« gesprochen. Auch habe er seinen eigenen Tod nicht als den Sinn seines Lebens angesehen. Selten hat es eine umfassendere Ablehnung der Evangelien als historische Quellen gegeben, und selten ist deutlicher geworden, mit welch unwissenschaftlichen Methoden gearbeitet werden kann, um gewünschte Ergebnisse zu erzielen. Eine Folge davon war und ist noch immer die Beliebigkeit vieler Thesen und Theorien. Wenn die Evangelien als unzuverlässig gelten, dann ist der Theoretiker – vor allem jener, der sich seine Meinung per Abstimmungsergebnis sanktionieren läßt – unser einziger Wegweiser zum Leben Jesu. Man muß nicht viel Phantasie besitzen, um zu erkennen, daß die exzessive Inanspruchnahme von Theorien uns Jesus so sehen läßt, wie wir ihn sehen wollen, und nicht, wie er wirklich war.

Allzuoft jedoch werden Wissenschaftler, die mit ihrer Einstellung zu den Evangelien den oben erwähnten Trend in Frage stellen, des Fundamentalismus beschuldigt oder zumindest als Evangelikale eingestuft. Da geht es oft wenig fein zu. Selbstverständlich müssen Positionen bezogen werden. Wer zum Beispiel nach der Epoche der Aufklärung behauptet, man müsse die Evangelien (zumindest teilweise) wortwörtlich verstehen, hat eine bewußte intellektuelle Entscheidung getroffen. Paul Tillich (1886–1965) beschrieb diesen Vorgang sehr anschaulich als Verschiebung von der gewissermaßen naturwüchsigen Buchstabengläubigkeit in der alten Welt zu einem bewußten wörtlichen Verständnis in der modernen Ära.[26] Das Problem ist dabei nur, daß diese bewußte Auffassung nicht länger als intellektuell seriös gilt. Wer behauptet, daß die Evangelisten das, was sie sagten, annähernd ernst und wörtlich meinten, wird fast automatisch in eine Schublade gesteckt, auf der entweder Fundamentalismus oder, etwas höflicher, unkritischer Konservatismus steht.

Uns schlug ähnlicher Widerstand entgegen in dem instinktiven Ärger, den Carsten Peter Thiedes These über die Oxforder Papyrusfragmente bei vielen Gelehrten hervorrief. Die heftige Reaktion auf den Exklusivbericht, den die Londoner *Times* am 24. Dezember 1994 auf der Titelseite brachte, zeigte sich sehr bald in den Leserbriefen an die Zeitung und anderswo. Die Geschichte schien einige empfindlich getroffen zu haben. Im Laufe der Monate wurden jedoch immer mehr Wissenschaftler, die sich anfänglich ablehnend verhalten hatten, neugierig und bekundeten dann zunehmend wohlwollendes Interesse, als sie begriffen, mit welch sachlicher Nüchternheit die neue These aufgestellt worden war. Doch es war klar, daß viele die einfache Konsequenz aus der papyrologischen Arbeit – daß nämlich das Matthäus-Evangelium nicht irgendwann im späten 1. Jahrhundert, sondern vor dem Wendepunkt des Jahres 70 geschrieben wurde – als Angriff auf ihre eigenen wissenschaftlichen und theologischen Überzeugungen empfanden. Die starren Fronten in der Welt der Bibelwissenschaft zwischen den künstlichen Extremen von »konservativ« und »liberal« blieben auch in dieser Kontroverse vorerst erhalten. Für viele Leser, nicht nur für Hochschullehrer, wurde auf diese Weise die Neudatierung des Oxforder Papyrus zum Symbol für die Streitigkeiten zwischen »Konservativen« und »Liberalen«.

Wir sind davon überzeugt, daß die Debatte über die Neudatierung des Neuen Testaments unter zunehmender Verwendung der papyrologischen Forschung heute notwendiger ist denn je und daß gerade die Einbeziehung der Papyrologie dem Streit langfristig etwas von seiner Giftigkeit nehmen wird. Das ganze Unternehmen der Datierung der Evangelien, so gestand ein Pionier auf diesem Gebiet, der Brite John A. T. Robinson, zu, sei mit Schwierigkeiten behaftet. Die äußeren und inneren Anhaltspunkte sind begrenzt. Wer Thesen aufstellt, folgt dabei gern den eigenen Neigungen. Skeptiker werden nach späteren Daten Ausschau halten, konservative Theologen tun das Gegenteil. Darum ist forensisches Beweismaterial so wichtig. Um so dringender geboten erscheint daher eine aufgeschlossene wissenschaftliche Diskussion über die Datierung des Neuen Testaments auf der Grundlage historischer und überlieferungsgeschichtlicher – und das heißt eben auch: papyrologischer – Daten. Wir hoffen, daß dieses Buch, was die Papyri angeht, den Auftakt zu dieser Diskussion gibt.[27]

Die Bedeutung neuer Daten

Wohin könnte eine solche Debatte führen? Wie wir gesehen haben, war die These, das Matthäus-Evangelium sei vor 70 geschrieben worden, auch ohne den Beleg der Oxforder Fragmente möglich. Durch unsere Untersuchung erhält das historische und literaturwissenschaftliche Ergebnis jedoch zusätzliche Überzeugungskraft. Crossan stellt zum Beispiel die Behauptung auf, daß eine gemeinhin als Q bezeichnete Quelle, einige Worte Jesu und ein paar andere kleinere Quellen zwischen 30 und 60 n. Chr. separat im Umlauf waren. Das mag so sein. Aber jetzt scheint es, als wenn das vollendete Evangelium nach Matthäus bereits kurz nach 60 schon in Kodexform – das heißt in der zweiten Überlieferungsphase nach der Schriftrolle – zirkulierte. Es hätte gut von einem Augenzeugen der Kreuzigung in Händen gehalten und gelesen werden können. Das hat Folgen für unser Verständnis der frühen Entwicklung der Urkirche vor der Zerstörung des Tempels, also vor 70 n. Chr. Die Männer und Frauen, die die ersten christlichen Gemeinden gründeten, taten das in sehr kurzer Zeit und mit bemerkenswertem organisatorischem Geschick, zweifellos getrieben von einem apokalyptischen Sendungsbewußtsein und einem religiösen Verantwortungsgefühl.

Ein vollkommen befriedigendes Kriterium oder ein Bündel solcher Kriterien zur Quellenscheidung hat sich bis heute nicht aufstellen lassen. Aber nicht selten ist ein besonders einsichtiges Kriterium – das »Kriterium des Alters« – einfach übersehen worden. Je älter das Material ist, desto eher dürfte es ein verläßliches Dokument des Geschehens sein. Eine Tagebuchnotiz, die noch am Tag des Geschehens geschrieben wird, gibt in den meisten Fällen zuverlässiger Auskunft als Memoiren, die vierzig Jahre später verfaßt werden. Das heißt natürlich nicht, daß eine Tagebucheintragung weniger kritisch oder aufmerksam gelesen werden sollte als Memoiren. Und es heißt ebenso selbstverständlich nicht, daß spätere Aufzeichnungen nicht auch neues, außerordentlich zuverlässiges Material enthalten können. Aber die frühe Quelle muß anders behandelt werden: als ein Dokument, das aus der Spannung der unmittelbaren Erfahrung heraus und nicht im kühlen Licht des distanzierten Blicks zurück geschrieben worden ist. Demnach ist auch ein religiöser Text, der zwanzig Jahre nach den Ereignissen, die er beschreibt, verfaßt wurde, etwas völlig anderes als ein Text, der fünfzig Jahre später geschrieben wurde. Wie John A. T. Robinson schon 1976 anmerkte, ist die Wahrscheinlichkeit der Entstellung um so geringer, je kürzer der Zeitabstand ist.[28]

Wenn der sogenannte »Tunnel«, der das Leben Jesu von dem Werk der Evangelisten trennt, kurz wäre – wenn er eher ein bis zwei Jahrzehnte statt fünf oder sechs betrüge –, dann wären wir um vieles freier in ihrer Bewertung als zeitgenössische Quellen. Das bedeutet natürlich immer noch nicht, daß die Evangelisten Biographien oder historische Berichte im Sinne des *20.* Jahrhunderts schrieben. Aber daß sie es im Sinne *antiker* Geschichtsschreibung taten, das würde einmal mehr augenfällig. Auch widerlegt die Neudatierung des Matthäus-Evangeliums nicht die Theorie, daß seine Struktur die praktischen liturgischen Bedürfnisse einer frühen Gemeinde einbezieht. Aber die Neudatierung stützt die Ansicht, daß die Evangelien keine Spekulationen sind, sondern Tatsachen bezeugen wollen, ganz so, wie es der Prolog des Lukas-Evangeliums in Anspruch nimmt. Und welche konkreten Bedürfnisse sollten die frühen Gemeinden wohl mehr empfunden haben als das Bedürfnis nach authentischen Informationen über ihren Herrn und Erlöser? Es ist verwunderlich, daß viele heutige Wissenschaftler dem Anspruch des genauen Zeugnisses bislang so wenig Bedeutung beigemessen haben, wenn man bedenkt, daß es für die Autoren des Neuen Testaments selbst so wichtig war. Noch einmal: Der penibel genaue Verfasser des Lukas-Evangeliums sagt ausdrücklich, er habe seine Darstellung recherchiert und abgesichert bei jenen, »die von Anfang an Augenzeugen und Diener des Wortes waren« (Lukas 1,2). Der Verfasser des Johannes-Evangeliums betont ebenfalls, daß sein Bericht über den Soldaten, der Jesu Seite mit einer Lanze durchbohrt habe, als er am Kreuz hing, auf der Aussage eines Augenzeugen beruhe: »Und der, der es gesehen hat,

hat es bezeugt, und sein Zeugnis ist wahr. Und er weiß, daß er Wahres berichtet, damit auch ihr glaubt.« (Johannes 19, 35). Später wird der Evangelist selbst identifiziert: »Dieser Jünger ist es, der all das bezeugt und der es aufgeschrieben hat; und wir wissen, daß sein Zeugnis wahr ist« (Johannes 21, 24). Das weist (wie Johannes 1, 14) darauf hin, daß der Autor auch viele seiner *Leser* zu den Augenzeugen des Lebens und der Auferstehung Jesu zählte.

Man kann das mit der Behauptung abzutun versuchen, dies sei bloß ein literarischer Topos, ein Gemeinplatz, mit dem der Evangelist als glaubwürdig ausgewiesen werden sollte. Doch zumindest zeigt die Verwendung dieses vermeintlichen Topos, daß die Gemeinden, für die die Evangelien geschrieben wurden, auf genaue Zeugenaussagen Wert legten. Wer Zeuge Christi war, gehörte zu einer von den Mitchristen beneideten Gruppe. In der Apostelgeschichte 10,41 heißt es, daß Jesus »zwar nicht dem ganzen Volk, wohl aber den von Gott vorherbestimmten Zeugen: uns, die wir mit ihm nach seiner Auferstehung von den Toten gegessen und getrunken haben«, erschienen sei. Es war kein Anspruch, der leichtfertig oder einfach, um Eindruck zu schinden, erhoben wurde.

Die Frage des zuverlässigen Zeugnisses wurde offensichtlich sehr ernst genommen. In einer Reihe einflußreicher Bücher hat der schwedische Textwissenschaftler Birger Gerhardsson gezeigt, wie wichtig das Auswendiglernen der Überlieferung im jüdischen Milieu des 1. Jahrhunderts n. Chr. war. Gewissenhaftes Memorieren wichtiger Texte und Aussprüche, so behauptet er, war eine wichtige religiöse Pflicht. Paulus spricht oft von einer Überlieferung, die die Christen voneinander übernahmen.[29] Ähnlich äußert sich auch Matthäus im 15. Kapitel seines Evangeliums. Die Überlieferung der Frohen Botschaft von einem Zeugen zum anderen, von einem Zeugen zu einem Bekehrten, von einem Bekehrten zu einem Schreiber sei wahrscheinlich bewußt, überlegt und programmatisch gewesen.[30] Dies bedeute aber nicht, betont Gerhardsson als erster, daß die Evangelien in allen Einzelheiten der Bericht eines Protokollanten über Leben und Werk Jesu gewesen seien. Gleichermaßen aber gibt es keinen Grund zu der Annahme, daß jeder Gläubige der Urkirche Überlieferungen von Jesus in die Welt setzen konnte in der Erwartung, daß seinem Wort geglaubt werde.

Gerhardssons *Die Anfänge der Evangelientradition,* eine allgemeinverständliche Kurzfassung seiner großangelegten Studie *Memory and Manuscript*[31], wurde nicht vorbehaltlos akzeptiert. Doch sie hat uns immer noch viel zu sagen über den formalen Zusammenhang zwischen Erinnerung und Text in den ersten Dekaden des Christentums.[32] Die Neudatierung des Jesus-Papyrus sollte auch in diesem Zusammenhang betrachtet werden. Wenn das Matthäus-Evangelium vor der Zerstörung des Tempels geschrieben wurde – vielleicht viele Jahre zuvor –, dann wurde es für Männer und Frauen geschrieben, die die dort geschilderten Ereignisse eher als Teil der jüngsten Vergangenheit betrachteten, und nicht als die viele Generationen zurückliegende Handlung einer volkstümlichen Geschichte. Dann hätten einige von ihnen das Wirken Jesu direkt miterlebt; noch mehr hätten jene gekannt, die behaupteten, die Wunder Jesu, die Auferweckung von den Toten und sogar den auferstandenen Christus gesehen zu haben. Ihr Glaube war Tradition in dem Sinne, daß er eine gemeinsame, noch frische Erfahrung verkörperte und nicht ein folkloristisches Gefühl, das sich in Jahrzehnten entwickelt hatte.

Selbst wenn das Evangelium nach Matthäus nicht von einem Augenzeugen verfaßt wäre, ist es fast sicher für Menschen geschrieben worden, die dies waren, und zwar unter Verwendung ihres Zeugnisses – wie es auch Lukas getan und in seinem Fall sogar ausdrücklich festgehalten hatte. Welchen geschichtswissenschaftlichen Grund könnte es für die Annahme geben, daß die Beschreibung des Besuches Jesu in Bethanien, der im ersten der drei Oxforder Fragmente erwähnt wird, kein reales Geschehen schildert, von dem Beteiligte berichtet hatten?

Wir sollten auch die biographische Funktion der Evangelien nicht *a priori* von der Hand weisen. Sie haben zwar keine Ähnlichkeit mit einer modernen Biographie. Sicher hätten ihre Autoren und Leser die Vorstellung absurd gefunden, daß ein Buch die Psyche eines Individuums bis in seine Tiefen erforscht und seine Motive und charakterliche Entwicklung von der Geburt bis zum Tod beschreibt. Die sentimentalen »Leben Jesu«, die im 19. Jahrhundert massenhaft erschienen, fußten, was ihre biblischen Quellen betrifft, auf völlig falschen Annahmen. Aber das heißt nicht, daß die Evangelien in einem streng definierten Sinn nicht auch biographische Texte gewesen wären. Die Ansicht der klassischen formgeschichtlichen Schule, daß diese Bücher lediglich »unliterarische Schriften« und »Volksbücher« seien, die man aus dem Äther der mündlichen Überlieferung geholt habe, ist unhaltbar.

Seit einiger Zeit untersuchen Wissenschaftler erneut die These, die Evangelien seien tatsächlich Biographien im griechisch-römischen Sinne. Sie stellen Ähnlichkeiten mit diesem Genre fest, das in Werken wie Suetons Lebensbeschreibungen der Cäsaren und Tacitus' *Agricola* zum Ausdruck kommt.[33] Dieser Prozeß der Neubeurteilung wirft ein Licht auf die Art und Weise, wie die Evangelisten reale und konventionelle, naturalistische und stereotype Elemente verbunden haben könnten in dem Bemühen, tatsächliche Ereignisse auf durchdachte und durchgeformte Weise ins Gedächtnis zurückzurufen und für alle Zeiten festzuhalten. Er illustriert auch, bis zu welchem Grad sich die jüdische und die hellenistische Kultur wechselseitig durchdrangen. Dieser Ansatz gibt nicht vor, die Evangelien seien Tagebücher oder Memoiren nach unserem heutigen Verständnis; er schließt aber auch die Möglichkeit nicht aus, daß sie genaue Informationen über das Leben eines realen Menschen weitergeben wollten und dies auch taten.[34] Die Tatsache, daß sie in einem bestimmten literarischen Stil geschrieben wurden, bedeutet nicht, daß sie als historische Quellen völlig unzuverlässig sind.

Der moderne Mensch tut sich schwer, wenn er zu verstehen sucht, was für die Menschen dieses Zeitalters buchstäbliche Wahrheit bedeutete. Die Bauern und Stadtbewohner im Palästina des 1. Jahrhunderts glaubten an Dämonen, Wunder und charismatisches Heilen. Sie erfuhren das Wirken des Numinosen, Göttlichen und Übernatürlichen in ihrem alltäglichen Leben; die Tür zum Himmel der Offenbarung (Offenbarung 4,1) war immer einen Spalt weit offen.

Ihre Schriften und alles, was sie sagten, reflektierten diesen Glauben; sie sprachen und schrieben in einer Sprache, die durchsetzt war von Metaphern, Anspielungen und Hinweisen auf das Übernatürliche. Sie waren es als Menschen ihrer Zeit gewohnt, in einer Weise zu sprechen, welche die Möglichkeit magischer und göttlicher Intervention offenließ. Der Zweck der Heiligen Schrift war es schließlich, den Zusammenhang zwischen beiden Sphären zu erklären.

Und doch kannten die Autoren des Neuen Testaments sehr wohl den Unterschied zwischen empirischen Tatsachen und Mythen. Das zeigt deutlich ihre sorgfältige Verwendung des Wortes »Mythos« und die Warnung davor, auf Mythen hereinzufallen. (Im griechischen Neuen Testament erscheint das in deutschen Übersetzungen leider unterschiedlich wiedergegebene Wort fünfmal: 1. Timotheus 1,4 und 4,7; 2. Timotheus 4,4; Titus 1,14; 2. Petrus 1,16.) Vor allem war ihnen der Unterschied zwischen Wahrheit und Unwahrheit genauso bewußt wie den heutigen Menschen. Und der Wahrheitsanspruch war geradezu der Ausgangspunkt ihres Handelns.

Der Jesus-Papyrus und der Glaube

Wir haben versucht, die Begehbarkeit eines neuen Weges in der Erforschung des Neuen Testaments zu skizzieren: Sein Kern ist ein erneuertes Interesse an der Entstehungszeit der Evangelien, das durch die forensischen Beweise der Papyrologie neue Informationen erhält, und eine Aufgeschlossenheit im Hinblick auf die möglichen Folgen der Neudatierung für unser Verständnis von den Ursprüngen der Evangelien. Unser Ansatz gibt keine Antwort auf die Frage: Was ist ein Evangelium? Nichtsdestoweniger läßt er einige Antworten plausibler erscheinen als andere.

Wir hoffen, daß dies eine lange, fruchtbare wissenschaftliche Debatte anregt und auch außerhalb der akademischen Welt ein allgemeines Interesse für diese Themen weckt. Die Möglichkeiten sind unbegrenzt, und der Weg hat gerade erst begonnen.

Bultmann, soviel wissen wir heute, irrte: Die Verfasser der Evangelien konnten viel mehr hören als nur ein sehr leises Flüstern der Stimme Jesu. Die ersten Leser des Matthäus-Evangeliums können die Worte gehört haben, die der Prediger aus Nazareth während seines Wirkens sprach; sie können den Gleichnissen gelauscht haben, als sie zum erstenmal erzählt wurden; vielleicht haben manche dem Lehrer sogar Fragen gestellt und respektvoll auf eine Antwort gewartet. Die Stimme, die sie hörten, war kein Flüstern, sondern die leidenschaftliche Rede eines leibhaftigen Menschen, dessen Lehre die Welt veränderte.

Schon diese Behauptung hat Auswirkungen, die den Rahmen der neutestamentlichen Forschung sprengen, so weit dieser auch sein mag. Tatsächlich spricht die Neudatierung des Jesus-Papyrus auch diejenigen an, die noch nie etwas von den jahrhundertealten wissenschaftlichen Streitereien über den historischen Jesus und die Textentwicklung der Evangelien gehört haben. Im Zuge alltäglicher Gespräche und Korrespondenzen haben wir, die Autoren dieses Buches, festgestellt, in welchem Ausmaß unsere neue These grundlegende Glaubensfragen berührt, die sich alle Menschen – Christen und Nichtchristen, Atheisten und Agnostiker – stellen. Die Neudatierung der Matthäus-Fragmente hat, mit anderen Worten, jenseits der akademischen Grenzen ein Eigenleben.

Es gibt heute gute Gründe für die Annahme, daß das Evangelium nach Matthäus mit seinen detaillierten Berichten über die Bergpredigt und die Aussendung der Zwölf nicht allzu lange nach der Kreuzigung und sicher vor der Zerstörung des Tempels im Jahre 70 n. Chr. geschrieben wurde; daß das Evangelium nach Markus früh genug versandt und vervielfältigt wurde, um Qumran zu erreichen; daß das Evangelium nach Lukas mit Hilfe des Widmungsempfängers, eines hohen römischen Beamten namens Theophilus, über das staatsrömische Postsystem besonders schnell und effizient verbreitet wurde. Und es gibt Anhaltspunkte dafür, daß selbst für die Entstehung des Johannes-Evangeliums eine Zeit vor dem Jahr 70 n. Chr. angesetzt werden muß, wie jüngst wieder der Heidelberger Neutestamentler Klaus Berger feststellte. Dies sind die ersten Anzeichen eines größeren Prozesses wissenschaftlicher Neubewertung. Sie betrifft alle Evangelien. Sie beeinflußt jeden, der sie gelesen hat oder lesen wird.

Zweitausend Jahre nach der Geburt Jesu werden die Bücher, die von seinem Leben erzählen, erneut analysiert – nicht nur von Theologen, sondern auch von Literaturwissenschaftlern, Historikern und sogar Naturwissenschaftlern. Jahrhundertelang erschien die Naturwissenschaft häufig als Feindin des Glaubens. Für die Generation eines Charles Huleatt waren der wissenschaftliche Darwinismus und die wissenschaftliche Bibelkritik (wie sie damals von Renan und Strauss vertreten wurde) eindeutig feindliche Kräfte. Doch bei dem Gegenstand, der Thema dieses Buches ist, stellen sich die empirischen Wissenschaften eher als Begleiter des Glaubens denn als seine Erzfeinde heraus.

Auf solche Behauptungen werden manche Menschen mit dem Einwand reagieren, daß Beweise – die Funde und Ergebnisse einer Wissenschaft wie der Papyrologie und ihre Absicherung mit Hilfe kompliziertester mikroskopischer Verfahren – nichts mit Glauben oder Moral zu tun haben. Wie Charles Huleatt brauchen sie die Grabtücher, Wunder und selbst die historischen Quellen nicht, um ihren Glauben zu festigen. Andere nehmen möglicherweise den entgegengesetzten Standpunkt ein und stellen fest, daß die Neudatierung ihren Glauben tief berührt. Sie erleben in einem solchen Prozeß vielleicht eine unerwartete Annäherung von Glauben und Geschichte.

Unsere Forschung und die Arbeit an diesem Buch haben uns durch die ganze Welt geführt: von Deutschland und England nach Amerika, Ägypten und Israel und quer durch Europa. Diese Reisen sind noch nicht abgeschlossen. Doch wir wollen einstweilen da schließen, wo unsere Untersuchung ihren Ausgang nahm: im Magdalen College, das diesen kostbaren Fragmenten für die längste Zeit dieses Jahrhunderts eine Heimstatt war. Das College hat nichts von seiner mittelalterlichen Pracht eingebüßt. Es wurde in den letzten Jahren liebevoll restauriert, so daß künftige Generationen auch weiterhin seine einzigartige Schönheit genießen können. Huleatts alter Mentor, Herbert Warren, wäre stolz auf das, was aus Magdalen geworden ist. Wie zu seiner Zeit sind nur wenige Erlebnisse in Oxford vergleichbar mit einem Nachmittagsspaziergang von der High Street an der Portiersloge, der Wohnung des Präsidenten und der Kapelle vorbei, durch die alten Kreuzgänge und hinaus in Richtung Wildgehege. So unterschiedliche Studenten und Lehrer wie Oscar Wilde (1854–1900) – der mit seinem von Richard Strauss als Oper vertonten Schauspiel *Salome* selbst ein Stück literarischer Umsetzung des Neuen Testaments schrieb – und C. S. Lewis (1898–1963), der christliche Schriftsteller und Literaturwissenschaftler, der sich noch heute sowohl in englischsprachigen als auch deutschsprachigen Ländern ungebrochener Beliebtheit erfreut, haben hier gelebt und gearbeitet. Wenn man in der Alten Bibliothek steht, inmitten der Bücher und Manuskripte, zu denen der Papyrus des Matthäus-Evangeliums gehört, mutet es beinahe wundersam an, daß dieser winzige Gegenstand überhaupt aus Luxor über Messina bis hierher gelangt ist. Er hätte, wie so viele Handschriften der Antike, verlorengehen können. Er könnte auch, wie viele andere antike Papyri, noch immer unbeachtet in einer Kiste oder Schublade irgendeines Museums oder Archivs liegen. Heute steht er im Mittelpunkt weltweiten Interesses. Oxforder College-Romantik und nüchterner Wissenschaftsgeist waren an diesem Ort noch nie ein Widerspruch. Man weiß sich in einer alten Tradition und ist zugleich den neuesten Forschungswegen verpflichtet – kein schlechter Ausgangspunkt für die Debatte über den Jesus-Papyrus und seine Folgen.

Anmerkungen

Anmerkungen zu Kapitel 2

1 Martin Hengel, *Studies in the Gospel of Mark*, London 1985, S. 85–113.

2 Die deutsche Originalfassung von Schadewaldts Aufsatz erschien ursprünglich in *Theologische Beiträge* 13 (1982), S. 198–221. Ein Nachdruck kam in der Beilage zu Heft 3 des *ibw journal* (März 1983) heraus. Danach hier S. 25.

3 Es gibt in der Antike keine historischen Schriften ohne »Interesse«. Die Evangelien sind sicherlich nicht tendenziöser als beispielsweise der römische Historiker Tacitus in seinem Buch *Agricola*, einer selektiven Biographie seines Schwiegervaters Gnäus Julius Agricola, verfaßt im Jahr 98. Die ersten vier Sätze sind eine rückhaltlose Bekundung seiner Parteilichkeit. Am Anfang seiner Geschichte Roms von der Erbauung der Stadt bis ins Jahr 9 v. Chr., *Ab urbe condita*, schreibt Titus Livius, es sei seine Absicht, die glorreichen Taten des »einen führenden Volkes auf Erden«, das heißt der Römer, zu preisen. Es war üblich, die eigenen Interessen einzugestehen – und sie überhaupt zu haben. Als Lukas schrieb, er habe sein Evangelium verfaßt, damit Theophilus sich »von der Wahrheit der Lehre überzeugen [könne], in der du unterwiesen wurdest«, befand er sich in allerbester Gesellschaft der alten Geschichtsschreiber.

4 Schadewaldt, wie in Anm. 2 (*ibw journal*), S. 24.

5 Eine weitverbreitete Fehlinterpretation dieses Verses geht auf die Formulierung »von denen, die hier stehen, werden einige den Tod nicht erleiden …« zurück, als wäre hier besonderer Nachdruck auf das Wort »einige« gelegt. Jesus deutet damit nicht an, daß andere sterben werden. Der Satz besagt wohl nichts anderes, als daß einige der Anwesenden, aber nicht alle, die Offenbarung seiner Herrlichkeit erleben werden. Und tatsächlich erlebten nur wenige von ihnen seine Verklärung als Augenzeugen.

6 Das ist die wörtliche Übersetzung aus dem griechischen Urtext.

7 Vgl. Römer 11,26.

8 Interessanterweise ist das griechische Wort, das in Matthäus 10,23 den Akt des »Vollendens« bezeichnet, nämlich *teléo*, in exakt demselben Sinn benutzt wie am Anfang des Lukas-Evangeliums: »Und da seine Eltern alles vollendet hatten nach dem Gesetz des Herrn, kehrten sie nach Galiläa in ihre Stadt Nazareth zurück.« (Lukas 2, 39)

9 Theodor von Zahn, *Das Evangelium des Matthäus.* Leipzig/Erlangen 1903, 4. Auflage 1922, Nachdruck Wuppertal/Zürich 1984, S. 407.

10 »Wachen« und »schlafen« bedeuten hier »leben« und »gestorben sein«, vgl. Römer 14,8. Mit anderen Worten: Paulus selbst war auf den Tod vor der Wiederkunft gefaßt, so wie andere vor ihm gestorben waren – darunter auch so herausragende Gestalten wie Stephanus, der Anführer der Hellenisten in der christlichen Gemeinde von Jerusalem bereits im Jahr 33 –, ein Ereignis, das Paulus miterlebt und vor seiner Bekehrung befürwortet hatte. Eine alternative Erklärung geht davon aus, daß die Wiederkunft sich zu diesem Zeitpunkt bereits ereignet hätte, nämlich zu Pfingsten, fünfzig Tage nach Ostern, mit der Ausgießung des von Jesus prophezeiten Heiligen Geistes, des »Parakleten« oder »Beistands«, wie er in Johannes 14,16–26, 15,26 und 16,9–11 genannt wird.

11 *Novum Testamentum Graece*, Nestle-Aland, 27. überarbeitete Ausgabe, S. 453.

12 Markus wird von dieser Regel bisweilen ausgenommen, denn bei ihm ist die Prophezeiung leicht verkürzt und weniger detailliert als bei den anderen. So gestehen »großzügige« Neutestamentler dem Markus-Evangelium »ungefähr das Jahr 70« als Entstehungszeit zu. Günther Zuntz, Professor für Hellenistisches Griechisch (der Zeit also, in die auch das Neue Testament fällt) an der Universität Manchester und eine international anerkannte Autorität auf diesem Gebiet, hielt bemerkenswerterweise nichts von derlei künstlichen Beweisführungen und entschied sich für das andere Extrem: Für ihn war das Jahr 40 das wahrscheinlichste Entstehungsdatum des Markus-Evangeliums. Siehe G. Zuntz, »Wann wurde das Evangelium Marci geschrieben?« und »Ein Heide las das Markus-Evangelium« in: *Markus-Philologie. Historische, literaturgeschichtliche und stilistische Untersuchungen zum zweiten Evangelium.* Hg. von H. Cancik. Tübingen 1984, S. 47–71 und 205–222.
Hinsichtlich des Matthäus-Evangeliums sind die frühesten Datierungen, die von Forschern vertreten werden, auf welche die Theorie einer *post festum* erfundenen Prophezeiung wenig Eindruck macht, der Zeitraum zwischen 40 und 60 (J. A. T. Robinson, *Redating the New Testament*, 1976), das Jahr 43 (B. Orchard und H. Riley, *The Order of the Synoptics*, Macon 1987), zwischen 50 und 64 (B. Reicke, »Synoptic Prophecies on the Destruction of Jerusalem«, in: D. E. Aune, Hg., *Studies in New Testament and Early Christian*

Literature. Essays in Honour of Allen P. Wikgren. Leiden 1972. S. 121–134).

13 »Ein Messias ohne eine messianische Gemeinde wäre für jeden Juden undenkbar gewesen«, heißt es in der *Anchor Bible* Bd. 26, W. F. Albright und C. S. Mann, »Matthew, Introduction, Translation and Notes«. New York 1971.

14 Martin Hengel, *Die Evangelienüberschriften,* Heidelberg 1984.

15 Siehe z. B. Th. Birt, *Die Buchrolle in der Kunst,* Leipzig 1907 (nachgedruckt 1976); E. Schmalzriedt, *Peri Physeos. Zur Frühgeschichte der Buchtitel.* München 1970; und G. Cavallo, *Libri, Scritture, Scribi a Ercolaneo.* Neapel 1983.

16 Hengel, wie in Anm. 14, S. 47–48.

17 Zur Archäologie von Kafarnaum mit seinem gewaltigen freigelegten Hafendamm (700 Meter lang und 2 Meter breit) vgl. M. Nun, *Anchorages and Harbours Around the Sea of Galilee.* En Gev 1988, S. 24–26; ebenso B. Pixner, *Wege des Messias und Stätten der Urkirche. Jesus und das Judenchristentum im Licht neuer archäologischer Erkenntnisse.* 2. erw. Auflage. Hg. von R. Riesner, Gießen 1994, S. 65–66.

18 Siehe F. Herrenbrück, *Jesus und die Zöllner.* Tübingen 1990.

19 C. F. D. Moule, »St. Matthew's Gospel: Some Neglected Features«, in: *Essays in New Testament Interpretation,* Cambridge 1982, S. 67–74. Moule ist nicht der Ansicht, daß der Jünger daraufhin das gesamte Evangelium selbst schrieb, sondern meint, seine Leistung habe eher in der Zusammentragung von originalem Quellenmaterial bestanden.

20 Zitiert von Euseb in seiner *Kirchengeschichte* (324/325 n. Chr.), 3,39,16. (Vgl. Kapitel 3 und 6 unseres Buches.)

21 Berichtet von Klemens von Alexandrien (150–219 n. Chr.) in *Stromateis* 4,9.

22 Eine vorzügliche, umfassende Übersicht über Thesen und Publikationen zu diesem Evangelium und alle anderen Schriften des Neuen Testaments bietet die umfangreichste Einführung in das Neue Testament, Donald Guthries *New Testament Introduction,* Leicester, 4. überarbeitete Auflage 1990, 1160 Seiten.

23 Der Bonifatius Verlag, Paderborn, und der R. Brockhaus Verlag, Wuppertal und Zürich.

24 John A. T. Robinson, *The Priority of John,* London 1985, S. 1-122.

25 Klaus Berger, *Theologiegeschichte des Urchristentums. Theologie*

des Neuen Testaments, Tübingen/Basel 1994; hier insbesondere S. 653–657 (über Johannes) und S. 568–571 (über die Offenbarung). Hinsichtlich der Datierung anderer neutestamentlicher Schriften bleibt Berger enger dem traditionellen Konsens verhaftet, ohne dabei auf chronologische Einzelheiten einzugehen.

26 Dorothy L. Sayers, »A Vote of Thanks to Cyrus«, in: *Unpopular Opinions,* London 1946, 2. Aufl. 1951, S. 23–28, hier S. 25. Vgl. die deutsche Übersetzung von C.P. Thiede, »Dankadresse an Kyros«, in: Dorothy L. Sayers, *In die Wirklichkeit entlassen. Unpopuläre Ansichten über Glaube, Kunst und Gesellschaft.* Hg. von M. Siebald. Moers 1993, S. 27–34, hier S. 29–30.

Anmerkungen zu Kapitel 3

1 Überliefert von U. Wilcken, *Die griechischen Papyrusurkunden,* Berlin 1897.

2 Der größte Teil des Codex Sinaiticus befindet sich heute in der British Library, London. Einige Blätter werden in der Universität Leipzig aufbewahrt und weitere, die erst neuerdings im Katharinenkloster auf der Sinai-Halbinsel entdeckt wurden, befinden sich noch immer am Ort ihrer Entdeckung. Der andere, ebenso wichtige Kodex, der gleichfalls aus der Mitte des 4. Jahrhunderts stammt, ist der im Vatikan befindliche Codex Vaticanus.

3 Eine gute Beschreibung der Herstellung von Papyri aus den Stengeln der Papyruspflanze findet sich bei Hans-Albert Rupprecht, *Kleine Einführung in die Papyruskunde,* Darmstadt 1994, S. 3–10.

4 Gaius Plinius Secundus, *Historia Naturalis* 13, 70.

5 Siehe I. Gallo, *Greek und Latin Papyrology, Classical Handbook I,* London 1986, S. 14, sowie Kapitel 5 unseres Buches.

6 Hierzu und zu anderem Material siehe Th. Birt, *Die Buchrolle in der Kunst,* Leipzig 1907, S. 254 und 326.

7 Je später man die Pastoralbriefe datiert, desto wahrscheinlicher ist es – zumindest theoretisch –, daß *biblia* tatsächlich schon für »Kodizes« und nicht mehr für »Schriftrollen« steht. Gegen die Tendenz, den zweiten Timotheus-Brief auf das späte 1. oder beginnende bis mittlere 2. Jahrhundert herabzudatieren, siehe neuerdings (u.a.):

G.D. Fee, *1 and 2 Timothy*, Titus, San Francisco 1984; M. Prior, *Paul the Letter-Writer and the Second letter to Timothy*, Sheffield 1989.

8 C.H. Roberts und T.C. Skeat, *The Birth of the Codex*, London 1983, S. 21–23, hier S. 22.

9 Siehe J. Genoth-Bismuth, *Un homme nommé salut. Genèse d'une »hérésie« à Jérusalem*, Paris [2]1995, S. 205–207, hier S. 205 mit der Analyse der Traktate Sabbath 16,1 und 116 a.

10 J. O'Callaghan, »Papiros neotestamentarios en la cuera 7 de Qumrân?«, in: *Biblia* 53 (1972), S. 91–100. O'Callaghan veröffentlichte einige weitere gründliche Untersuchungen der 7Q-Papyri, in denen er Einwände seiner Gegner widerlegte. Eine gute Zusammenfassung seiner Forschungsarbeiten enthält sein Buch: *Los Papiros Griegos de la Cueva 7 de Qumran*, Madrid 1974, und neuerdings seine weiterführende Monographie *Los primeros testimonios del Nuevo Testamento. Papirologia neotestamentaria*, Córdoba 1995, hier S. 95–145.

11 Zur jüngsten Debatte über dieses Datum und die Versuche, es in Frage zu stellen, siehe Kapitel 5, Anm. 4.

12 K. Schubert, »Die Religion der Qumranleute«, in: *Qumran. Ein Symposion*. Hg. von J.B. Bauer, J. Fink und H.D. Galter. Graz 1993, S. 73–85, hier S. 84f.

13 Siehe auch S.J.A. Fitzmyer, *The Dead Sea Scrolls. Major Publications and Tools for Studies*, revidierte Neuauflage, Atlanta 1990.

14 C.P. Thiede, »7Q – Eine Rückkehr zu den neutestamentlichen Papyrusfragmenten in der siebten Höhle von Qumran«, in: *Biblia* 65 (1984), S. 538–559.

15 1992 erschien Thiedes umfassende Diskussion derPro- und Contra-Argumente: *The Earliest Gospel Manuscript? The Qumran Fragment 7Q5 and its Significance for New Testament Studies*, Exeter/Carlisle 1992. Siehe auch die allerneueste Zusammenfassung in C.P. Thiede, »7Q5 – Facts of Fiction?«, in: *The Westminster Theological Journal* 57 (1995), S. 471–474.

16 S. Talmon, »Streit um die Rollen von Qumran«, in: *Zur Debatte* (1992), S. 1–3.

17 »Non credo possano esserci dubbi circa l'identificazione del 7Q5.« O. Montevecchi, Ricerchiamo senza pregiudizi (Laßt uns ohne Vorurteile forschen). Interview mit S. Paci, 30 Giorni XII/7–8 (1994), S. 75–75.

18 G. Stanton: *Gospel Truth? New Light on Jesus and the Gospels.* London 1995, S. 11–20 und S. 20–32.

19 M. Baiilet, J. Milik und R. de Vaux, »Discoveries in the Judaean Desert of Jordan, III«, in: *Les »Petites Grottes« de Qumrân,* 2 Bde. Oxford 1962.

20 H. Hunger, »7Q5: Markus 6, 52–53 – oder? Die Meinung des Papyrologen«, in: *Christen und Christliches in Qumran?* Hg. von B. Mayer. Regensburg 1992, S. 33–56, hier S. 39.

21 P. Segal, »The Penalty of the Warning Inscription from the Temple of Jerusalem«, in: *Israel Exploration Journal* 39 (1989), S. 79–84.

22 H.-U. Rosenbaum, »Cave 7 Q! Gegen die erneute Inanspruchnahme des Qumran-Fragments 7Q5 als Bruchstück der ältesten Evangelienhandschrift«, in: *Biblische Zeitschrift* 51 (1987), S. 159–205, hier S. 200. Typisch für Rosenbaums Artikel sind schlichte Irrtümer, ein bis zur Beleidigung gehender polemischer Ton und Mangel an Sachkenntnis.

23 F.T. Gignac, *Grammar of the Greek Papyri of the Roman and Byzantine Periods,* Vol. I: Phonology, Mailand 1976, S. 80–83.

24 H. Hunger, wie Anm. 20.

25 Der offizielle Bericht über diese Untersuchung wurde von C.P. Thiede veröffentlicht. Siehe C.P. Thiede, »Bericht über die kriminaltechnische Untersuchung des Fragments 7Q5 in Jerusalem«, in: *Christen und Christliches in Qumran?* Hg. von B. Mayer. Regensburg 1992, S. 239–245, mit 4 Tafeln, darunter einem Videoausdruck des *Ny* (Detailansicht).

26 G. Stanton, wie in Anm. 18, hier Tafel 8.

27 F. Rohrhirsch, »Das Qumran-Fragment 7Q5«, in: *Novum Testamentum* 30/2 (1988), S. 97–99; ders. *Markus in Qumran? Eine Auseinandersetzung mit den Argumenten für und gegen das Fragment 7Q5 mit Hilfe des methodischen Fallibilimusprinzips.* Wuppertal, Zürich 1990.

28 Die letzten beiden zwar einfallsreichen, doch in keiner Beziehung zum sichtbaren Befund stehenden Versuche kamen von Vittoria Spottorno und Daniel B. Wallace; siehe C.P. Thiede, »Greek Qumran Fragment 7Q5: Possibilities and Impossibilities«, in: *Biblica* 75 (1994), S. 394–398; ders. »7Q5 – Facts or Fiction?«, in: *Westminster Theological Journal* 57 (1995), S. 471–474.

29 Siehe C.P. Thiede, »Papyrologische Anfragen an 7Q5 im Umfeld

antiker Handschriften«, in: *Christen und Christliches in Qumran?* Hg. von B. Mayer. Regensburg 1992, S. 57–77.

30 E.G. Turner, »Menander *Samia* 385–390 Austin (170–175 koe)«, in: *Aegyptus* 47 (1967), S. 187–190.

31 F.H. Sandbach, *Menandri Reliquiae Selectae,* überarbeitete Ausgabe Oxford 1990.

32 H.M. Cotton und J. Geiger, *Masada II. The Latin and Greek Documents,* Jerusalem 1989, S. 31–34, mit Tafel.

33 K. Aland, »Über die Möglichkeit der Identifikation kleiner Fragmente neutestamentlicher Handschriften mit Hilfe des Computers«, in: *Studies in New Testament Language and Text,* Hg. von J.K. Elliott. Leiden 1976, S. 14–38, hier S. 21–22 und 32–33, sowie spätere Literatur.

34 Albert Dou, Mathematikprofessor an der Universität Madrid und Mitglied der Königlichen Akademie der Wissenschaften, leistete kürzlich einen weiteren Beitrag zur Bestätigung von 7Q5 als Markus 6,52–53: Nach der Analyse jeder einzelnen möglichen (und unmöglichen) Lesart vollständiger und fragmentarischer Buchstaben auf 7Q5 und jedes Identifizierungsversuchs, unabhängig von der papyrologischen Stichhaltigkeit, sowie auf der Grundlage der vorhandenen Stichometrie kam er zu einer wahrhaft atemberaubenden Schlußfolgerung: Die Wahrscheinlichkeit, daß 7Q5 *nicht* identisch mit Markus 6,52–53 ist, beträgt $1 : 9x10^{11}$ = eins zu neunhundert Milliarden (A. Dou, »El cálculo de probabilidades y las posibles identificaciones de 7Q5«, in: J. O'Callaghan, *Los primeros testimonios del Nuevo Testamento,* Córdoba 1995, S. 116–119.

35 Dies ist nicht der Ort, um die anderen Fragmente aus Höhle 7 zu erörtern, von denen eines als 1. Timotheus 3,16–4,3 identifiziert wurde; vgl. J. O'Callaghan, *Los papiros griegos de la cueva 7 de Qumrân,* Madrid 1974; C.P. Thiede, »Papyrologische Anfragen an 7Q5 im Umfeld antiker Handschriften«, in: *Christen und Christliches in Qumran?* Hg. von B. Mayer. Regensburg 1992, S. 57–72, hier S. 59–65; ders., *Die älteste Evangelienhandschrift? Ein Qumran-Fragment wird entschlüsselt,* Wuppertal/Zürich [4]1994, S. 58–61, 83–84; ders., »Das unbeachtete Qumran-Fragment 7Q19 und die Herkunft der Höhle 7«, in: *Aegyptus* 74 (1994), S. 123–128.

36 Berichtet von Hegesipp und zitiert von Euseb in seiner *Kirchengeschichte* 2,23,3–18.

37 Tacitus, *Annalen* 15,38–44.

38 Vgl. Apostelgeschichte 18,2; Sueton, *Claudius* 25,4; Dio Cassius, *Römische Geschichte* 60,6,6.

39 Eine Zusammenfassung der archäologischen Befunde und Daten geben E. Puëch, »La Synagogue judéo-chrétienne du Mont Sion«, in: *Le Monde de la Bible* 57 (1989), S. 18–20; B. Pixner, *Wege des Messias und Stätten der Urkirche. Jesus und das Judenchristentum im Licht neuer archäologischer Erkenntnisse,* hg. von R. Riesner, Gießen, 2. Aufl. 1994, S. 287–326. Vor kurzem unternahm J. E. Taylor einen Versuch, die meisten frühen judenchristlichen Kultstätten anzuzweifeln (*Christians and Holy Places, The Myth of Jewish-Christian Origins,* Oxford 1993). Ihre Methoden und Ergebnisse stützen sich jedoch auf unzulängliche historische und sprachliche Kenntnis der Quellen und ihrer Bedeutung sowie auf einen Mangel an archäologischer Sorgfalt. Vgl. B. Pixner im oben erwähnten Buch, Kapitel 32: »Bemerkungen zum Weiterbestehen judenchristlicher Gruppen in Jerusalem«, S. 402–411.

40 Zu Datierung und historischem Kontext vgl. die umsichtige Untersuchung von F. Manns, *John and Jamnia: How the Break Occurred Between Jews and Christians,* Jerusalem 1988, insbesondere S. 15–30.

41 Cicero bezieht sich auf Abschriften von Briefen in solchen Notizbüchern: *Epistulae ad Familiares* 9,26,1; vgl. E. R. Richards, *The Secretary in the Letters of Paul,* Tübingen 1991, S. 3–4, 65, 164. Zur Rolle Martials bei der Verbreitung des Kodex siehe Kapitel 5 unseres Buches.

42 Die vielfältigen Vorteile, die der Kodex den Urchristen bot, wurden von vielen Forschern aus verschiedenen Blickwinkeln beschrieben und analysiert; vgl. zum Beispiel C. H. Roberts und T. C. Skeat, *The Birth of the Codex,* London 1983; G. Cavallo, »Codice e storia dei testi greci antichi. Qualche riflessione sulla fase primitiva del fenomeno«, in: *Bibliologia* 9 (1989), S. 13–35; T. C. Skeat, »The Origin of the Christian Codex«, in: *Zeitschrift für Papyrologie und Epigraphik* 102 (1994), S. 263–268; S. R. Lewellyn und R. A. Kearsley, *New Documents Illustrating Early Christianity,* Sydney 1994, Bd. 7, S. 250–256, und viele andere.

43 Euseb, *Kirchengeschichte* 2,15,2.

44 C. H. Roberts, »An Early Papyrus of the First Gospel«, in: *Harvard Theological Review* 46 (1953), S. 233–237.

45 C. P. Thiede, »Papyrus Magdalen Greek 17 (Gregory-Aland P64).

A Reappraisal«, in: *Zeitschrift für Papyrologie und Epigraphik* 105 (1995), S. 13–20 mit Tafel IX, hier S. 19.

46 Seine herausragende Bedeutung für die Textüberlieferung des Neuen Testaments hob kürzlich D.C. Parker in einer Monographie hervor: *Codex Bezae. An Early Christian Manuscript and Its Text,* Cambridge 1992.

47 Die Reihenfolge *autôn* vor *mêti* im Jesus-Papyrus stützt auch A. Merk im Haupttext seiner Edition *Novum Testamentum Graece et Latine,* Rom, 11. Aufl. 1992, S. 94.

48 Klaus Wachtel, einer der Mitarbeiter des Instituts, veröffentlichte kürzlich einen Artikel, in dem er die Anerkennung der geänderten Lesart rundweg ablehnt. Es mag sein, daß er und seine Kollegen in Münster nicht über sämtliche in dieser Angelegenheit relevanten Tatsachen auf dem laufenden waren, als er schrieb; jedenfalls ist dies eine Form des Widerstands, die sich nicht lange halten wird – über die Fakten läßt sich nicht streiten. Tatsächlich entstand Wachtels Artikel offenbar unter großem Zeitdruck, ohne die gebührende – und zeitraubende – Aufmerksamkeit für Details. Seine paläographische Beschreibung des Jesus-Papyrus und mancher Qumran-Schriftrollen aus Höhle 4 – und damit auch seine Schlußfolgerungen hinsichtlich der Datierung dieser Handschriften – sind voller Ungenauigkeiten und Fehler, die nur auf übertriebene Eile zurückzuführen sind. Was sein Fehlurteil hinsichtlich der Textstelle Matthäus 26,22 angeht, so wußte er offenbar nichts von der mikroskopischen Analyse der Zeile. K. Wachtel, »P64/67: Fragmente des Matthäus-Evangeliums aus dem 1. Jahrhundert?«, in: *Zeitschrift für Papyrologie und Epigraphik* 107 (1995), S. 73–80. Barbara Aland, Direktorin des Münsteraner Instituts, belegte jüngst noch einmal die dortigen Probleme bei der Berücksichtigung der Konsequenzen ältester Papyri. Der ansonsten wertvolle Aufsatz wurde allerdings vor der Veröffentlichung der Neudatierung des Oxforder Papyrus und seiner textkritischen Neuedition publiziert. B. Aland, »Das Zeugnis der frühen Papyri für den Text der Evangelien diskutiert am Matthäus-Evangelium«, in: *The Four Gospels.* Festschrift für Frans Neirynk. Hg. von C.M. Tuckett, G. Van Belle, J. Verheyden. Leuven 1992, Bd. III, S. 325–335.

49 C.H. Roberts, »Complementary Note« (datiert »9.6.60«), in: R. Roca-Puig, *Un papiro griego del evangelio de San Mateo,* Barcelona 1962, S. 58–60.

50 Allein aus Gründen der Stichometrie nahm Roca-Puig an, daß »Va-

ter« *(patêr)* in Zeile 2 von Fragment 1 *Verso PRA* abgekürzt wurde. Das ist unwahrscheinlich, denn »Vater« mag zwar als »heiliger Name« behandelt worden sein, aber eigentlich nur dann, wenn das Wort sich auf Gott selbst bezieht, nicht auf Abraham, wie es in Matthäus 3,9 der Fall ist. Ein ausgeschriebenes *pater* paßte ohne weiteres in die stichometrische Struktur des Papyrus, wenn das Wort zwischen Zeile 1 und 2 getrennt wurde! Umgekehrt müßte in einer rekonstruierten Zeile 5 (Matthäus 3,9) – in der nur ein einziger Buchstabe, nämlich *Tau*, lesbar ist – das Wort »Gott« *(theos)* mit dem ersten und dem letzten Buchstaben, *Theta* und *Sigma*, abgekürzt worden sein; und aus demselben Grund können wir annehmen, daß *Iesous* in Zeile 2 auf der Vorderseite desselben Fragments (Matthäus 3,15) zu *IS* abgekürzt wurde.

51 Vgl. seine Ausgabe, wie in Anm. 50.

52 C.P. Thiede, »Papyrus Bodmer L. Das neutestamentliche Papyrusfragment p^{73} = Matthäus 25,43/26,2–3«, *Museum Helveticum* 47/1 (1990), S. 35–50, mit Tafel.

53 Vgl. P.A. Kuhlmann, *Die Gießener literarischen Papyri und die Caracalla-Erlasse. Edition, Übersetzung und Kommentar,* Gießen 1994, S. 116–130.

54 K. Aland, »Neue neutestamentliche Papyri II«, in: *New Testament Studies* 12 (1965/66), hier S. 193–195.

55 J. van Haelst, *Catalogue des Papyrus littéraires juifs et chrétiens,* Paris 1976, S. 146; C.H. Roberts und T.C. Skeat, *The Birth of the Codex,* London 1983, S. 40–41, 65–66.

56 K. Aland, *Studien zur Überlieferung des Neuen Testaments und seines Textes,* Berlin 1967, S. 109.

57 K. Aland und B. Aland, *Der Text des Neuen Testaments,* Stuttgart 1981, 2. erweiterte Ausgabe 1989, S. 105, 106, 110.

58 Ph.W. Comfort, *The Quest for the Original Text of the New Testament,* Grand Rapids 1992, S. 81–83.

59 Ph.W. Comfort, »Exploring the Common Identification of Three Manuscripts: P4, P64, and P67«, in: *Tyndale Bulletin* 46.1 (1995), S. 43–54; C.P. Thiede, »Notes on P4 = Bibliothèque Nationale Paris, Supplementum Graecum 1120/5«, in: *Tyndale Bulletin* 46.1 (1995), S. 55–57. Äußerst wertvoll ist Comforts Artikel auch dank der darin gegebenen Übersicht über die Argumente zugunsten der unumstrittenen gemeinsamen Herkunft der Papyrusfragmente aus Oxford und Barcelona.

60 J. Morell, »Nouveaux fragments du papyrus 4«, in: *Revue Biblique* 47 (1938), S. 5–22 und Tafeln I–VIII.

61 Zur Bedeutung des *Tau* vgl. auch Comfort, wie in Anm. 59, S. 50.

62 Dieses ergänzende Material wurde erstmals veröffentlicht und kommentiert von C.P. Thiede in seinem Artikel »Die Datierung von antiken Handschriften als Beispiel für interdisziplinäre Zusammenarbeit in der Papyrologie«, in: C.P. Thiede und G. Masuch, Hg., *Wissenschaftstheorie und Wissenschaftspraxis. Reichweiten und Zukunftsperspektiven interdisziplinärer Forschung*, Paderborn 1995, S. 205–221, mit sechs Fotos. Die in diesem Artikel vorgestellten Belege werden in Kapitel 5 unseres Buches aufgenommen und erweitert.

63 Y.-K. Kim, »Palaeographic Dating of P46 to the Later First Century«, in: *Biblica* 69 (1988), S. 248–257. P46, der im allgemeinen auf »ca. 200« datiert wird, das heißt mehr als hundert Jahre später, ist der älteste erhaltene Kodex einer vollständigen Sammlung von Paulus-Briefen, die, historisch gesehen, zu der Zeit ohne weiteres existiert haben könnte. Mit Kims Vorschlag befaßt sich B.M. Metzger in *The Text of the New Testament. Its Transmission, Corruption and Restoration*, 3. erweiterte Auflage, Oxford 1992, S. 256–266; siehe auch Thiedes Kritik an Metzger in seiner Neuausgabe des Oxforder Papyrus, »Papyrus Magdalen Greek 12 (Gregory-Aland P64). A Reappraisal«, in: *Zeitschrift für Papyrologie und Epigraphik* 105 (1995), S. 18, Anm. 32.

64 H. Hunger, »Zur Datierung des Papyrus Bodmer II (P66)«, in: *Anzeiger der Österreichischen Akademie der Wissenschaften*, Phil.-hist. Klasse, 4 (1960), S. 12–23. Dieser bedeutende Papyrus, der älteste erhaltene, nahezu vollständige Kodex des Johannes-Evangeliums, wird in der Regel auf »ca. 200« datiert, ein Dreivierteljahrhundert nach der Datierung, zu der Hunger gelangte.

65 Vgl. Ph.W. Comforts Monographie, wie in Anm. 58, S. 31–33.

66 G. Bonani, M. Broshi, I. Carmi, S. Ivy, J. Strugnell und W. Wölfi, »Radiocarbon Dating of the Dead Sea Scrolls«, in: *'Atiqot* 20 (1991), S. 27–32; G.A. Rodley, »An Assessment of the Radiocarbon Dating of the Dead Sea Scrolls«, in: *Radiocarbon* 35 (1993), S. 335–338. Vor kurzem wurden achtzehn weitere Schriftrollen vom Toten Meer der Radiokarbon-Methode unterzogen, wobei Teile vom oberen und unteren Rand benutzt wurden, ferner zwei Leinenstücke, die möglicherweise als Hülle der Schriftrollen gedient hatten. Diese

neue Prüfung bestätigte frühere Datierungen, in einem Fall aber zeitigte sie ein verblüffendes Ergebnis: Ein Rollenfragment aus Höhle 4, 4Q258, war mit paläographischen Verfahren zuvor auf ca. 100 v. Chr. datiert worden, während die Radiokarbon-Methode das Resultat »119–245« n. Chr.« ergab. Diese Datierung, die archäologisch und paläographisch undenkbar war und deshalb sofort auch von den C-14-Spezialisten verworfen wurde, ist, wie es in einem Vorbericht heißt, »schwer zu erklären« (siehe »New Carbon-14 Results Leave Room for Debate«, in: *Biblical Archaeology Review* 21/4 (Juli/August 1995), S. 61). Allerdings ist die Erklärung so einfach wie bekannt: Selbst wenn wir davon ausgehen, daß die allgemeine »Kalibrierung« (die empirische Vergleichsmessung der Daten auf der Grundlage unabhängiger Information) korrigiert, kann es sein, daß äußere Einflüsse auf den Zustand eines Papyrus-, Leder- oder anderen Fragments das C-14-Ergebnis hoffnungslos verfälschen. Angesichts solcher Unwägbarkeiten (wer könnte sagen, wann und in welchem Ausmaß ein Fragment welchem Einfluß ausgesetzt war?) und des nahezu unbrauchbaren Spielraums, den man bei diesem Verfahren in Kauf nehmen muß (selbst bei der jüngsten Analyse war in einem Fall eine Zeitspanne von 170 Jahren zu berücksichtigen), kann die Radiokarbon-Methode bestenfalls als Kontrollinstanz benutzt werden, aber sicher nicht als Hilfsmittel, um schlüssige papyrologische Ergebnisse zu erhalten.

Anmerkungen zu Kapitel 4

1 G. W. Steevens, *Egypt in 1898*, London 1889, S. 225.

2 Die Autoren danken Captain Williams und Thomas Huleatt-James, beides entfernte Nachfahren von Charles Bousfield Huleatt, für ihre Hilfe beim Schreiben dieses Kapitels.

3 Siehe W.G. Rutherford, *St. Paul's Epistles to the Thessalonians and to the Corinthians*, London 1908. Diese posthume Veröffentlichung enthält eine kurze Lebensbeschreibung von Spenser Wilkinson.

4 21. Januar 1909, S. 132.

5 W.G. Rutherford, *St. Paul's Epistle to the Romans – A New Translation with a Brief Analysis*, London 1900, S. xi.

6 Dieser Aspekt der Universitätsgeschichte wird ausführlich untersucht in Richard Symonds, *Oxford and Empire: The Last Lost Cause?* London 1986.
7 Thomas Hughes, *Tom Brown at Oxford,* 1861, nach Malcolm Graham, *Images of Victorian Oxford,* Oxford 1982.
8 J.R. Green, *Oxford Studies,* 1901, S. xi, nach Graham, wie in Anm. 7, S. 9.
9 Siehe Laurie Magnus, *Herbert Warren of Magdalen – President and Friend 1853–1930,* London 1932; T. Herbert Warren, *Magdalen College, Oxford,* London 1907; H.A. Wilson, *Magdalen College, Oxford,* London 1899. Ein fiktives Porträt des Magdalen College in der Warren-Ära findet sich in Compton Mackenzies 1913 erschienenem Roman *Sinister Street.*
10 Magnus, wie in Anm. 9, S. 86 und S. 55.
11 T.H. Warren, »Lecture Given to Undergraduates of Magdalen College on the last Sunday of the Summer Term of 1885« (Oxford 1885).
12 Manuskript der Guildhall Library.
13 *The Greater Britain Messenger* (1909), S. 21.
14 Ein hilfreicher Überblick über das Werk von D.F. Strauss und dessen Wirkung findet sich in Stephen Neill und Tom Wright, *The Interpretation of the New Testament 1861–1986,* Oxford [2]1988, S. 12–20.
15 Nach Neill/Wright, wie in Anm. 14, S. 194.
16 Nach Bernard M.G. Reardon, *Religious Thought in the Victorian Age: A Survey from Coleridge to Gore,* London 1980, S. 259.
17 Nach Neill/Wright, wie in Anm. 14, S. 193.
18 *Anglican Church Magazine* (1904), S. 15–17.
19 *Anglican Church Magazine* (1906), S. 44–45, 70–72.
20 *Annual Report of the Colonial and Continental Church Society (C&CCS) 1898–99.*
21 *Annual Report of the C & CCS 1906–07.*
22 Siehe J.S. Reynolds, *The Evangelicals at Oxford 1735–1871: A Record of an Unchronical Movement,* Oxford 1973. Die Autoren danken Reverend Reynolds für seine Auskünfte über Huleatt in Wycliffe Hall.
23 Reynolds, wie in Anm. 22, S. 159.
24 Siehe F.W.B. Bullock, *History of Ridley Hall Cambridge.*
25 R. Girdlestone, *Wycliffe Hall, Oxford,* Oxford 1878.
26 Siehe R. Symonds, wie in Anm. 6, Kap. 11.

27 Ein Bericht eines Zeitgenossen Huleatts, der als Missionar in Ägypten arbeitete, findet sich in C.E. Padwick, *Temple Gairdner of Cairo,* London 1929.

28 R. Symonds, wie in Anm. 6, S. 227.

29 Zur Geschichte der *Colonial and Continental Church Society* siehe Brian Underwood, *Faith at the Frontiers: Anglican Evangelicals and their Countryman Overseas,* London 1974.

30 *The Greater Britain Messenger* (August 1891), S. 10–11.

31 *Minutes of the C & CCS* (29. Juli 1891).

32 *Programme of Cook's International Tickets to Egypt 1898–99.*

33 Siehe Piers Brenden, *Thomas Cook – 150 Years of Popular Tourism,* London 1991.

34 Charles A. Cooper, *Seeking the Sun: An Egyptian Holiday,* Edinburgh 1892.

35 *The Times* (21. Mai 1909), S. 12.

36 Nach Ian Wilson, *Jesus the Evidence,* London 1984, S. 16.

37 Dieser Gegensatz ist immer noch ein auffallendes Merkmal der modernen Papyrologie. Die in Qumran gefundene Jesaja-Rolle ist über sieben Meter lang; das älteste vorhandene Vergil-Fragment, das in Masada gefunden wurde, ist nur 16 x 8 cm groß und hat nur eine Zeile Text mit 15 beschädigten Buchstaben.

38 Siehe A.H. Sayce, *Reminiscenses,* London 1923.

39 Sayce, *The Egypt of the Hebrews and Herodotus,* 1896.

40 Nach Anthony Sattin, *Lifting the Veil: British Society in Egypt 1768-1956,* London 1988.

41 Siehe z.B. Sayce, wie in Anm. 38, S. 332–34.

42 *Magdalen College, Librarian's Report* 1901.

43 C. Roberts, »An Early Papyrus of the First Gospel«, *Harvard Theological Review* 46 (1953), S. 233–37.

44 *Annual Report of the C & CCS* (1901–02).

45 *Anglican Church Magazine* (März–April 1909), S. 44.

46 *Annual Report of the C&CCS* (1903–04).

47 Nachruf in *The Guardian* (13. Januar 1909).

48 Ein Bericht über das Erdbeben findet sich in J.W. Wilson und R. Perkins, *Angels in Blue Jackets: The Navy at Messina, 1908,* Chippenham 1985. Zur Rolle von Collins siehe seinen Bericht in *Anglican Church Magazine* (März–April 1909) und Arthur James Mason, *Life of W.E. Collins, Bishop of Gibraltar,* London 1912.

Anmerkungen zu Kapitel 5

1 H.C. Youtie, *The Textual Criticism of Documentary Papyri. Prolegomena*, London, ^{2}1974, S. 66.

2 B. Grenfell und A. Hunt, *The Oxyrhynchus Papyri*, Teil I, London 1898, S. 59–60, aufbewahrt in der British Library, London, unter der Inventarnummer P. 745.

3 *Librarian's Report 1901*, Archiv des Magdalen College, Oxford. Hunt könnte bei seiner Beurteilung durch den Mangel an vergleichbaren Kodizes aus dem 1. Jahrhundert beeinflußt worden sein – aus dem gleichen Grund hatten er und Grenfell,wie erwähnt, das Fragment der Geschichte der makedonischen Kriege fehldatiert. Allerdings darf man sich angesichts der Popularität des (lateinischen) Kodex zur Zeit Martials durchaus fragen, warum er sich im 2. und 3. Jahrhundert nicht durchsetzte und der Kodex erst seit dem 4. Jahrhundert langsam auch für nichtchristliche Literatur nahezu verbindlich wurde. Eine Antwort könnte gerade in der so markanten, unübersehbaren Benutzung des Kodexformats durch die Christen liegen. Das Format wurde spätestens seit dem 2. Jahrhundert mit ihnen identifiziert – der Kodex war »die« christliche Buchform. Ein staatstreuer römischer Verleger wäre da kaum auf den Gedanken gekommen, die Schreibgewohnheiten einer offiziell unerlaubten Religion zu übernehmen. Erst mit Kaiser Konstantin und der Anerkennung des Christentums änderte sich das. Ein ähnliches Phänomen entwickelte sich ungefähr zur gleichen Zeit, als die Juden sich von ihrer eigenen griechischen Übersetzung des hebräisch-aramäischen Alten Testaments, der *Septuaginta*, zu lösen begannen. Die Christen hatten sie für ihre eigenen Zwecke, für Zitate und missionarische ›Schriftbeweise‹, so ausgiebig benutzt, daß sie in jüdischen Augen zu christlichem Besitz geworden war. Alternativübersetzungen wurden hergestellt, um die ›unreine‹ Septuaginta vermeiden zu können. Siehe E. Würthwein, *Der Text des Alten Testaments*, Stuttgart ^{5}1988, S. 62–90.

4 Masada-Papyrus 721a: eine aus fünfzehn fragmentarischen Buchstaben bestehende Zeile aus *Aeneis* 4,9, datiert auf das Jahr 73/74. Siehe H. Cotton und J. Geiger, *Masada II: The Latin and Greek Documents*, Jerusalem 1989, S. 31–35 und Tafel I, 721a/b. Zum Gebrauch des Lateinischen im Palästina des 1. Jahrhunderts jetzt A. Millard, »Latin in First-Century Palestine«, in: *Solving Riddles*

and Untying Knots. Biblical, Epigraphic, and Semitic Studies in Honour of Jonas C. Greenfield. Hg. von Z. Zevit, S. Gitin und M. Sokoloff. Winona Lake 1995, S. 451–58.

5 In seiner wichtigen Abhandlung wider die Gnostiker, *Adversus haereses,* berichtet der Kirchenvater Irenäus, kurz nach 179 n. Chr., Markus habe sein Evangelium nach dem »Auszug« (*exodos*) von Petrus (und Paulus) verfaßt. Viele Kommentatoren nahmen an, Irenäus beziehe sich damit auf den Tod des Petrus – mit anderen Worten, auf einen relativ späten Zeitpunkt, nicht zu Petri Lebzeiten, sondern irgendwann nach 65/67. Diesen alten Fehler beging auch G. Stanton in seiner jüngsten Monographie *Gospel Truth? New Light on Jesus and the Gospels,* London 1995, S. 49–50. *Exodos* kann tatsächlich »Tod« bedeuten, aber in den meisten griechischen Bibelstellen bezeichnet das Wort einen »Aufbruch«, wie im Titel des zweiten Buchs Mose (Exodus) im Alten Testament. 1991 trug der amerikanische Neutestamentler E. Earle Ellis auf dem Internationalen Qumran-Kongreß an der Universität Eichstätt ein Referat vor, in dem er anhand einer Computeranalyse der Irenäischen Schriften zeigte, daß Irenäus stets das Wort *thanatos* (oder, lateinisch, *mors*) benutzte, wenn er vom Tod sprach, und folglich mit den anderen frühen Kirchenhistorikern wie Euseb vollkommen übereinstimmte: Das Markus-Evangelium entstand zu Petri Lebzeiten. Siehe E.E. Ellis, »Entstehungszeit und Herkunft des Markus-Evangeliums«, in: *Christen und Christliches in Qumran,* Hg. von B. Mayer. Regensburg 1992, S. 195–212, hier 198–201.

6 Eusebios, *Geschichte der Kirche,* 2,15,2.

7 *The Times* (London), 24. Dezember 1994, Peter Parsons zugeschrieben.

8 O. Murray, P. Parsons, T.W. Potter und P. Roberts, »A ›stork-vase‹ from the Mola di Monte Gelato«, in: *Papers of the British School of Rome* 59 (1991), S. 177–195, hier S. 195.

9 Wie in Anm. 8, S. 193.

10 G. Cavallo, *Ricerche sulla maiuscola biblica,* Florenz 1967; natürlich gibt es noch weitere Handbücher mit nützlichem Material, wie zum Beispiel C. Roberts, *Greek Literary Hands, 350 B.C. – A.D. 400,* Oxford 1955; E.G. Turner, *Greek Manuscripts of the Ancient World,* Oxford/Princeton 1971, 2. erw. Auflage, hg. von P. Parsons, London 1987; das unverzichtbare Werk von R. Seider, *Paläographie der griechischen Papyri, I/II,* Stuttgart 1967/1970, oder G. Cavallo

und H. Maehler, *Greek Bookhands of the Early Byzantine Period, A. D. 300–800,* London 1987.

11 G. Stanton schreibt in seinem Buch *Gospel Truth? New Light on Jesus and the Gospels,* London 1995, S. 14, er könne nicht verstehen, aus welchen Gründen Thiede »nicht länger mit den von Roberts vorgebrachten Argumenten für eine Datierung auf das späte 2. Jahrhundert einverstanden war«. In Wirklichkeit sind die Gründe klar dargelegt. Doch Stanton entging der Kernpunkt des ursprünglichen Artikels, in dem es nicht darum ging, alte Argumente zu kritisieren, sondern vielmehr neue in Erwägung zu ziehen.

12 C.H. Roberts, »An Early Papyrus of the First Gospel«, in: *Harvard Theological Review* 46 (1953), S. 233–237, hier S. 237.

13 R. Roca-Puig, *Un papiro griego del Evangelio de San Mateo,* Barcelona, 2. Aufl. 1962, mit Roberts' »Complementary Note« auf S. 59–60.

14 Dieser Zeitpunkt, das Jahr 68, wird von der Forschung akzeptiert, seit der Leiter des Ausgrabungsteams Roland de Vaux seinen archäologischen Bericht veröffentlichte (*Archaeology and the Dead Sea,* London 1973). Gelegentlich wurden Zweifel geäußert, jedoch ohne solide archäologische oder historische Grundlage. Eine verläßliche Zusammenfassung geben J. Murphy-O'Connor in seinem Artikel »Qumran«, in: *The Anchor Bible Dictionary,* Bd. 5, New York 1992, S. 590–594, und O. Betz und R. Riesner, *Jesus, Qumran und der Vatikan. Klarstellungen,* Gießen/Freiburg ^{4}1995, S. 67–80.

15 Siehe C. Roberts, *Manuscripts, Society and Belief in Early Christian Egypt,* London 1979, S. 26–48, hier S. 46.

16 Die Geschichtlichkeit der sogenannten »Flucht nach Pella«, die der Kirchenhistoriker Euseb erwähnt (*Kirchengeschichte,* III, 5, 3, verfaßt um 325), wurde von Skeptikern in Zweifel gezogen; die Debatte und die schlüssigen Argumente zu ihren Gunsten sind zusammengefaßt in B. Wander, *Trennungsprozesse zwischen frühem Christentum und Judentum im 1. Jahrhundert n. Chr.,* Tübingen/Basel 1994, S. 272–275.

17 Gallo, *Greek and Latin Papyrology,* London 1986, S. 14.

18 P.W. Skehan, E. Ulrich und J.E. Sanderson, Hg., *Qumran Cave 4, IV;* DJD IX, Oxford 1992.

19 Wie in Anm. 18, S. 8.

20 Der 7. April 30 scheint das einzige Datum zu sein, das sämtliche für den Tag der Kreuzigung relevanten Kriterien erfüllt. Eine Minder-

heit von Neutestamentlern plädiert für Alternativen, so etwa für das Jahr 28 oder, mit mehr Nachdruck, für das Jahr 33. Aber selbst diese geringfügigen Schwankungen bedeuten keine wesentliche Abweichung von der kurzen Zeitspanne, nach deren Ablauf das erste vollständige Papyrusevangelium zu erwarten war.

21 Die Papyri aus Höhle 7 wurden erstmals 1962 veröffentlicht: M. Baillet, J.T. Milik und R. de Vaux, Hg., *Les »Petites Grottes« de Qumrân*, DJD III, Oxford 1962.

22 Dies ist jedenfalls der Konsens der Mehrheit, den unter anderen D. Barthélemy, W. Schubart, E. Würthwein, C.H. Roberts und R. Hanhart vertreten. Vgl. E. Würthwein, *Der Text des Alten Testaments*, Stuttgart, 5. Aufl. 1988, S. 184, mit Tafel; W. Thiel und R. Hanhart, *Altes Testament*, Stuttgart et al. 1989, S. 194–195, mit Tafel. Peter Parsons brachte in seinem Kommentar, den er für die Herausgeber der Schriftrollen vom Toten Meer verfaßte, keine grundsätzlichen Einwände gegen diese Entstehungszeit vor, war jedoch eher geneigt, die Handschrift auf das Ende des 1. vorchristlichen Jahrhunderts zu datieren: E. Tov, Hg., *The Greek Minor Prophets Scroll 8HevXIIgr*, Oxford 1990, S. 19–26.

23 H.M. Cotton und J. Geiger, Hg. *Masada II. The Latin and Greek Documents*, Jerusalem 1989, S. 123–124, und Tafel 15, Nr. 784.

24 Ein Beispiel für solch oberflächlich-voreilige und offenkundig irrige Aussagen über paläographische Details, deren Zweck die Widerlegung von Carsten Peter Thiedes Neudatierung war, findet sich in K. Wachtels Artikel P64/67: Fragmente des Matthäus-Evangeliums aus dem 1. Jahrhundert?«, in: *Zeitschrift für Papyrologie und Epigraphik* 107 (1995), S. 73–80, hier S. 76–79.

25 A.M. Farrer, *The Revelation of St. John the Divine*, Oxford 1964, S. 37.

26 A.E. Housman, »The Application of Thought to Textual Criticism«, in: *Proceedings of the Classical Association*, August 1921, 18 (1922), hier S. 68–69; nachgedruckt in J. Carter, Hg., *A.E. Housman, Selected Prose*, Cambridge 1961, S. 131-150.

27 A. Deissmann, *Licht vom Osten. Das Neue Testament und die neuentdeckten Texte der hellenistisch-römischen Welt*, Tübingen ^{4}1923, S. 139–41. Der Papyrus P. Oxy. II 246 befindet sich heute in der Universitätsbibliothek Cambridge.

28 L. Ingrams, P. Kingston, P.J. Parsons und J.R. Rea, in: *Oxyrhynchus Papyri XXXIV* (1968), S. 1–3 mit zwei Tafeln; Ph.W. Comfort, *The*

Quest for the Original Text of the New Testament, Grand Rapids 1992, S. 188.

29 Vgl. B.P. Grenfell und A.S. Hunt, *Oxyrhynchus Papyri*, Bd. I (1898), S. 4–7, mit einer Tafel; E.M. Schofield, *The Papyrus Fragments of the Greek New Testament*, (unveröffentlichte) Dissertation am Southern Baptist Theological Seminary Louisville 1936, S. 86–91.

30 B.P. Grenfell und A.S. Hunt, *Oxyrhynchus Papyri*, Bd. II (1899), S. 1–8, und *Oxyrhynchus Papyri* XV (1922), S. 8–12.

31 E. Lobel, C.H. Roberts, E.G. Turner und J.W. Barns, in: *Oxyrhynchus Papyri*, Bd. XXIV (1975), S. 1–3, mit einer Tafel; K. Aland, »Alter und Entstehung eines D-Textes im Neuen Testament. Betrachtungen zu P69 und 0171«, in: *Miscellánea papirológica Ramon Roca-Puig*. Hg. von J. Janeras. Barcelona 1987, S. 37–61.

32 T.C. Skeat, in: *Oxyrhynchus Papyri*, Bd. L (1983), S. 3–8, mit einer Tafel.

Anmerkungen zu Kapitel 6

1 K. Laub (AP), »City Linked to Jesus is Unearthed«, in: *Philadelphia Inquirer* (2. Juli 1995).

2 Das ist die einzige philologisch korrekte Übersetzung des Satzes und der Aussage des Evangelisten. Die übliche moderne Übersetzung »Sie war eine Heidin« oder »Sie war Nichtjüdin« ist ein Pleonasmus, da von einer Frau die Rede ist, die ausdrücklich als Syrophönizierin bezeichnet wird. (Luther hingegen schreibt: »Und es war ein griechisch Weib aus Syrophönike …«) Vgl. J.N. Sevenster, *Do you know Greek? How much Greek could the first Jewish Christians have known?*, Leiden 1967, S. 190; M. Hengel, »Entstehungszeit und Situation des Markus-Evangeliums«, in: *Markus-Philologie*. Hg. von H. Cancik. Tübingen 1984, S. 1–45, hier S. 45; R. Riesner, *Jesus als Lehrer. Eine Untersuchung zum Ursprung der Evangelien-Überlieferung*, Tübingen, 3. erw. Auflage 1988, S. 391. Riesner verweist auch auf die Gespräche zwischen Jesus und Pilatus, die offensichtlich ohne Dolmetscher geführt wurden.

3 B. Schwank, »Ein griechisches Jesuslogion?«, in: *Anfänge der*

Theologie. Festschrift für J.B. Bauer. Hg. von N. Brox u.a., Graz 1987, S. 61–64.

4 Im griechischen Text des Evangeliums steht hier »hebräisch«, womit – wie auch anderswo – das Alltags-Aramäisch gemeint ist. Ausnahmen sind Offenbarung 9,11 und 16,16.

5 Wie immer gibt es unter den Kritikern des Neuen Testaments auch hier wieder solche, die es vorziehen, derartige Szenen für Legenden zu halten, für Erfindungen des Verfassers. Aber selbst wenn wir um des Arguments willen und entgegen den Ergebnissen der vergleichenden Geschichtswissenschaft annehmen, daß Lukas (oder wer auch immer) das alles erfunden hat, müssen wir gleichwohl mit der Tatsache leben, daß ein christliches Dokument aus dem 1. Jahrhundert Jesus mit einem Zitat aus einer klassischen Tragödie auftreten läßt.

6 R.O.P. Taylor, *The Groundwork of the Gospels*, Oxford 1946, S. 21–30.

7 Weitere Beispiele finden sich in 1. Korinther 1,1 (»Paulus ... und der Bruder Sosthenes«), 2. Korinther 1,1 (»Paulus ... und der Bruder Timotheus«), Philipper 1,1 (»Paulus und Timotheus«), Kolosser 1,1 (»Paulus ... und der Bruder Timotheus«), 1. Thessalonicher 1,1 (»Paulus, Silvanus und Timotheus«), 2. Thessalonicher 1,1 (»Paulus, Silvanus und Timotheus«) und Philipper 1 (»Paulus ... und der Bruder Timotheus«).

8 G. Burge, »The Real Writer of Romans«, in: *Christian History* 47/XI N° 3 (1995), S. 29.

9 Die beste Zusammenfassung der Forschungsergebnisse auf diesem schwierigen Gebiet gibt E.R. Richards, *The Secretary in the Letters of Paul*, Tübingen 1991, S. 26–47, 169–172. Richards vermutet, Tertius verdanke den Auftrag zur Niederschrift und Redaktion des langen Briefs an die Römer möglicherweise seinen Kurzschriftkenntnissen (S. 171), aber auf den Hinweis, den das griechische Alte Testament auf die Kurzschrift gibt (Psalm 44/45,1), geht er nicht ein, ebensowenig wie auf die entsprechenden Qualifikationen des Matthäus, die von anderen untersucht wurden. Siehe auch A.R. Millard, »Writing and the Gospels«, in: *The Qumran Chronicle* 5/1 (Juli 1995), S. 55–66.

10 Zu den Kurzschriftkenntnissen von Matthäus (Levi-Matthäus) vgl. unter anderen E.J. Goodspeed, *Matthew, Apostle and Evangelist*, Philadelphia 1959, S. 16–17, R.H. Gundry, *The Use of the Old*

Testament in St. Matthew's Gospel, Leiden 1967, S. 182–184; zur Kurzschrift im Markus-Evangelium vgl. B. Orchard und H. Riley, *The Order of the Synoptics,* Macon, Georgia, 1987, S. 269–273.

11 Ein hilfreicher Kommentar zu diesem Vers im Zusammenhang mit der Kurzschrift findet sich bei A. Wikenhauser, »Der heilige Hieronymus über Psalm 45(44),2«, *Archiv für Stenographie 59/III* (1908), S. 187–189.

12 P. Benoit, J.T. Milik und R. de Vaux, Hg., »Les grottes de Murabba'at«, *Discoveries in the Judean Desert of Jordan,* Bd. II, Oxford 1961, S. 275–279.

13 Im allgemeinen wird fraglos angenommen, das Christus-Monogramm sei von Kaiser Konstantin eingeführt worden, nachdem er vor seiner entscheidenden Schlacht gegen Maxentius im Jahr 312 eine Vision gehabt hatte, in der er das Symbol erblickte (beschrieben von Lactanz, *De mortibus persecutorum,* 44,5, und Euseb, *Vita Constantini I,* 1,28). Das »Chi-Rho« war jedoch schon lange vorher bekannt, und Konstantins Vision war lediglich die »Legitimation«, die ihn bewog, »Christus auf den Schild der Soldaten zu heften« (*»Facit ut iussus est et transversa X littera summo capite circumflexo, Christum in scutis notat«,* Lactanz).

14 Vgl. zum Beispiel J. Finegan, *Encountering New Testament Manuscripts. A Working Introduction to Textual Criticism,* Grand Rapids 1974, S. 32.

15 Vgl. Kapitel 3, Anm. 61.

16 Vgl. aus neuerer Zeit B.M. Metzger, *The Canon of the New Testament. Its Origin, Development, and Significance,* Oxford 1987, S. 167–169; J. Jeremias und W. Schneemelcher, »Papyrus Egerton 2«, in: *Neutestamentliche Apokryphen in deutscher Übersetzung,* Hg. von W. Schneemelcher. Tübingen, 5. Aufl. 1987, S. 82–85. Vor einigen Jahren wurde ein neues Fragment entdeckt, das den Erstherausgebern des Egerton-Papyrus im Jahr 1935, H.I. Bell und T.C. Skeat, noch unbekannt war, und als Teil der Kölner Papyrussammlung unter der Nummer P. Köln N° 255 veröffentlicht. Das neue Fragment bestätigte die paläographischen Übereinstimmungen mit P66 (Johannes-Evangelium), das laut H. Hunger ungefähr auf das Jahr 125 zu datieren ist.

17 Beispiele und Vergleiche mit den Gepflogenheiten in der Bibel finden sich zum Beispiel bereits bei E. Nachmanson, »Die schriftliche Kontraktion auf den griechischen Inschriften«, in: *Eranos* 10 (1910),

S. 100–141; G. Rudberg, *Neutestamentlicher Text und Nomina Sacra,* Uppsala 1915, sowie in weiteren Publikationen Rudbergs.

18 L. Traube, *Nomina Sacra: Versuch einer Geschichte der christlichen Kürzung,* München 1907. Zu den technischen Unterschieden zwischen »Abkürzung«, »Zusammenziehung« und »Auslassung« und für Hinweise auf gelegentlich abweichende Beurteilungen siehe auch A. H. R. E. Paap, *Nomina Sacra in the Greek Papyri of the First Four Centuries A.D. – The Sources and Some Deductions,* Leiden 1959. Vgl. auch F. Bedodi, »I ›nomina sacra‹ nei papiri greci veterotestamentari precristiani«, in: *Studia Papyrologica* 13 (1974), S. 89–103, und A. Pietersma, »Kyrios or Tetragram: A Renewed Quest for the Original LXX«, in: *De Septuaginta. Studies in Honour of John William Wevers.* Hg. von A. Pietersma und C. Cox. Mississauga 1984, S. 85–101.

19 Siehe C. H. Roberts, *Manuscript, Society and Belief in Early Christian Egypt,* London 1979.

20 Eine Zusammenfassung der Debatte gibt zum Beispiel C. P. Thiede, »Papyrologische Anfragen an 7Q5 im Umfeld antiker Handschriften«, in: *Christen und Christliches in Qumran?* Hg. von B. Mayer. Regensburg 1992, S. 57–72, hier S. 59–64; und ders., *The Earliest Gospel Manuscript? The Qumran Fragment 7Q5 and Its Significance for New Testament Studies,* Exeter 1992, S. 48–52, mit Tafel.

21 Ein typisches, objektives Beispiel ist die Äußerung von Émile Puëch, einem führenden Mitglied des offiziellen Teams, das für die Veröffentlichung der Schriftrollen vom Toten Meer zuständig ist; er ist überzeugt, daß es für die Identifizierung von 7Q4 als Fragment aus dem ersten Brief an Timotheus triftige Gründe gibt; vgl. B. Pixner, *Wege des Messias und Stätten der Urkirche,* Hg. von R. Riesner, Gießen, 2. erw. Aufl. 1994, S. 386.

In einem Kommentar zu Puëchs Äußerung weist Pixner auf die chronologischen Schwierigkeiten hin – womit er wahrscheinlich die derzeitige *communis opinio* unter neutestamentlichen Gelehrten meint: Sie geben sich überzeugt, daß der erste Brief an Timotheus ohnehin nicht von Paulus stamme und eher spät entstanden sei, vielleicht erst im 2. Jahrhundert. Abgesehen davon, daß über die Datierung dieses Briefes und der Pastoralbriefe im allgemeinen – eine derart umstrittene Frage, daß eine sichere, eindeutige Aussage über den frühestmöglichen Entstehungszeitpunkt ausgeschlossen scheint – eine ständige Debatte geführt wird, müssen wir uns bewußt sein, daß Paulus im Jahr 64 oder 65, spätestens 67 gestorben ist – womit auch ein Schüler von ihm genügend Zeit gehabt hätte, um den Brief fertigzustellen und in Umlauf zu bringen, bevor er spätestens im Jahr 68 nach Qumran gelangte. Eine Darstellung der Kontroverse über die Datierung des ersten Briefs an Timotheus und eine Zusammenfassung der Argumente für eine Datierung vor 68 gibt D. Guthrie, *New Testament Introduction*, Leicester, 4. überarbeitete Aufl. 1990, S. 607–652.

22 J. O'Callaghan, »1 Tim 3,16; 4,1.3 en 7Q4?«, in: *Biblica* 53 (1972) S. 362–367.

23 Fragment 20, Zeile 4 (Levitikus 4,27: »Wenn jemand aus dem Volk ohne Vorsatz sündigt und schuldig wird, weil er etwas von IAO Verbotenes getan hat ...«). Vgl. P. W. Skehan, E. Ulrich und J. E. Sanderson, Hg., *Qumran Cave 4, IV, DJD IX*, Oxford 1992, S. 174 und Tafel 120. Zur Analyse der Handschrift auf pap4QLXXLev^{b} und ihrer Datierung siehe Kapitel 5 dieses Buches.

24 S. Brown, »Concerning the Origin of the Nomina Sacra«, in: *Studia Papyrologica* 9 (1970), S. 7–19, hier S. 19.

25 Vgl. J. O'Callaghan, »*Nomina Sacra*« *in papyris graecis saeculi III neotestamentariis*, Rom 1970. Dieses Buch ist unverzichtbar für jeden, der versucht, in den ältesten Papyri *Nomina Sacra* aufzuspüren.

26 C. H. Roberts, wie in Anm. 19, S. 46.

27 Wie in Anm. 26.

28 Das Dreieck als Symbol der Dreifaltigkeit war bei den Urchristen in Nordafrika anscheinend besonders beliebt. Aber in frühchristlichen Handschriften hat es kaum Spuren hinterlassen – was nicht allein auf Verfall, Zerstörung und so weiter zurückzuführen ist, sondern auch auf die Lehre des Kirchenvaters Augustinus. Er verurteilte den Gebrauch des Dreiecks, nachdem die Manichäer sich das Symbol zu eigen gemacht hatten, eine gnostische Sekte, deren Popularität in bestimmten Gegenden des Reichs den Christen gefährlich geworden war (*Contra Faustum*, 20,6). Danach wagten nur noch sehr wenige christliche Schreiber, das Dreieck zu benutzen und darüber zu schreiben. Eine bemerkenswerte Ausnahme ist der heilige (oder »Mar«) Saba (437–532), dessen Kloster in der Wüste nahe Bethlehem immer noch einige unschätzbare Manuskripte beherbergt. Er verfaßte eine ganze Abhandlung über das Dreieck als Symbol der Dreifaltigkeit, die in einer koptischen Abschrift erhalten ist. Den-

noch verdrängte der übermächtige Einfluß des Augustinus bis zum Mittelalter das Dreieck aus den christlichen Schriften.

29 Ganze Regale wurden gefüllt mit gelehrten Debatten über die Frage, was er wohl geschrieben haben mochte (Exodus 23,7: »Von einem unlauteren Verfahren [einer falschen Anklage] sollst du dich fernhalten«?); wir wissen es einfach nicht. Aber eine Minderheit von Forschern, namentlich Marta Sordi von der katholischen Universität Mailand, ist der Auffassung, daß Jesus bei anderer Gelegenheit tatsächlich einen Brief schrieb, der nicht im Neuen Testament, sondern in separater Überlieferung erhalten ist. Dies bezieht sich auf die Geschichte von dem historischen König Abgar V. Ukoma von Edessa (13-50) und seiner Korrespondenz mit Jesus. Euseb, der Kirchenhistoriker aus dem 4. Jahrhundert, zitiert die Texte und erklärt ausdrücklich, er habe die Briefe gesehen, die aus dem königlichen Archiv von Edessa stammten (*Kirchengeschichte* 1,13). Doch selbst wenn wir annehmen, daß ein derartiger Briefwechsel existierte, wissen wir immer noch nicht, ob Jesus seinen Brief eigenhändig geschrieben hat. Euseb selbst weist darauf hin, daß die Briefe aus dem Archiv von Edessa syrisch geschrieben seien – in einer Sprache, die bisher noch niemand mit dem historischen Jesus in Verbindung gebracht hat. Allerdings war dieser Jesus-Brief derart populär, daß er auf zahlreichen Papyri und Ostraka (Tonscherben) abgeschrieben wurde, sogar in Inschriften und auf Amuletten war er wiedergegeben, manchmal auf griechisch und in einer Fassung, die von dem Text nach Euseb abweicht (das heißt auch: von ihm unabhängig ist).

30 Siehe auch 2 Johannes 12, wo Pergament und Tinte erwähnt werden, und 3 Johannes 13, wo von Tinte und Feder die Rede ist.

31 Eine Übersetzung der *Petrusakten* ins Deutsche findet sich in W. Schneemelcher, Hg., *Neutestamentliche Apokryphen*, Tübingen [5]1989, Bd. 2, S. 256-289. Eine kritische Ausgabe stammt von L. Vouaux, *Les Actes de Pierre. Introduction, Textes, Traductions et Commentaires*, Paris 1922.

32 Der Übersetzer und Kommentator G. Ficker meint, dieser Marcellus sei Granius Marcellus gewesen, den Tacitus in seinen *Annalen*, 1,74 erwähnt: G. Ficker, *Die Petrusakten, Beiträge zu ihrem Verständnis*, Leipzig 1903, S. 38–39.

33 Natürlich wird die bloße Andeutung der Überlegung, Petrus könnte seinen zweiten Brief geschrieben haben, indignierte Em-

pörung unter den meisten Neutestamentlern auslösen, doch hier ist nicht der rechte Ort, um Partei zu ergreifen. Wir wollen lediglich festhalten, daß die Frage noch immer einer befriedigenden Antwort harrt. Zwei Beispiele deuten vielleicht auf eine jüngst eingetretene Aufweichung der starren Positionen hin: E. E. Ellis lieferte überzeugende Argumente für eine Datierung des Judas-Briefs vor das Jahr 62 (»Prophecy and Hermeneutic in Jude«, in: ders., *Prophecy and Hermeneutics in Early Christianity,* Tübingen 1978, S. 221–236) und J. Crehan argumentierte anhand textkritischer Untersuchungen für die Abhängigkeit des Judas-Briefs vom zweiten Brief des Petrus (»New Light on 2 Peter from the Bodmer Papyrus« in: E. A. Livingstone, Hg., *Studia Evangelica,* Bd. VII, Berlin 1982, S. 145–149).

Anmerkungen zu Kapitel 7

1 Elmar zur Bonsen, »Jesus – nur eine Legende? Die moderne Bibelwissenschaft hat 2000 Jahre ›danach‹ Licht ins Dunkel gebracht« *Süddeutsche Zeitung* (23./24./25. Dezember 1995), S. 10.

2 J. Neusner, »How Judaism and Christianity Can Talk to Each Other«, in: *Bible Review* 6/6 (1990), S. 38.

3 E.G. Turner, *Greek Papyri. An Introduction,* Oxford 1980, S. 100.

4 Gerd Lüdemann, *Die Auferstehung Jesu. Historie, Erfahrungen, Theologie,* Göttingen 1994; Nachauflage Stuttgart 1994 und *Ketzer. Die andere Seite des frühen Christentums,* Stuttgart 1995.

5 »Sind die Bibel-Storys wahr?« [sic!], *Bunte* 52 (20. Dezember 1995), S. 76–79, hier S. 78.

6 B. Thiering, *Jesus von Qumran. Sein Leben – neu geschrieben,* Gütersloh 1993. Dazu u.a. C.P. Thiede, »Qumran und die Folgen. Zur Mehrsprachigkeit der Essener und des Frühchristentums«, in: *ibw journal* 32 (1, 1994), S. 13–18; O. Betz und R. Riesner, *Jesus, Qumran und der Vatikan. Klarstellungen,* Gießen/Freiburg ^{5}1994, S. 121–138.

7 Die Sicherheit dieser Datierung ist auch deswegen so groß, weil sie durch zwei unabhängig voneinander operierende Verfahren bestätigt wurde: die Vergleichende Paläographie (siehe Kapitel 3 und 5 unseres Buches) und die Radiocarbon- oder C-14-Methode (siehe Kapitel 5). Wäre nur die C-14-Datierung allein herangezogen wor-

den, bliebe vielleicht ein Rest an Unsicherheit. So aber ist alles getan, um die Entstehung dieser von Thiering und Eisenman herangezogenen jüdischen Schriften auf die Zeit *vor dem Entstehen des Christentums* als völlig zweifelsfrei zu erklären.

8 William Hamilton, *A Quest for the Post-Historical Jesus,* London 1993.

9 Siehe dazu u. a. O. Betz und R. Riesner, *Jesus, Qumran und der Vatikan,* wie in Anm. 6, S. 53; R. Riesner, »Jesus-Darstellungen im Sachbuch. Jesus der Jude zwischen Alt und Anti-Alt«, in: *Christlicher Glaube und Literatur, Band 5, Jesus-Interpretationen in der modernen Literatur.* Hg. von Carsten Peter Thiede. Wuppertal/Zürich 1991, S. 72–79; H. Bayer, »Jesus-Interpretationen in der Sachliteratur. Franz Alts *Jesus – der erste neue Mann*«, ebd., S. 55-71. Dort auch Hartmut Rosenaus Auseinandersetzung mit Gerald Messadiés Jesus-Roman: H. Rosenau, »Jesus-Darstellungen in der Belletristik. Gerald Messadiés *Ein Mensch namens Jesus*«, ebd., S. 45–54.

10 P. Bridgewater, *George Moore and German Pessimism,* Durham 1988.

11 G. Theißen, *Der Schatten des Galiläers. Historische Jesusforschung in erzählender Form,* München 1986 und zahlreiche Nachauflagen.

12 Zu Gerd Theißen und Gertrud Fussenegger siehe auch C. P. Thiede, »Aus dem Schatten treten. Das Jesus-Bild in der neueren Literatur des 20. Jahrhunderts«, in: *Christlicher Glaube und Literatur, Bd. 5,* wie in Anm. 9, S. 16–35.

13 Siehe Marcus J. Borg, *Jesus in Contemporary Scholarship,* Valley Forge 1994, S. 185. Zum frühkirchlichen Hintergrund siehe H. Frhr. v. Campenhausen, *Die Entstehung der christlichen Bibel,* Tübingen 1968, S. 363–76, 383.

14 Siehe dazu u. a. H. Hempelmann (Hg.), *Grundfragen der Schriftauslegung,* Wuppertal/Zürich 1983; K. Haacker, *Neutestamentliche Wissenschaft. Eine Einführung in Fragestellungen und Methoden,* Wuppertal/Zürich ²1985; S. Neill und T. Wright, *The Interpretation of the New Testament 1861–1986,* Oxford 1988; G. Strecker und U. Schnelle, *Einführung in die neutestamentliche Exegese,* Göttingen ⁴1994.

15 Siehe vor allem R. Bultmann, *Die Geschichte der synoptischen Tradition,* Göttingen 1921 und zahlreiche Nachauflagen, sowie die in Anm. 14 genannte Literatur.

16 O. Betz, *Was wissen wir von Jesus?* Wuppertal/Zürich 1991, S. 15–16.

17 E. Käsemann, »Das Problem des historischen Jesus«, in: *Zeitschrift für Theologie und Kirche* 51 (1954), S. 125–153; nachgedruckt in E. Käsemann, *Exegetische Versuche und Besinnungen,* Göttingen 1960, S. 187–214.

18 Siehe A. Harvey und S. Ogden, »Wie neu ist die ›Neue Frage nach dem historischen Jesus‹?«, in: *Zeitschrift für Theologie und Kirche* 59 (1962), S. 146–187.

19 O. Betz, wie in Anm. 16, S. 20.

20 J.D. Crossan, *The Historical Jesus: The Life of a Jewish Mediterranean Peasant,* San Francisco 1991; dt. *Der historische Jesus,* München 1994. Den aktuellsten Überblick über die Literatur zu dieser dritten Phase der Leben-Jesu-Forschung bietet M.J. Borg, *Jesus in Contemporary Scholarship,* wie in Anm. 13.

21 Zum Thomas-Evangelium und seinem Text siehe W. Schneemelcher (Hg.), *Neutestamentliche Apokryphen I, Evangelien,* Tübingen ^{5}1987, S. 93–113 (Kommentar und Übersetzung von Beate Blatz).

22 H. Riesenfeld, *The Gospel Tradition and Its Beginnings. A Study in the Limits of ›Formgeschichte‹,* London 1957.

23 R. Riesner, *Jesus als Lehrer,* Tübingen, ^{3}1988.

24 K. Haacker, wie in Anm. 14. Die Zahl der Forscher und Exegeten, die sich um Nüchternheit bemühen, wächst. Cilliers Breytenbach, Berlin, Marius Reiser, Mainz, und Peter Stuhlmacher, Tübingen, könnten hier noch genannt werden.

25 Borg, wie in Anm. 13, S. 183.

26 Siehe P. Tillich, *Wesen und Wandel des Glaubens.* Frankfurt a.M. 1961. Die amerikanische Originalfassung erschien 1957 unter dem Titel *Dynamics of Faith.*

27 Unterstützung findet diese Hoffnung unter anderem auch in der Arbeit eines Historikers: Hugo Staudingers Buch *Die historische Glaubwürdigkeit der Evangelien* hat in der 7. Auflage ein Kapitel, das eigens »Hilfe zur Datierung durch Papyrusfunde« überschrieben ist. (Wuppertal/Zürich ^{7}1995, S. 40–46).

28 John A.T. Robinson, *Wann entstand das Neue Testament?,* Paderborn/Wuppertal 1986, S. 366. (Englische Originalausgabe: *Redating the New Testament,* London 1976.)

29 Siehe z.B. 1. Korinther 11,2 und 2. Thessalonicher 2,15.

30 B. Gerhardsson, *Die Anfänge der Evangelientradition*, Wuppertal 1977.

31 B. Gerhardsson, *Memory and Manuscript. Oral Tradition and Written Transmission in Rabbinic Judaism and Early Christianity*, Lund/Kopenhagen ²1964.

32 Die bedeutendste neuere Arbeit, in der diese Forschungsrichtung weiterentwickelt wird, ist Rainer Riesners schon erwähntes *Jesus als Lehrer*, Tübingen ³1988.

33 Siehe vor allem Richard A. Burridge, *What Are the Gospels? A Comparison with Graeco-Roman Biography*, 1992. (Vgl. Kapitel 2 unseres Buches.)

34 Burridge, wie in Anm. 33, S. 258: »... da dies eine Biographie einer historischen Person ist, die zu Lebzeiten ihrer Zeitgenossen geschrieben wurde, sind der freien Erfindung Grenzen gesetzt.«

Glossar

AMANUENSIS Vom lateinischen *a manu* = zur Hand, jemand, der zur Hand ist, ein Assistent, der Diktate aufnimmt und bei der Abfassung von Texten assistiert, ursprünglich aus dem Sklavenstand – später eine Art Mischung aus Sekretär und ›Ghostwriter‹. Der Ausdruck kommt im klassischen Latein u.a. bei Sueton vor (*Nero* 44). Im Neuen Testament dürften Tertius (Römer 16,22), Silvanus (1. Petrus 5,12) u.a. die Rolle von *Amanuenses* gespielt haben.

ANGLIKANER Die »*Anglican Community*« ist eine weltweite Kirchengemeinschaft, die sich aus einunddreißig selbstverwalteten Einzelkirchen in 164 Ländern mit rund 500 Diözesen zusammensetzt; mit über 70 Millionen Angehörigen ist sie nach der römisch-katholischen und den orthodoxen Kirchen die größte christliche Glaubensgemeinschaft. Sie entstand durch die Trennung der englischen Kirche von Rom unter Heinrich VIII. im Jahre 1534. Anglikaner verstehen sich als »zugleich wahrhaft katholisch und wahrhaft reformiert« (»*truly catholic and truly reformed*«) und sehen sich auch gern als ökumenische Brücke zwischen den Kirchen. Der Begriff »anglikanisch« ist vom lateinischen »*anglicanus*« = »englisch« abgeleitet.

BABYLONISCHER TALMUD Der Talmud, d.h. »die Lehre«, besteht aus der »Mischna« (Wiederholung), der Gesamtheit des jüdischen Gesetzes und den Kommentaren der Rabbiner (»Gemara«), die häufig die Gestalt von Erzählungen und volkstümlicher Überlieferung annahmen. Die Sammlung der Mischna fand vor allem im 2. Jahrhundert n. Chr. statt, doch sind die Quellen zum Teil erheblich älter. Die Gemara wurde im Laufe der darauffolgenden zwei bis drei Jahrhunderte zusammengetragen. Es gibt zwei talmudische Sammlungen, den Jerusalemer oder Palästinischen Talmud (»Talmud Jeruschalmi«) und den Babylonischen Talmud (»Talmud Bavli«). Letzterer wurde die autoritative Fassung; er enthält 36 Traktate mit einem Gesamtumfang von rund zweieinhalb Millionen Wörtern. Nach Jahrhunderten kirchlicher Unterdrückungsversuche erschien die erste vollständige Ausgabe als Druck des christlichen Verlegers Daniel Bomberg 1520–1523 in Venedig.

BOHAIRISCH Frühe Form der Sprache ägyptischer, koptischer Christen. Die Kopten, die ihre Ursprünge auf das 1. Jahrhundert zurückführen (schon der Knabe Jesus war in Ägypten: Matthäus 2,13-15), gehörten zu den ersten Übersetzern des Neuen Testaments aus dem Griechischen. Zusammen mit Übersetzungen in eine andere koptische Sprachform, das Sahidische, sind vor allem die erhaltenen Textzeugnisse des Bohairischen die wichtigsten Belege für die frühe Verbreitung des Neuen Testaments in andere Sprachen und werden häufig bei Entscheidungen über unterschiedliche Lesarten herangezogen, da sie gelegentlich eine besonders alte, zuverlässige Textfassung bewahrt haben. Weitere für die biblische Textforschung wichtige koptische Dialekte sind das Achimidische und das Mittelägyptisch-Faijumische.

CAPSA Lateinisch für »Behältnis« (daher das deutsche Wort »Kapsel«), benutzt für die oft leicht zylindrischen Behälter, in denen Schriftrollen mit dem Griffende nach oben aufbewahrt wurden. *Capsae* waren transportabel; auf römischen Wandmalereien sind sie gelegentlich mit Tragriemen dargestellt.

DIAKRITISCHE ZEICHEN Ausdruck für Kennzeichnungen innerhalb eines Textes, die Lesern, Vorlesern und Abschreibern Orientierungshilfen im üblicherweise ohne Abstände und Satzzeichen durchlaufend geschriebenen Text (»Scriptio continua«) bieten sollten. Dazu gehört vor allem die »Paragraphus«, ein waagerechter Strich unter dem Beginn einer Zeile, in der ein neuer Abschnitt beginnt, und der wir unser heutiges Wort Paragraph verdanken. Meist – wie im Qumran-Fragment 7Q5 – war dann in der Zeile der Beginn des neuen Abschnitts durch eine Lücke (»Spatium«) gekennzeichnet. Auch der Hochpunkt (»Stigmê teleia«), den einige Kommentatoren im Oxforder Papyrus des Matthäus-Evangeliums entdeckt haben wollen und der wie ein Punkt am Satzende gebraucht werden konnte – oft vor dem Beginn einer direkten Rede –, ist ein solches diakritisches Zeichen. Doppelpunkt (»Dikolon«) bei der Gliederung von Dialogen in Theaterstücken, »Obelos« (–) und »Asteriskos« (*) sind weitere Beispiele, die bei Lesern der Geschichten von Asterix und Obelix gewisse Assoziationen wecken dürften. Das System wurde im 2. vorchristlichen Jahrhundert von Aristarch in der Bibliothek von Alexandria entwickelt.

EPIGRAPHIK Die Erforschung von Inschriften auf Marmor, Stein, usw.; vom Griechischen *epi* = darauf und *graphein* = schreiben.

EVANGELIKAL Aus dem Englischen stammende Bezeichnung für eine besonders evangeliumstreue Ausformung des christlichen Glaubens. In den deutschsprachigen Ländern wird darunter meist die Bemühung verstanden, Glaubenserneuerung (Erweckung) zu fördern, das Bekenntnis zur Verbindlichkeit der biblischen Lehre in den Vordergrund der Glaubenspraxis und der Bibelinterpretation in Lehre und Predigt zu stellen und sich in Hilfsdiensten weltweit unpolitisch für Arme und Kranke einzusetzen. In England spielen die Evangelikalen, zu denen sich der Reverend Charles Huleatt rechnete, seit jeher innerhalb und außerhalb der anglikanischen Nationalkirche eine wichtige Rolle. Ihr Dachverband, die auch weltweit organisierte Evangelische Allianz, feiert 1996 ihr 150jähriges Bestehen; der Erzbischof von Canterbury, George Carey, gehört zum evangelikalen Flügel der Kirche von England.

EVANGELIST Traditionelle Bezeichnung für den Autor eines Evangeliums, d. h. einer der vier historisch-theologischen Schriften über Jesus, die im Neuen Testament enthalten sind (Matthäus, Markus, Lukas, Johannes). Daneben auch Bezeichnung für einen Verkündiger des Evangeliums und einen Diakon, der das Evangelium im Gottesdienst vorträgt.

EVANGELIUM Vom griechischen *eu* = gut, froh und *angelía* = Botschaft, Nachricht. Der Begriff ist keine späte kirchengeschichtliche Prägung, sondern kommt schon in den Texten selbst vor. Im allgemeinen Sinne und ausschließlich im Plural erscheint das Wort bereits in der griechischen Übersetzung des Alten Testaments, der SEPTUAGINTA des 3. Jahrhunderts vor Christus (2. Samuel 4,10; 18,11; 18,25). Mit dem Neuen Testament setzt – im Singular – die Verwendung ein, die wir heute noch benutzen. So beginnt das Markus-Evangelium: *Archê tou euangeliou Iesou Christou* = »Der Anfang der Guten Nachricht – des Evangeliums – von Jesus Christus«. Als Sammelbegriff für Jesus-Botschaft kennt auch Paulus schon diesen Ausdruck (Römer 1,16 + 15,19; Galater 2,2, 1. Thessalonicher 2,4 u. a. m.). *Siehe* EVANGELIST.

FORMGESCHICHTE Forschungsrichtung, die sich darum bemüht, nach literarischen Formen in der Bibel zu suchen, alte Überlieferung von späteren Eingriffen trennen will und den Werdegang der Überlieferung von der mündlichen Frühphase bis zur schriftlichen Festlegung ermitteln möchte, wobei alle Textformen bestimmten Gattungen zugeordnet werden und einen »Sitz im Leben« (z. B. Predigt, Lehre, Gottesdienst u. a.) zugewiesen bekommen. Neben Rudolf Bultmann war Martin Dibelius der einflußreichste Begründer der »Formgeschichtlichen Schule«.

GNOSIS, GNOSTIK, GNOSTISCH Begriffe, die vom griechischen *gignoskein* = erkennen, wissen abgeleitet sind und mit denen üblicherweise alle möglichen Bewegungen bezeichnet werden, die zwischen der Mitte des 1. und dem 4. nachchristlichen Jahrhundert Sonderlehren jenseits biblischer Glaubensaussagen entwickelten. Ein gemeinsames Kennzeichen solcher Bewegungen war der Versuch, religiöses Geheimwissen durch mystische und mythologische Spekulationen zu erlangen, um dadurch die wahre Natur Gottes zu erkennen. Schon Paulus wendet sich vor allem im 1. Korinther-Brief gegen gnostische Tendenzen; auch der 2. Petrus-Brief und die Offenbarung des Johannes gehören zu den neutestamentlichen Schriften, die sich mit solchen Bewegungen auseinanderzusetzen haben. Die bedeutendste Sammlung gnostischer Texte wurde 1945 von zwei Bauern im oberägyptischen Nag Hammadi entdeckt.

HÄKCHENSTIL Ein Schreibstil, der durch kleine »Häkchen« an den Buchstabenenden gekennzeichnet ist. Es ist dies eine der vielen, oft unverbindlichen Bezeichnungen, mit denen man in der Paläographie Schreibformen zu unterscheiden versucht. Man könnte oft statt von »Stil« auch von Manierismen bestimmter Schreiber sprechen. Im engeren Sinne ist jedoch der Häkchenstil ein Kennzeichen besonders früher biblischer Handschriften. *Siehe* ZIERSTIL.

KANON Mit Kanon, vom Griechischen für »Richtschnur«, »Maßstab«, wird die verbindliche Gesamtheit einer Sammlung bezeichnet; für das Neue Testament sind das die siebenundzwanzig Schriften, die sich in allen Bibeln befinden. Der neutestamentliche Kanon entwickelte sich über einen längeren Zeitraum, da nicht in allen Gemeinden der über das ganze Römische Reich verstreuten frühen Kirche die gleichen Schriften gleiche Populariatät genossen (z. B. die Offenbarung des Johannes oder der 2. Petrus-Brief), während andererseits weitere Schriften hohes Ansehen besaßen (z. B. die beiden Klemens-Briefe, der »Hirte des Hermas« oder der Barnabas-Brief), die heute nur noch in den »Apokryphen des Neuen Testaments« außerhalb der Bibeln gedruckt werden. Der Kanon, wie ihn auch heute noch alle Kirchen anerkennen, wurde erstmals von Bischof Athanasius in seinem 39. Osterfestbrief 367 n. Chr. als alleinverbindlich aufgelistet.

KLASSISCHE PHILOLOGIE Das Studium der antiken griechischen und lateinischen Sprachen und Literaturen und ihrer Formen, einschließlich der Zeit des Neuen Testaments. Obwohl Klassische Philologen schon immer wesentlich zur Erforschung der Textüberlieferung des Neuen Testaments beigetragen hatten (Karl Lachmann u.a.), behandelten sie das Neue Testament und die frühchristliche Literatur lange als zweitrangig, auch unter dem Einfluß von Eduard Nordens zweibändiger *Antiker Kunstprosa* (1898). Umgekehrt haben Neutestamentler lange die Umwelt der griechischen Literatur und ihrer Sprachform vernachlässigt; eine bleibende Folge dieses Irrtums ist die Unterrichtung von Theologiestudenten in »neutestamentlichem Griechisch«, als sei dies eine eigene Sprache oder ein selbständiger Dialekt, was es selbstverständlich nicht ist.

KODEX Buchform, die seit dem 1. Jahrhundert die Schriftrolle ablöste und im Herstellungsverfahren und Aussehen dem heutigen Buch gleicht. Einzelne Bögen wurden gefaltet, ein- oder mehrfach, und zusammen mit schützenden Deckbögen zusammengebunden. Der Begriff ist abgeleitet vom Lateinischen *Caudex/Codex*, was ursprünglich so viel wie »gespaltenes Holz« hieß und sich auf einen Vorläufer des Buchkodex, zusammengebundene Holztäfelchen, bezogen haben dürfte. Gegenüber der SCHRIFTROLLE hatte der Kodex unter anderem den Vorteil, auf engerem Raum eine größere Zahl längerer Texte in einem »Band« umfassen zu können. *Siehe auch* QUATERNIO.

KOPTISCH *Siehe* BOHAIRISCH

MAJUSKEL Großbuchstabe (Gegensatz: Minuskel), vom lateinischen *maiusculus* = etwas größer. Majuskelschrift ist eine aus einzeln gesetzten Großbuchstaben bestehende Schreibweise, die in der Antike für literarische Texte gebräuchlich war, während nichtliterarische Schriften (Briefe, Petitionen usw.) meist in einer kursiven, die Buchstaben ähnlich wie in heutiger Schreibschrift miteinander verbindenden Weise geschrieben wurden. Die Majuskel ist daher auch die übliche Schriftform der ältesten Bibelhandschriften. Im englischen Sprachraum hat sich dafür der Begriff UNZIALE *(Uncial)* durchgesetzt. In der Textforschung des Neuen Testaments werden unter »Majuskeln« gern auch die großen Bibel-Kodizes ab dem 4. Jahrhundert verstanden, angefangen mit dem Codex Sinaiticus und dem Codex Vaticanus.

MEMBRANA Lateinisch »Haut«, auch (von Tierhaut) »Pergament«. Das Wort wurde zur Bezeichnung für Notizbücher, ursprünglich aus Pergament, benutzt und erscheint im neutestamentlichen 2. Timotheus-Brief (2. Timotheus 4,13) erstmals in griechischer Umschrift (Paulus bittet Timotheus, ihm die Notizbücher, *tas membranas*, zu bringen). Diese Notizbücher aus übereinandergelegten Blättern sind ein Vorläufer des KODEX.

NEUES TESTAMENT, NEUTESTAMENTLICH Eine Sammlung von siebenundzwanzig Schriften des 1. Jahrhunderts n. Chr. (vier Evangelien, Apostelgeschichte, dreizehn Paulus-Briefe, Hebräer-Brief, Jakobus-Brief, zwei Petrus-Briefe, drei Johannes-Briefe, ein Judas-Brief, Offenbarung des Johannes), die sich seit dem 2. Jahrhundert im Zuge der Unterscheidung zwischen frühester und späterer Überlieferung herausbildete, seit der Mitte des 4. Jahrhunderts als Sammlung allgemeinverbindlichen Rang einnahm und noch heute in dieser Form in allen christlichen Kirchen Gültigkeit hat (»Kanon des Neuen Testaments«). Der Ausdruck selbst soll das »neue« Bündnis zwischen Gott und den Christen (*testamentum* = Vermächtnis, Testament) kennzeichnen, das auf das alte Bündnis zwischen Gott und dem jüdischen Volk (»Altes Testament«) folgt. Die Gegenüberstellung dieser Begriffe hat zu dem Mißverständnis geführt, das Alte Testament sei zweitrangig oder sogar vom Neuen Testament abgelöst. Demgegenüber muß festgehalten werden, daß schon für die ersten Christen die vorchristlichen Biblischen Schriften wegweisende Bedeutung hatten. Ohne das Alte Testament gäbe es kein Neues, ohne die Verheißung des Alten Bundes mit Gott gäbe es kein Christentum.

NOMEN SACRUM / NOMINA SACRA Lateinisch wörtlich »heiliger Name«, »heilige Namen«. Ein Begriff, mit dem neutestamentliche Wörter wie »Gott«, »Herr«, »Jesus«, »Sohn«, »Geist« und andere mit Gott, Christus und dem Heiligen Geist verbundene Ausdrücke gekennzeichnet werden, die in christlichen Handschriften seit dem Übergang von der SCHRIFTROLLE zum KODEX meist abgekürzt wurden. In der Regel wurde nur der erste und letzte Buchstabe geschrieben, mitunter auch ein mittlerer dritter.

OSTRAKON, OSTRAKA Griechisch »Scherbe« (aus gebranntem Ton). Bezeichnung für Tonscherben, die als Beschreibmaterial genutzt wurden, meist für kurze Mitteilungen, gelegentlich aber auch für längere Briefe und ganze Gedichte. Der Begriff »Ostrazismus«, »Scherbengericht«, ist von solchen Ostraka abgeleitet, auf die in Athen bei Abstimmungen der Name eines zur Verbannung verurteilten Mitbürgers geschrieben wurde.

PALÄOGRAPHIE Vom griechischen *palaios* = alt und *graphein* = schreiben. Die Untersuchung, Bestimmung und Datierung von antiken und mittelalterlichen Handschriften, ihrer Entwicklung, Formen und Besonderheiten.

PAPYROLOGIE Vom griechischen *papyros* = Papyrus, nach der gleichnamigen, ursprünglich nur in Ägypten angebauten Zyperngrasstaude, aus deren Mark der Beschreibstoff hergestellt wurde, und *logos* = Kunde, Wissen. Die Papyrologie ist zuständig für die Sicherung, Konservierung, Erforschung und Veröffentlichung der ältesten erhaltenen Textdokumente, nicht nur auf Papyrus, sondern auch auf allen anderen Beschreibstoffen wie Pergament, Leder, Holz, Wachs, Tonscherben

(Ostraka). Sie ist eng mit der PALÄOGRAPHIE verbunden. Siehe auch EPIGRAPHIK.

PAPYRUS *Siehe* PAPYROLOGIE

PARAGRAPHUS *Siehe* DIAKRITISCHE ZEICHEN

PERGAMENT Dünner, haltbarer Beschreibstoff aus besonders präparierter Tierhaut, abgeleitet vom Namen der kleinasiatischen Stadt Pergamon, in der das Verfahren entwickelt wurde, auch um vom ägyptischen Papyrus-Monopol unabhängig zu werden.

QUATERNIO Die Herstellung eines KODEX war nach verschiedenen Verfahrensweisen möglich. Eine SCHRIFTROLLE war vergleichsweise einfach herzustellen, indem man die aneinandergeklebten oder -genähten Papyrus-, Pergament- oder Lederblätter einfach um einen Stab oder in sich selbst aufrollte. Die einfachste Form der Kodex-Herstellung war dagegen, ein Blatt in der Mitte zu falten, so daß zwei Blätter oder Folios entstanden. Man konnte aber auch eine bestimmte Anzahl Blätter zusammenfalten, um eine größere Seitenmenge in einem Durchgang zu erzielen. Das so erreichte Ergebnis wird Quaternio genannt, ein Begriff, der vom lateinischen *quaterni* = je vier, abgeleitet ist, da eine besonders häufig anzutreffende Variante dieser Herstellungsform die Zusammenfaltung von vier Papyrusblättern war. Spricht man von einem Kodex aus einem Quaternio – dies war die Ausgangsfrage von Colin Roberts in seiner Erstedition des Oxforder Matthäus-Papyrus –, so ist darunter das Übereinanderlegen zahlreicher Bögen zu verstehen, die gleichzeitig gefaltet wurden und damit eine Einheit ergeben.

QUMRAN, SCHRIFTROLLEN VOM TOTEN MEER Quamran ist der arabische Name für die Ruinen einer Siedlung südlich von Jericho am Toten Meer, in deren unmittelbarer Nähe zwischen 1947 und 1956 zwölf Höhlen mit hebräischen, aramäischen und griechischen Schriftrollen und Rollenfragmenten, Krügen und Utensilien gefunden wurden. Die Nähe der Höhlen zu der Siedlung und die Entdeckung eines

Schreibsaals (*Scriptorium*) mit Schreibwerkzeug sowie von Krügen, die in ihrer einzigartigen Form denen in der Höhle entsprachen, führte zu der Auffassung, daß die Texte in den Höhlen zu den Bewohnern der Siedlung gehörten. Diese Bewohner wurden als die von antiken Autoren wie Philo, Plinius d. A. und Flavius Josephus erwähnten Essener bestimmt, eine extrem orthodoxe, thoragläubige Gruppierung innerhalb des Judentums, die sich im 2. vorchristlichen Jahrhundert vom liberalen Sadduzäertum abgespalten hatte. Die in den Höhlen gefundenen Texte – alle biblischen Bücher mit Ausnahme von Esther, apokryphe Texte wie der Brief des Jeremia/Baruch, Kommentarliteratur und gruppenspezifische Handlungsanweisungen – werden von der heutigen Forschung nicht mehr ausschließlich den Essenern zugeordnet. Auch Schriften anderer Gruppen, darunter des noch als jüdisch verstandenen Urchristentums (Höhle 7), dürften importiert worden sein. Zumindest Höhle 4 war als Studienbibliothek angelegt, andere Höhlen wurden zeitweilig auch bewohnt. Im Jahre 68 n. Chr. wurden beim Anrücken der 10. Römischen Legion »Fretensis«, die nach der Eroberung der Siedlung dort eine Garnison einrichtete, weitere Höhlen als Verstecke genutzt; alle wurden verlassen, ihre Eingänge wurden verschlossen und erst 1947 durch einen Zufall wiederentdeckt. Die in den Höhlen gefundenen hebräisch-aramäischen Handschriften stammen aus dem 2. vorchristlichen bis frühen 1. nachchristlichen Jahrhundert; die griechischen aus der 1. Hälfte des 1. vorchristlichen bis zur Mitte des 1. nachchristlichen Jahrhunderts. Im Zusammenhang mit der Erforschung der Bibeltexte hat neben den christlichen Funden der Höhle 7 vor allem die große, 7,34 m lange Jesaja-Rolle IQIS^{a} aus dem 2. Jahrhundert v. Chr. Aufsehen erregt: Sie ist die älteste vollständige Rolle eines alttestamentlichen Buches. Die überaus mühsame Arbeit der Edition zahlloser, winziger Fragmente aus Höhle 4, die zu Spekulationen und der haltlosen Unterstellung von absichtlichen Verzögerungen oder Unterschlagungen geführt hat, nähert sich ihrem Abschluß.

RECTO Vom lateinischen *rectus* = gerade, richtig. Bezeichnung für die Seite von Papyri, auf denen die Fasern horizontal verlaufen. Durch das besondere System des Faltens von Papyrusbögen bei der KODEX-Herstellung konnte es dazu kommen, daß der Text auf der »Rückseite«, dem VERSO, vor dem Text auf dem *Recto* steht. Das ist beispielsweise beim Oxforder Papyrus des Matthäus-Evangeliums der Fall.

SAHIDISCH *Siehe* BOHAIRISCH

SCHRIFTROLLE Die bis ins 2. Jahrhundert n. Chr., für nichtchristliche Texte bis ins 4. Jahrhundert gebräuchlichste Form antiker Textüberlieferung. Einzelblätter aus Papyrus, Pergament oder Leder wurden aneinandergeklebt oder (bei Lederrollen) aneinandergenäht, bis die erforderliche Länge erreicht war, und um einen Stab gerollt, dessen Enden die Griffe für den Benutzer boten. Am oberen Stabende war ein Zettel mit Angaben über den Inhalt und gegebenenfalls den Autor befestigt. Ungefähr 12 m Länge waren die Obergrenze; die in Qumran gefundene vollständige Lederrolle des Buches Jesaja hat eine Länge von 7,34 m. Die Evangelien kursierten ursprünglich auf einzelnen Schriftrollen, ehe ab dem letzten Drittel des 1. Jahrhunderts mehrere oder alle in der Form des KODEX, der mehr als einen längeren Text handlich umfassen konnte, gemeinsam publiziert wurden.

SCHRIFTROLLEN VOM TOTEN MEER *Siehe* QUMRAN

SCRIPTIO CONTINUA *Siehe* DIAKRITISCHE ZEICHEN

SEPTUAGINTA Lateinisch »siebzig«, Bezeichnung für die älteste vollständige, vielfach sehr freie Übersetzung des hebräisch/aramäischen Alten Testaments ins Griechische, entstanden um 250 v. Chr. Einer Legende zufolge übersetzten siebzig bzw. zweiundsiebzig Gelehrte die Texte innerhalb von siebzig Tagen. Die Septuaginta wurde notwendig, weil eine wachsende Zahl von Juden vor allem außerhalb Israels nicht mehr in der Lage war, Hebräisch und Aramäisch zu lesen. In neutestamentlicher Zeit wurde die Septuaginta überall im Römischen Reich benutzt und ist auch überwiegend die Textfassung des Alten Testaments, die im Neuen Testament zitiert wird. Der Begriff wird meist mit den lateinischen Zahlbuchstaben für siebzig abgekürzt, LXX.

SPATIUM *Siehe* DIAKRITISCHE ZEICHEN

STICHOMETRIE Vom griechischen *stichos* = Linie oder Zeile und *metron* = Maß, Richtschnur. Schreiber wurden in der Antike meist nach der Zahl der »Stichoi« bezahlt. Stichometrie bezeichnet das Verfahren des Messens von Zeilenlängen und Zeileneinheiten auf einem Papyrus, Pergament usw. Die Länge eines »Stichos« ist eine oft entscheidende Hilfe bei der Entzifferung, Identifizierung und Publikation von Fragmenten; die Durchschnittslänge einer Zeile dient als Maßstab für die Vervollständigung abgebrochener Zeilen. Die beiden in diesem Buch ausführlich behandelten Handschriften, der Oxforder Papyrus des Matthäus-Evangeliums und der Qumran-Papyrus des Markus-Evangeliums, bieten Beispiele für die weitreichenden Konsequenzen der Stichometrie.

SYNOPTIKER, SYNOPTISCHE EVANGELIEN Vom griechischen *syn* = zusammen und *opsis* = Sehen, Anschauung; unter den synoptischen Evangelien versteht man die drei Evangelien des Matthäus, Markus und Lukas, die zu weiten Teilen gemeinsames Quellenmaterial bieten; als Synoptiker bezeichnet man die Autoren dieser Evangelien.

TALMUD *Siehe* BABYLONISCHER TALMUD

T(H)ORA Hebräisch »Lehre«, für die fünf Bücher Mose am Anfang der Bibel, auch allgemein für das Mosaische Gesetz. Griechisch »Pentateuch« genannt (»Fünfrollenbuch«), sind die Thora-Rollen noch heute der wertvollste Besitz jeder Synagoge.

UNZIALE Abgeleitet vom lateinischen *uncia* = ein Zwölftel, möglicherweise ursprünglich so gebraucht, weil ein Buchstabe dieser Schrift ein Zwölftel einer üblichen Zeilenlänge ausmachte. Der Ausdruck bezeichnet (gerundete) Großbuchstaben; im Englischen wird er anstelle des im Deutschen, Italienischen usw. üblichen Begriffs MAJUSKEL für die herkömmliche Schreibschrift antiker und mittelalterlicher Literatur benutzt. Während damit Unziale und Majuskel in internationalen Wissenschaftssprachen als Synonyme gebraucht werden können, wird auf deutsch häufig zwischen Majuskel- und Unzial-Großschrift als zwei Varianten des gleichen Schrifttyps unterschieden; als

Unziale werden Großbuchstaben mit ausgeprägten Rundungen bezeichnet.

VERSO Vom lateinischen *vertere* = umdrehen. Die »Rückseite« eines Blattes, auf der bei einem Papyrus die Fasern vertikal verlaufen, der Schreiber also nicht »mit« den Fasern, sondern »gegen« sie zu schreiben hatte. Bei aus Tierhaut hergestellten Pergament- oder Leder-Handschriften wird in diesem Sinne zwischen der helleren, »besseren« Fleischseite und der dunkleren Haarseite unterschieden. *Siehe auch* RECTO.

ZIERSTIL Eine von dem deutschen Papyrologen Wilhelm Schubart eingeführte Bezeichnung, um eine dem HÄKCHENSTIL verwandte Schreibweise zu erfassen, bei der verzierende Abrundungen und kleine Abschlußstriche (»Serifen«) an die Enden der Buchstaben angefügt werden. Schubart nahm an, daß dieser Stil im 1. vor- und nachchristlichen Jahrhundert verbreitet war, während der britische Papyrologe Eric Turner die Kennzeichnung für zu vage hielt, um Datierungen damit zu begründen. Colin Roberts, ein anderer britischer Papyrologe, sah in dem Qumran-Papyrus 7Q5 ein Zierstil-Beispiel, das nicht später als 50 n. Chr. entstanden sein könne. Während er diese Datierung vorschlug, lange ehe der Papyrus als Fragment des Markus-Evangeliums identifiziert wurde, hatte er von Anfang an die Archäologie auf seiner Seite, die feststellte, daß alle in Qumran gefundenen Texte vor der Eroberung durch die Römer, d.h. vor dem Jahr 68 n. Chr., dort deponiert wurden.

Index

Beispiel einer Rekonstruktion: 7Q5, das 5. Fragmen

Ein zweites **Eta**. Innerhalb von nur zwei Zeilen kann derselbe Schreiber den gleichen Buchstaben völlig anders gestalten. Die linken und rechten vertikalen Striche sind vor allem unten bogenartig gekrümmt; der rechte Strich ähnelt fast dem Anfang eines Epsilon.